國家社科基金重大項目（10&ZD104）

上海師範大學古籍整理研究所編
項目首席專家、主編　戴建國
主編　朱易安　傅璇琮　周常林

国家出版基金项目
NATIONAL PUBLICATION FOUNDATION

全宋筆記

第八编 十

大象出版社

顧　　問　王水照　朱瑞熙　徐　規　李裕民

項目首席專家、主編　戴建國

主　　編　朱易安　傅璇琮　周常林

編纂委員會（以姓氏筆劃爲序）

王劉純　朱易安　李亞娜　周常林　俞　鋼　查清華

徐時儀　陳　新　張劍光　傅璇琮　虞雲國　戴建國

目録

⊙陳　襄撰

使遼語録

黄寶華　整理

點校説明

《使遼語録》一卷，陳襄撰。陳襄（一〇一七—一〇八〇），字述古，世稱古靈先生，福州侯官（今屬福建）人。慶曆二年進士，英宗時任開封府推官，神宗立，奉使契丹，還，出知明州。熙寧二年（一〇六九），召爲刑部郎中，修起居注，尋知諫院，除侍御史，論青苗法不便，請貶王安石、吕惠卿。逾年爲知制誥，後出知陳州，移知杭州。熙寧八年召還，以樞密直學士知通進銀臺司兼侍讀，在經筵時以薦司馬光、蘇軾等三十三人而著名。有《古靈集》二十五卷。《宋史》卷三二一有傳。

本書載於《古靈集》卷末。《古靈集》爲其子紹夫編集而成，李綱爲之序，紹興五年（一一三五）刊刻成書，至紹興三十年復由其裔孫陳輝、陳曄父子重刻於贛州，此本今猶有一部傳世，存上海圖書館。據陳輝於《使遼語録》後所作之跋，此録上呈朝廷後失其傳，「近者九江令叔祖祖卿寄示其本」，方重現於世，其跋作於「乾道改元十月」。陳曄之跋則稱，《古靈集》於慶元三年（一一九七）復刻於汀州，上距紹興三十年已三十七年，此本方收入《使遼語録》。陸心源嘗藏有此本，後歸日本岩崎氏，藏静嘉堂文庫。傅增湘於静嘉堂檢視此本後稱該本乃宋末福州所刊，不確。此本在國内尚存兩部，分藏國家圖書館及上海圖書館。除此之外，所傳皆爲鈔本。民國時金毓巖曾據靜嘉堂藏本録出《使遼語録》一卷，刊入其《遼海叢書》，并爲之序。

陳襄出使遼國在治平四年（一〇六七），時當遼道宗咸雍三年。是年正月神宗即位，即遣使通報於遼，陳襄任正使，孫坦爲副使。《使遼語録》所記始自是年五月十日到雄州白溝驛，終於七月十九日返回雄州，與遼送伴使副作别於白溝橋。此録乃使還之後進呈朝廷之文。全文基本上按日紀録行程及禮儀活動，尤反復致意於接待使節的坐次安排問題，對於了解宋遼交往的歷史頗具參考價值。

今以遼海叢書本爲底本加以點校。《全宋文》卷一〇七七收録此文，以國家圖書館藏宋刻本爲底本，校以諸種鈔本。整理中對其成果有所擷取，特此致謝。

校勘記

敘

《四庫》著録《古靈集》二十五卷，宋陳襄撰。襄字述古，侯官人，《宋史》有傳。邵氏《四庫簡明目録標註》云：「《四庫》著録係宋刊本，内有《使遼語録》一篇。」今檢文溯閣本《古靈集》，不附《使遼語録》，不知邵氏何所據而云然也。日本靜嘉堂文庫所藏宋本《古靈集》末附《使遼語録》一卷，中有闕文，幸庫中別有鈔本，據以校補，缺者復完，此所謂宋本者，即歸安陸氏皕宋樓故物也。遼人禁以文字流傳域外，宋人紀遼事者亦甚罕見。王沂公、富鄭公、薛映諸《行程録》，胡嶠《陷虜記》，張舜民《使遼録》，雖附《契丹國志》以傳，皆寥寥短章，史愿《亡遼録》僅見稱引，而原書佚已久矣。此録爲宋刊本，亦王、富二公紀事之比，而其詳過之，洵足珍也。考《宋史·神宗紀》，治平四年正月丁巳即位，辛酉遣孫坦告即位於遼。又《遼史·道宗本紀》，咸雍三年即宋治平四年六月辛亥，宋以即位遣陳襄來報。兩史所書非有歧異，蓋一紀正使，一紀副使；又遣以正月，至以六月也。録中紀引「臣等兩番使副入見，臣襄致國書於其母，臣坦致國書於其君」；又紀「臣襄、臣坦依例排備」：皆以陳襄居前，孫坦居後，則襄爲正使明矣。《古靈集》卷二十五附録《古靈先生年譜》云：「治平四年，公年五十一，神宗即位，公以諫議大夫使於遼，八月還，有

《使遼録》，遷尚書工部郎中，充祕閣校理，出知明州。」此録亦著「守尚書工部郎中、充祕閣校理」，即爲奉使還後所遷之官，以撰録於使還之日也。《宋史》本傳云：「神宗立，奉使契丹，以設席小異於常，不即坐，契丹移檄疆吏，坐出知明州。」此事録中曾屢紀之，遼人且有「若不依此坐位，恐聞南朝」之語，此即契丹「移檄疆吏」之所自，而明州之出亦以此。録中所紀兩國間酬答之語於史多有徵，所云參政歐陽侍郎以眼疾懇請出鎮亳州，樞密副使吴奎除參知政事，文相公、曾相公並如舊，韓侍中爲首廳相公，無一不與《宋史》紀傳合。又云富相公見判河陽三城，張昇相公昨判忠武軍，近已致仕，而本紀則云改富弼武寧軍節度使，張昇改河陽三城節度使，又以太子太師致仕，所紀微有歧異，豈以遠道傳聞之誤耶？録中所紀諸館之名，視王、富諸録爲詳，多可互證。如富録之官窑館，即此録之鍋窑館，其異文也。又《元一統志》謂「鎮國寺在中京大定府西關，遼統和三年建」，此録亦有之。惟大天慶寺無考。同使諸氏名愈、名咸融者，亦待續考。余商文庫主人，充爲録出，爰亟刊入叢書，以備徵遼事者采擷焉。遼陽金毓黻。

三司鹽鐵判官、朝奉郎、守尚書工部郎中、充秘閣校理、騎都尉、賜緋魚袋臣陳襄上進。

臣襄等昨奉勑差充皇帝登寳位、北朝皇太后皇帝國信使副，於五月十日到雄州白溝驛，十一日接伴使副泰州觀察使蕭好古、太常少卿楊規中差人傳語，送到主名國諱官位及請相見。臣等即時過白溝橋北，與接伴使副立馬相對。接伴副使問南朝皇帝聖體萬福，臣等亦依例問其君及其母安否，相揖至於北亭。規中以其君命賜筵，酒十三琖，問臣等年幾，各答以實。臣等復問接伴使副年幾，好古稱年四十三歲，規中稱年三十三歲。規中問臣愈兄弟凡幾，答以當房十二人。又問臣咸融兄弟凡幾，答以十人【一】。臣坦問受禮何處，規中言在神恩泊，此去有三十一程，已差下館伴副太常少卿楊益誠，大使即未聞。規中問臣坦南朝兩府大臣別無除改。臣坦答參政歐陽侍郎以眼疾懇請出鎮亳州，樞密副使吴奎侍郎除參知政事。又問文相公、曾相公及樞密副使有無移動，答云并如舊。又問馮館使甚處相逢，臣愈答曰雄州相見。送三司人茶、絹、銀楪子等。已後賜筵及逐州迎接，依例皆有茶綵等送祇應人，更不入録。行次有易州容城縣尉董師義、涿州新城縣尉趙琪、歸義縣尉王本立道傍參候。至新城縣驛，有入内左承制宋仲容來問勞。臣等依例即時具公裳，排備茶酒土物，出

校勘記

【一】當房十二人又問臣咸融兄弟凡幾答以　此十六字原無，據宋刻本及清影宋本、傳增湘校清鈔本（簡稱傳本）補。

廳伺候，過來傳諭次，接伴使副差人送到坐位圖子，欲依南朝遣留番使副史炤等坐位【二】，要移臣襄坐放西北賓位。臣等尋據隨行通引官舊曾入國人程文秀供録結罪狀稱，近於去年十月内曾隨生辰番使邵諫議、傳諫議等入國【三】，沿路置酒管待使臣，并是邵諫議主席，與今來接伴使副所送到圖子坐位不同。臣等亦令通引官程文秀依生辰番使坐次畫到坐位圖子，差人傳語接伴使副【四】，合依當所供去圖子，依生辰番使邵諫議等近例坐次施行，左番大使合坐於東南，與使臣當頭坐位相對，以伸主禮，接伴使合坐於西南，與右番大使相對，亦自不失主位，各無相壓。往還計會十餘次，接伴使副不肯過位。臣等再差人傳語接伴使副，稱使臣銜命事大，茶酒事末，且請先來傳諭，然後商議坐位，不宜以末事久留使命，深屬不便。接伴使副卻稱南朝生辰番使邵諫議坐位不依得積年久例。臣等答云：「昨來邵諫議等管待使臣，自是接伴使韓閤使、館伴使劉侍郎安排坐位，非是當所創生儀式，若非久例，因何韓閤使等前番并不理會？」接伴使副卻差人傳語，爲使臣不飲，辭免茶酒。臣等方受問勞，授仲容謝表，送與土物。已後差來使臣，并依例授表，送與土物，更不入録。

十二日到涿州，知州太師蕭知善及通判、吏部郎中鄧愿郊迎，并飲於南門之亭，酒十一璲。已後逐州送迎，并飲於門外之亭【五】，更不入録。十三日，知善等出餞，酒五璲。規中問臣咸融：「富相公今在何處？」答以見判河陽三城。又問臣等張昇相公，答以昨判忠武軍，近已致仕。將次良鄉縣，本縣尉南應、范陽縣尉梁克用道傍參候。臣等送接伴使副私覿物。已後

【二】南朝遣留番使副　「遣」原作「遺」，據宋刻本、影宋本、傅本改。下同。

【三】傳諫議　「傳」原作「傅」，據影宋本改。

【四】差人傳語　「人」原作「入」，據影宋本改。

【五】門外之亭　「亭」原無，據文意補。

七次依例送接伴使土物，并有回答，更不入録。　十四日，行次遇雨。　規中言：「北界春夏已來久愆雨澤，國信使副至新城及涿州，俱得甘雨。　今日到燕京，若更霑足，煞是好也。」又問臣咸融：「南朝曾得雨否？」答以「自春及夏，屢得雨澤」。　過河灘，臣坦問好古：「此是桑乾河否？」答云「然」。　燕京副留守、中書舍人韓近郊迎，置酒九琖。　臣襄爲治平元年曾於陳橋接伴，賜近等御筵，近先問臣襄：「昨者持禮到陳橋，蒙諫議迎接，多幸，復在此相見。」臣襄答云：「奉别已三年矣。」臣襄問：「同番大使蕭禧觀察今在何處？」近云：「見持禮，宿永年館。」臣等送接伴使副下都總管土物。已後共五次，依次送土物，并有回答，更不入録。　燕京留守耶律仁先送臣等酒食。　十五日，臣等送留守私覿物。中京留守依此，更不入録。　有西頭供奉官韓資道賜臣等酒菓，東頭供奉官鄭嗣宗賜筵，三司使、禮部尚書劉雲伴宴，酒十三琖。　雲勞臣等云：「盛暑道遠，衝涉不易。」再三勸臣等飲酒，稱兩朝通好多年，國信使副與接伴使副相見如同一家【六】。　臣襄答云：「所謂南北一家，自古兩朝歡好未有如此。」雲答言：「既然如是，今日敢請國信使副盡酒。」臣襄答云：「深荷厚意，但恨飲酒不多。」雲又問：「吕侍郎、胡侍郎莫只在朝否？」臣襄并答以實。　又言：「雲奉使南朝，是吕侍郎館伴。」又稱：「本家有十二人曾奉使南朝，今者又差伴筵，緣契如此，各請飲盡甚好。」臣等并隨量飲，以答其意。　臣等送雲及私覿物。已後逐州并依例送賜筵副留守等私覿物，更不入録。　十六日，近出餞酒五琖，宿望京館。　臣襄、臣咸融等依例回廚，請接伴使副過位，及犒三節從人，酒十三

【六】接伴使副　「伴」原無，據文意補。

琖。規中云：「今日甚熱，接伴觀察住龍化州，不識此熱也。」十七日到順州，有懷柔縣尉劉九思道傍參候，知州太傅楊規正郊迎，置酒七琖。規正即宰相哲之長子，規中之兄，問臣等道塗跋履不易，臣襄答以「多幸得少卿接伴，又此披見太傅」。十八日，規正出餞【七】，酒五琖。過白絮河，到檀州，有密雲縣尉李易簡道傍參候，知州常侍吕士林郊迎【八】，置酒七琖。宿密雲館，有入内供奉官秦正賜臣等湯藥各一銀合子。臣等排備伺候，過來傳諭次，接伴使副準前要欲依南朝遣留番使副坐位，臣等執定依生辰番使邵諫議等近例坐次，不敢移易，前後計會十餘次。卻有公文稱是臣等久滯使命，尋具公文回答，稱：「自新城至此，兩次差到使臣，盡被貴所滯留，直至夜深不令過位，非是當所住滯。」黎明接伴使副方引正來，賜臣等湯藥，不赴茶酒。臣等將授表次，正輒引避，被臣等再三傳語，欲就接伴使副致表，方肯收接。十九日，士林出餞，酒五琖，宿金溝驛。臣坦、臣愈等依例回廚，請接伴使副過位，及犒三節人如望京館。規中問臣坦：「荔支生何處？」答：「生南方極熱之地。」又問臣愈父曾任甚官，答以「終於馬軍副都指揮使」。又問曾伴射否，答以「累次伴射」。二十日至古北口館。二十一日至新館，過望雲嶺，接伴使副與臣等互置酒三琖。二十二日至臥如館，接伴使副送臣等麃一隻、酒四瓶。臣等依例回答。已後每有送物，并量事回答，更不入録。二十三日過摘星嶺。臣襄問此松結實否，規中言惟東樓接女真、高麗者有之。宿柳河館。二十四日登摸斗嶺，接伴使副與臣等互置酒如前，宿打造館。二十五日過會仙

【七】出餞　原作「出琖」，據文中同類用法改。

【八】郊迎　原作「迎郊」，據文意改。

石，接伴使副請會食，酒七琖。規中問臣愈：「劉岱太保今在何處？」答以「見在闕下」。宿牛山館。二十六日登松子嶺，接伴使副與臣等互置湯茶，宿鹿夾館。二十七日至鐵漿館。二十八日至富谷館，中京留守相公韓迥遣人送臣等酒菓【九】，接伴使副送臣等麝臍各一及松花等。二十九日至長興館。六月一日至中京，副留守大卿牛玹郊迎，置酒九琖。玹問：「塗中可煞炎暑？」臣襄答以「自過北溝入古北口，一路得雨稍涼」。玹言：「本京久旱，夜來得雨，蓋因國信使副所感也。」規中亦言可謂隨軒。宿大同館。二日，有左承制韓君祐賜臣等酒菓，東頭供奉官鄭全翼賜筵，度支使、户部侍郎趙微伴宴，酒十一琖。微問臣襄：「蔡内翰今在何處？」答以「丁母憂」。又云：「微奉使南朝，是蔡内翰館伴。」兼言：「往年歐陽修侍郎來賀登位，是微接伴。」三日，玹出餞，酒五琖。宿臨都館。四日至鍋窑館，接伴使副爲初伏日【一〇】，請聚食，酒七琖。規中問臣等：「自入山路至北煞遠不易？」臣坦答以「若直路下來時莫近」。臣襄言：「比之向南州軍，此來爲遠。若據帳前至汴京，莫只祗汴京到杭州遠。」又問杭州屬甚處，臣襄答以屬兩浙路。又問臣襄住處，答云福州，屬福建路，去汴京四千餘里。又問福建以外更有甚路，臣襄答以更有廣南東、西二路，去京師萬里。接伴使副送臣等水晶碁子各一副，葓蓉、郁李仁等。五日至松山館。六日至崇信氈館。七日至廣寧館，道過小城之西，居民僅二百家。好古云：「此豐州也。」又經沙陁六十里，宿會星館。九日至咸熙氈館。已後并是氈館，并不入録。十日過潢河【一一】，

【九】遣人送　「送」原作「遂」，據文意改。

【一〇】接伴使副　「接」原無，據文意補。

【一一】潢河　原作「黄河」，據地理實況徑改。案：自中京至上京臨潢府，當過潢河。下同。

好古云潢河上源出於龍化州界。將至黑崖館，臣坦問此去上京幾何。指東北曰：「三百里，又自潢河之南去只數十里。」十一日，自黑崖館至三山館，接伴使副請聚食，酒七琖。規中問臣咸融向傳范防禦音同高宗廟諱。當甚處，答以「見判三班院」。十二日至赤崖館，行次，遇遺留禮信使副史炤、周孟陽、李評、李琦暨送伴使副耶律世達、梁援於中路館。臣等與遺留使副回復，各置酒三琖。接伴、送伴使副卻請臣炤、臣襄等四番使副一處會飲，酒巡亦如前柏石館。十四日至中路館，接伴使副展辭狀與臣等相別，卻有館伴使副太傅耶律弼、太常少卿楊益誡來迎，與臣等相見。有左班殿直【一二】、閤門祗候李思問賜臣等酒果，左承制劉達賜筵，酒十一琖。益誡問臣坦、臣咸融、臣愈鄉貫，并答以京師人。至頓城館，有左承制閤門祗候祈純古來問勞，臣等排備伺候。過來傳諭次，館伴使副依前送到坐位圖子，欲依南朝遺留番使例坐次，臣等卻送與生辰番使邵諫議等坐位圖子，請依此近例坐次，往還計會亦十餘次。館伴使副差人傳語云：「若不依南朝遺留番使例坐位，使臣要回闕下。」臣等答以「茶酒事末，不宜爲此以反使命，請館伴使副裁度當所，伺候多時，早請過位」。館伴使副卻回傳語云：「使已回去也。」十五日黎明，館伴使副與臣等自頓城館二十里詣帳前，引至客省，與大將軍客省使耶律儀、趙平相見，置酒三琖。益誡言：「昨日以坐位未定，已白兩府云未欲奏知，且令益誡再來商量。若不依此坐位，恐聞南朝。」臣襄答以「生辰番使近例不敢更改，如聞南朝有邵、傅二諫議在相次」。閤門舍人更不閱儀，

【一二】左班殿直　「直」原作「真」，徑改。

便引臣等兩番使副入見。臣襄致國書於其母，面傳聖辭，置酒三琖。又詣其君帳前，臣坦致國書於其君，傳聖辭如前，并問南朝皇帝聖躬萬福。臣等恭答之。置酒五琖，仍賜臣等衣帶及三節人有差。十六日，有東頭供奉官李崇賜臣等生餼，亦以坐位不便，不肯過位。十七日，赴曲宴，酒九琖。館伴使副差人齎詔，賜臣等生餼及三節人有差，臣等依例恭受致表。十八日，有右班殿直、閣門祗候韓貽訓賜臣等酒果，右班殿直、閣門祗候馬初賜筵，太尉夷離畢蕭素伴宴，酒十三琖。素問張掞，臣坦答以見充群牧使【一三】。益誠問劉永年，臣咸融答以見任岱州。十九日，有西頭供奉官韓宗來賜臣等籤食并酒，亦不過位。館伴使副差人齎詔，賜臣等生餼及三節人有差，臣等恭受致表。館伴使副請聚食，酒八琖。二十日，有供奉官、閣門祗候耿可觀賜臣等酒果，韓宗賜射弓筵，樞密副使、太師耶律格伴宴，酒十三琖。格問臣等韓相公、富相公莫只在朝否，并答以實。賜臣等弓馬衣幣及三節人有差。二十一日，入至客省帳前，置酒三琖。臣襄與益誠言：「大行皇帝發引在近，望與建白，若回程剩蹉數驛，尚可辭得靈駕，此臣子之心也。」益誠然之。遂辭其母及其君，逐帳置酒如初，授臣等信書，賜衣各三對及弓馬衣幣，各三節人有差。是夕，館伴使副置酒三琖，與臣等解換。益誠言：「兩朝歡好，信使每至此會，最爲惜别，各請飲盡。」臣等并多謝之。又言其君七月上旬漸往秋山打圍，九月下旬至燕京住，各受禮。南朝生辰正旦使來，絶近便也。二十二日，發頓城館，至腰館，有右承制魯滽賜臣等酒果【一四】，左承制韓君卿

【一三】充群牧使　「充」原作「克」，徑改。

【一四】右承制　「右」原作「吉」，據影宋本改。

賜筵，翰林學士、給事中王觀伴宴，酒九琖。館伴使副弼、益誠，送伴使副好古、規中與焉。觀言其君好儒釋二典，亦嘗見仁宗皇帝《三寶讚》，欽歎久之。臣襄言：「仁宗皇帝深於理性，嘗有御頌賜僧大覺禪師懷璉，殊臻妙理，璉亦賡和，未能過之。」宿柏石館。二十三日，至赤崖館，送伴使副送臣等顆鹽各一盤。二十四日，至三山館。送伴使副請聚食，酒五琖。二十五日，至黑崖館。二十六日，至咸熙館。二十七日，蹉會星館，至廣寧館。規中問臣咸融五臺去京師遠近，答以三十餘程。規中言與本界雲州相對，不及二百里。雲州即西京也。二十八日，至崇信館。送伴使副送臣等鹿脯各十五條。二十九日至松山館，三十日蹉鍋窑館，至臨都館。七月一日，至中京大定府，少尹大監李庸郊迎，置酒九琖。宿大同館。二日送伴使副請臣等同遊鎮國寺，次至大天慶寺燒香素食，依例送僧茶綵。有東頭供奉官、閤門祗候王崇彝就館賜臣等筵，左承制、閤門祗候王綏賜酒果，度支使、左丞李翰伴宴【一五】，酒十一琖。翰問臣等首廳相公是誰，臣襄答云韓侍中。又歷問兩府大臣及翰林學士是何人，臣襄并答以實。三日庸出餞，酒五琖。蹉長興館，至富谷館。送伴使副送臣等麞角、松實。四日至鐵漿館。五日行次，規中言：「近祭奠大使回來，傳語說南朝河北路秋稼煞好。」宿鹿峽館。六日至牛山館。七日過聚仙石。送伴使副請會食，酒七琖。宿打造館。八日至柳河館。送伴使副送臣等魚一盤。九日蹉臥如館，過偏廂嶺。送伴使副與臣等互致酒，各三琖。宿新館。臣襄、臣坦等依例排備，請送伴使副過位

【一五】左丞　原作「左承」，據影宋本改。

及犒三節人，酒七琖。規中言：其君已離神恩泊三日矣。往歲燕京受禮南朝大使是沈音同高宗廟諱少卿，今已八年矣。十二日到檀州，知州給事中李仲燕郊迎，置酒五琖。十三日，仲燕出餞，酒五琖。將到順州，知州太傅楊規正郊迎，置酒五琖。十四日，規正出餞，酒五琖。蹉望京館，至燕京析津府，少尹、少府少監程冀郊迎，置酒五琖。宿永平館。十五日，有東頭供奉官、閤門祗候馬世章賜臣等筵，西頭供奉官劉侁賜酒果，步軍太傅伴宴，酒十一琖。留府送臣等生餼、折絹、綾羅等，及三節人有差。十六日，冀出餞，酒七琖。宿良鄉縣。十七日到涿州，知州、太師耶律德芳及通判、吏部郎中鄧愿郊迎，置酒五琖。宿涿州館。有東頭供奉官、閤門祗候郝振來問勞，不赴茶酒，餘并如儀。是夕，送伴使副置酒十三琖，與臣等解換。十八日，德芳等出餞，酒九琖。至新城縣。十九日至北溝，有東頭供奉官、閤門祗候馬世延來賜臣等筵，酒九琖。使臣不赴茶酒，餘并如儀。行次，送伴使副酌送于白溝橋之北，臣等酌送于白溝橋之南，酒各三琖。又至於橋中，皆立馬相對，酌酒換鞭傳辭，并如前例，是夕宿雄州。

神宗皇帝即位使遼語録終

先密學少師治平中抗節北遼，使不辱命，歸而以往來所紀爲語録一編，恭上之。歲月云遠，偶失其傳，輝自幼年聞有是書，長而隨牒四方，博訪莫獲，常疚於懷。近者，九江令叔祖祖卿寄示其本，謹令燁子校正，仍求序於御史芮公，刊以傳永，庶幾少發前人之幽光，此子孫之職也。乾道改元十月己丑，玄姪孫、右朝請大夫、直敷文閣、權發遣廣州軍州主管學士、主管廣南東路經略安撫司公事、馬步軍都總管、賜紫金魚袋輝謹書。

先正文哲公家集二十五卷。先君少師頃歲刊於章貢郡齋，垂三十有七年，字將譌闕。曄今刊於臨汀郡齋，附以治平《使遼録》一卷于後，用示毋忘先君克揚前休之意。慶元三年七月一日，五世從孫、朝請大夫權發遣汀州軍州兼管内勸農事、提點坑冶、借紫曄拜手謹題。

⊙司馬光撰

温公日録

李裕民　整理

點校説明

《温公日録》三卷，司馬光撰。司馬光生平已見《涑水記聞》點校説明。此書，最早著録者爲尤袤《遂初堂書目》，未記卷數。其後陳振孫《直齋書録解題》卷七史部傳紀類載温公《日記》一卷，起熙寧元年正月，至三年十月。凡二年十個月。其卷數疑有誤。今所見者爲三卷本，僅見於《增廣司馬温公全集》卷一〇三至卷一〇五。起熙寧二年八月，至三年十月。凡一年二個月，較陳氏所見本少了一年八個月。其中尚缺熙寧三年正月、二月事，三月僅記八日進士考試一事。此缺失部分，當時已流散，元代尚存於世，吴澄在趙子敬家見到，並爲作《題温公日曆稿》，云：「《温公日曆稿》二卷，凡十紙，備見荆公初行新法時事。一卷自正月己未訖二月壬午，一卷自三月壬辰朝（當作朔）訖是月壬子，熙寧三年也。」（《吴文正集》卷五九）正可補《全集》本之缺，可惜未能流傳下來。因此，增廣本實際上僅記載了不足一年之事。儘管如此，其價值不可低估。第一，它是第一手資料，可信度比較高。第二，它所記的是北宋社會大變革時期之事，而記載最詳的《續資治通鑑長編》，今本恰缺了熙寧元年至三年三月事，《日録》正可補其缺。

此書有其特點，記本人事，不具姓名。如「受修撰敕告」，「受永興軍敕告」。記本家族人，只署名不記姓，如「康爲之首」，康指其子司馬康。「元磨勘入見」，元爲司馬光之從子。「雍歸陝」，雍爲司馬光族兄里之子。記皇族，只署名不記姓。如克繼、克頵、宗惠等。記時之法，熙寧二年與三年略有不同。前者記某月某干支。後者記某月某日。

本書有《日録》、《日記》、《日曆》諸稱，今所收之全集本名《日録》，然而日録乃通稱，王安石所作亦名《日録》，故古人引用或著録時，往往加上作者的姓名或别稱以示區别，王安石之書，稱作《荆公日録》。司馬光之作，《遂初堂書目》作《温公日録》，《宋史藝文志》作司馬光《日録》。《遂初堂書目》之作較早，故本書以《温公日録》作爲書名。

從引文看，司馬光所作《日録》，延續時間比較長。大概始於嘉祐，最晚記至元豐四年，還有幾條記載太祖、太宗事者，當屬採訪他人所得的記録。

本次整理，以日本藏《增廣司馬温公全集》所載爲底本，以《續資治通鑑長編》、《宋會要輯稿》、《長編紀事本末》、《苕溪漁隱叢話》、司馬光《傳家集》、《宋史》等書作參校。

本書遠非司馬光《日録》之全部，宋代《續資治通鑑長編》、《三朝名臣言行録》等書引用甚多，鄧廣銘師、張希清已作輯佚，予又作補充。今將佚文附於全書之後，其中一部分與《手録》同者，一般不録，個别條文，經考證實非本書者，删去。

卷一

熙寧二年八月乙未，詔成德軍等二十三處知州，今後更不推恩，太原府等九處，任滿取旨。先是，初除如此諸州者，皆先遷一官，議者以爲濫，故改之。

丙申，王世京、世廷來自冀。

王凱孫詵尚蜀國長公主【一】。

宦官楊若拙、趙孝恭私有隱慝，詔杖之十三，送前省。

戊戌，上宴修實録官及兩府雜學士以上於垂拱殿。

丙午，范純仁罷知諫院，依舊修注。

庚子，元磨勘入見，改京官。　齊知相州。

是日，傅卞卒。

庚戌，詔自今罪人應配沙門島者，止配嶺南、福建州軍。

范堯夫以兵部員外郎、直集賢院知河中府，堯夫固求責降故也。

齊待制改知相州。

壬子，王樂道改侍讀學士、知蔡州。　樂道以疾自乞故也。

校勘記

【一】王凱　「凱」原誤作「沮」，據《宋史》卷二五五《王凱傳》改。

張茂則奏：十四日興功，回二股北流。

甲寅，車駕幸興國、啟聖、景靈、慈孝神御殿焚香。

復留李才元糾察刑獄【二】，西掖惟有次道、子容故也。

以蘇寀爲太常少卿、集賢殿修撰知梓州。故事三司副使出皆爲待制，寀始用乙未詔書故也。

丙辰，車駕幸奉先寺、祥源觀，宴從官酒五行。

丁巳，國子監試《君子易事而難説賦》、《觀寶菘群賢詩》。開封試《知人則百僚任職賦》、《獻納雲臺表詩》。鎖廳試《以一知萬賦》、《帝律登年詩》。

戊午，國子監試《聖人能内外無患論》，開封試《教思無窮論》，鎖廳試《責無敢折獄論》。

聞二股北流既塞，而河自其南四十里許家港東決，氾濫大名、恩、德、滄、永靜五州軍境。

辛酉，賜薛向三司副使俸給。

以著作佐郎王子韶、程灝爲太子中允、監察御史裏行。

開封試《節以制度不傷財賦》、《貢賢給宿衛詩》。

壬戌，劉孝叔知江州，丁正臣通判復州，王師元監安州税，陳襄遷吏部郎中兼御史

【二】復留李才元　「李才元」原誤作「李元才」，據《宋史》卷三三一《李大臨傳》改。

知雜。

開封試《知禮樂之情者能作論》。

九月甲子朔，詔閤門引著作佐郎吕惠卿、校理王存登對，皆介甫所善也。

乙丑，富公自入見，尋出。

受修撰敕告。

詔：自今三司有制置司公事，聽吴充入局商量。

丙寅，孫彦先知單州【三】。

晦叔復舉謝景温及秘書丞侯叔獻充御史，叔獻亦制置條例司中人也。

戊辰，初開經筵。

己巳，召晦叔來，旦赴經筵。

開寶解鎖廳五十四人，張公益應詔式，吕升卿爲之首。

庚午，蔡挺遷右諫議。

甲戌，向經防禦使知陳州。

丙子，宗旦除檢校右散騎常侍、崇信軍節度使。

丁丑，李肅之提舉在京諸司，韓秉國權知開封府。肅之心肺疾辭劇務故。

國子監解一百五十人，宇文裘、胡賁、劉拯爲之首。明經九人，康爲之首。

【三】孫彦先知單州　「單」原误作「軍」，據《長編》卷二二八熙寧四年十一月戊戌改。

己丑，開封府解進士三百一十五人，晁禀【四】、于昇、王柄爲之首。

辛卯，章惠神主出都東，駕幸瓊林苑酌獻。英宗嗣位之初，吕晦叔上言：「禮妾母於子祭，於孫止，章主宜瘞園陵，廢奉慈廟。」詔候亮陰畢議之，已而不行。今上即位，楊元素復言之，至是乃行。

十月甲午朔，景仁兼侍讀。景仁先爲侍讀學士，及還翰林而侍讀，至是雖侍讀而不兼學士焉。

吕惠卿遷太子中允、崇政殿説書。

乙丑【五】，杭州匠師楊琰修開寶寺感慈塔成，除殿侍。

於泗州僧伽塔施利錢，内賜之千緡。

丁酉，相王允弼啟菆，上以允弼親賢莫二，車駕特幸宫奠。

己亥，延和殿登對修撰，且言：「史院無國史，乞降一通并《仁宗、英宗實録》付院收掌。」又乞與宋敏求修《大宋百官公卿表》。（二劄子在《傳家集》）

庚子，上言：「宋昌言首建議開二股河，宜先復舊官，更與董役之人等第加賞【六】。」（劄子在《傳家集》）

富公辭洛請亳，辛丑，貼麻從判亳州。

郭申錫遷左諫議，詔書以二股河斷北流獎諭，仍賜帶馬。宋昌言舊官【七】、程昉除御

【四】晁禀　按，晁禀當即晁端禀。

【五】乙丑　此月無乙丑，當爲乙未（十月二日）之誤。

【六】更與董　董原誤作「重」，據司馬光《傳家集》改。

【七】宋昌言　按：依文意，「言」下當脱「復」字。

帶，減二年磨勘。

壬寅，聞孫長卿卒。

甲辰，法官御史臺坐前定奪歸善縣延年捕賊獎不當，取勘。

李肅之知定州。

文公復上言：「國家舊例，宰相壓親王、使相，或遇大朝會，臣在陳升之上，難以立班。」上乃聽在升之下。

己酉，王介與劉攽各贖銅八斤，坐試開封舉人爭御名喧嘩，介以惡詞詈劉攽故也。

詔：東京支錢二十萬緡，赴河北糴穀。

庚戌，吕惠卿初講書，特賜緋。

南郊，東壝門内地忽陷，有古墓，詔遷於它所。

乙卯，臺官攻王介、劉攽不已，罷介鼓院、攽禮院。

暘叔之大拜，禹玉爲制詞，曰：「問甲兵，則有鎮撫四夷之略； 問衣食，則有運理群物之心。」又曰：「論金穀之計，其歸内史之司； 作霖雨之滋，是應高宗之命。」暘叔既作相，其制置條例事，不復肯關預，介甫固請之。升之曰：「兹事益【八】歸之三司，何必攬取以爲己任也。」介甫大怒，二人於是乎始判。

三院御史欲上殿者，先申中書，得劄子，乃許上殿。

【八】兹事益　「益」《長編紀事本末》卷六六、徐自明《宋宰輔編年録》卷七作「盍」，義較長。

戊午，鎖院。宗諤復使相。

庚申，夏國使者罔盲訛入見。

趙志忠以虞部郎中致仕。

十一月甲子朔。丙寅，張芻進兵中、集撰、知越州，榮諲秘監、集撰、知洪州，張景憲權户副。

晦叔舉選人邢恕，詔以爲崇文院校書。仍詔選舉到可試用人，並令崇文院校書，以備朝廷訪問差使，候及二年取旨，或拔擢資任，或只與合入差遣。

陳公欲廢制置條例司，介甫不可，乃更以子華代陳公。

己巳，孫覺、蔡延慶修注。

壬申，晦叔舉館職王存、顧臨充臺官，不許。又乞召還范純仁補中都劇職，時純仁從權成都府路轉運使。晦叔又云：「河中五年易知府十一人，來者乞使終三年。」

遷圜丘下古墓，墓有磚銘：「天寶十三年葬。」遣傳命之告天。

甲戌，趙卨除集賢校理，召對稱旨故也。

丁丑，命沈衡、張端提舉在京諸司庫務。

戊寅，選故員外郎張宗雅之子丕尚祁國長公主，更名敦禮。丕舉進士、國子解高解。

宗室俸錢自治平四年覃以來【九】，月支七萬貫，其四季衣、生日昏嫁、歲時補洗、雜賜

【九】治平四年覃　「覃」下疑脱「恩」字。

予，不在其數。

乙酉，同判都水監張鞏奏：「汴口水見闊七十五尺，用兵夫修塞次。」先是，朝廷命以十五日閉汴口，而汴水盛大如夏秋時，不可閉塞，至冬前一二日乃得旨。

丙戌，宗室令晏等五十一人，因垂拱殿起居唐突進表，傳宣放罪，且言待與朝廷商量，又於殿門分邀兩府陳狀，亦留狀。

丁亥，詔諸路常平倉粟，令轉易錢帛上京。

後宮宋氏生皇子。戊子，以皇子生，差官告天地。

己丑，德音：天下繫囚死罪降從流，流罪降從徒，徒罪以下並放。

閏月甲午朔。

丁酉，車駕幸李大長公主第問病。

庚子，天下常平錢穀見在一千四百萬貫石，諸路各置常平、廣惠倉、相度農田水利官二員，以朝官爲之，管勾一員，以京官爲之，小路共置二員，開封府一員，凡四十一人。

己酉，雍歸陜，辭而不歸。

甲寅，史館檢討李常除右正言、知諫院。

乙卯，御批：薛向到官所言事，令三司具析幾事求行。

或詐有詔：「軍人四十者皆放停」，印賣於市道，監察御史張戩繳奏之。詔：開封府察捕以聞。

丁巳，詔：以京師大雪，民多凍死者，令籍貧民不能自存者，日給錢二十。

戊午，京、杞來自洛。

諸路常平倉，嘉祐以前，穀盡糴爲錢貯之，既而以歲豐難糴，乃更令撥爲軍糧。明年，民田稅輸錢以償之。

十二月癸亥朔，張安道爲資政殿學士、知開封府，時安道服將闋，當還故官，臺官等言其貪污故也。

制置司奏：乞差官減廢三司簿帳。有旨選差官。

丁卯，有旨：解鹽司今後每年撥錢十萬貫封樁準備支使。

胡宗愈爲史館檢討、看詳編排中書文字。

戊辰，後宮張民生皇女【一〇】。

庚午，劉几除秘書監致仕。

辛未，有旨：自今登制科及狀元及第人更不升任及召試。

敕：今後官員失入死罪：一人，追官勒停；二人，除名；三人，除名編管。胥吏：一人，千里外編管；二人，遠惡州軍編管；三人，刺配千里外牢城。

己卯，薛向所部倉場官有不職者，乞一面充替奏。

【一〇】後宮張民　「民」當爲「氏」之誤。

乙酉【一一】，府界提舉常平倉侯叔獻乞於解鹽内支十五萬貫，散府界青苗錢。

丙戌，詔：三京留守司御史臺，國子監各添官員，以待卿監之老者。諸宫觀不限員數，以待知州之老者。

自今升朝官致仕，歷任有治跡者依外任給六分見錢，無治跡者給半。

聞有詔知審官孫莘老同知。

己丑，受敕。庚寅，入院。

張子瑾曰：朝廷使張穆之、高遵裕諭种諤，又使穆之賜諤金二百兩、銀五百兩，使招納嵬名山，先書與諤約期日相迎。

罔盲訛入見。又曰：秉常幼，母梁氏當官，梁氏本拽利氏之婦也，梁乞埋、梁逋移，梁氏叔兄也。盲訛勇健，國人附之，夏人急於賜予，故使盲訛入見，秉常及母親送宥州。

剛浪唆死。又曰：始，元昊分國中兵馬爲左右廂，使唆兄弟分統之。唆反誅，元昊更分左右廂爲十六監軍，各有首領。

李宥得罪。劉貢父曰：宥知江寧府，遭火，疑軍士爲變，不救，遂燔市里寺觀府庫俱盡【一二】。令幕職方龜年作表奏，言曰：「不意禍起蕭牆，釁生回禄。」時新有衛士之變，朝廷惡其言，由是州官得罪皆重，以宥老，直除分司。

王令圖曰：契丹今主聳肩尖頤，性懦弱，好釋氏。其子濬年十四，眉目疏明、神采秀

【一一】乙酉　原误作己酉，按：此月無己酉，此條在己卯(十月十七日)後，丙戌(十月二十四日)前，應爲乙酉(十月二十三日)之誤，據改。

【一二】寺觀　「觀」字原闕，據胡仔《苕溪漁隱叢話後集》卷三六引司馬文正公《日録》補。

發，容儀詳整，視瞻沉雄，國人畏慕之。

三年三月【一三】，春榜進士就試者，惟處州葉曼一名犯濮王名被黜，曼楊楊而出，無一言祈請，亦無憂色。

又進士二人直詆時病，無所回忌，皆在下甲，其一人開封府范鉞，一人不知名。子瞻、晁端彦、吕陶皆云。

四月七日，聞喜宴。

十九日，趙悦道以資政殿學士、知青州，韓子華參知政事。悦道與介甫議事數不合，因議罷。

又悦道曰：晦叔罷中丞之日，上諭執政曰：「王子韶言青苗實不便，但臣先與此議，不敢論列。小人首鼠兩端，當黜之。」介甫德其獨不叛己，至今未黜之。

【一三】三年　「三」字前當缺「熙寧」二字。

卷二

晡後，御藥以熟狀來，授學士繫鞋茶湯，復謁，乃草制，授待詔書麻，并小字本封印。明日，攢點進入，平明，御藥來，茶湯鑰過，中使召御藥入，丞相退。麻畢，開門，取五色金花羅，五色背紙，寫告身，送中書。前日晚，御藥蠟燭供養。

二十六日，衛國下嫁張敦禮。

二十七日，韓乞徐州養疾，不許。

五月一日，召唐坰赴闕。坰在北京監當，上書言：「青苗不行，宜斬大臣有異議者一二人。」故召之。坰薄有才辨，韓公甚愛之，既去，乃聞其所言。

六日，蔡延慶、王益柔直舍人院。

七日，陳彦升罷御史臺司，改差孫和甫。

八日，集賢依舊供職。

九日，差蒲宗孟、孫洙與光同詳轉對，先下崇文院，分授館職看詳，具條法利害聞送光所定奪也。

十四日，李才元、蘇子容落知制誥歸班，批曰：「李大臨、蘇頌前令草李定告詞，云：

礙條例，乞降特旨，又復繳還，先後反覆，廢格詔書，侮慢朝廷，並落職歸班。」趣蔡延慶就職，使草告詞，延慶既進草，而又上奏解之。孫和甫再封還，卒行下。

十五日，宫觀添監官。

十六日，邢恕除试銜知縣。外人皆言：「介甫欲新及第進士皆爲校書。」諫官胡宗愈聞之，上言：「新進士且宜試以民事，然後用之。」恕本晦叔門下客，介甫惡晦叔，因此，以恕無考第罷之。

十七日，有旨益、梓、利、夔路常平新法，令提、轉同掌之。

沈起、吕大防並直舍人院。

登州買金場。許邁曰【一】：「金法數十年矣，近亦差少官拘買之，以十分估美惡分手錢，歲課數千兩，田大抵皆穿掘，田主甚苦之。」

編中書條例。天聖中，宰相始編例爲五十策，後又三次編計二千策，又有九年未編，故介甫、吕惠卿等删去複重及不用者，并前請煩文，後又使五人各編一房，惠卿都提舉，十留其一，例百留二一。李承之云。

熙寧三年五月，陳襄辭直舍人院兼侍讀【二】。

吕惠卿判司農寺，介甫欲令主常平新法故也。

十八日，罷管勾睦親宅内臣。先是，宗室舉動皆門由管勾出入爲所拘制【三】，至是，

【一】許邁　宋無此人，據《宋史》卷三三〇《許遵傳》，當爲「許遵」之誤，遵嘗知登州。

【二】兼侍讀　「侍讀」陳襄《古靈集》卷一四作「侍講」。

【三】此句有誤，《長編》卷二一一作「宗室舉動，皆爲管勾内臣所拘制」。

張稺圭條大宗正條貫，奏罷之。

十九日，王益柔等候有知制誥依舊。始益柔等自謂遂典誥命，遷出三司，及有是詔，復還故職。

二十三日，學士院奏廢入閤儀【四】。

二十九日，胡宗愈【五】：張若水不覺察匠人孔用盜禁中物，乞責降。

進士孫斐坐指斥乘輿抵死【六】，皇城使沈惟恭除名、瓊州編管。惟恭，德妃之妷也，爲四方館使，以奏章示閤使李評【七】，語甚激，評云：「光所上也。」評奏之。詔：「開封府窮治其所從來。」云：「出於惟恭家。」斐，惟恭客也。府詰之，斐言：「主人好聞新事，故撰此悅主人耳。」又詰居常所與惟恭語。斐言：「惟恭云：頃幸開先酌獻，聞朝士言上俗狀，上自金承乘馬還數頭。」斐爲惟恭言上體輕，故坐之。上曰：「奏有天人不佑，至於皇子夭折。」又言：「碖石似金，以刺介甫。」

六月三日，三司奏減省牛羊司，便乞再相度。從之。

四日，遣王克臣體量秦州邊事。

八日，以秦鳳路總管竇舜卿知秦州，李師中於永興待命故也。

在京庫務七十二，令三司勾當公事與提舉司季點官分爲四稟點檢。先是，置提舉季點官，以沈衡、沈希彥爲之，每一季點檢，既而以庫務多【八】。

【四】廢入閤儀　「閤」據《長編》卷二一一、《宋史·神宗紀》，當作「閤」。

【五】二十九日　日字原缺，據以上各條體例補。

【六】進士孫斐　「孫斐」《長編》、《宋會要輯稿》作「孫棐」，林希《野史》作「孫杞」。

【七】以奏章示閤　「閤」原誤作「閣」，据《長編》卷一三六慶曆二年五月丙寅條改。

【八】此句文意不完，據《長編》卷二一二熙寧三年六月丁卯，其下有「尋罷之」三字。

九日，閤門奏，乞罷入閤儀，而文德殿無受朝儀，乞下兩制詳定。從之。

十一日，何郯除左丞致仕，承亮襲秦國公，從式襲楚國公。

十二日，克繼表求襲封。

十四日，有旨：「自今封大國者更不改封，妻皆隨其夫封郡國夫人。」先是，封大國者遇恩輒改封，又夫爲楚國公，妻爲齊國夫人，至是改之。

十八日，御批：「薛向所辟官，先是多以礙條不行，自今且與應副。」

韓縝直舍人院，兄絳及縝固辭。

二十一日，縝除集賢殿修撰。薛向除天章閣待制，北外崔台符判大理寺。

二十七日，胡宗愈落職，通判真州【九】。

令待制以上各舉外朝官二人充諫官。

七月三日，歐陽公罷宣徽使、知蔡州。永叔以老病辭宣徽及河東經略，章五六上，乃許之。

四日，判大理寺許遵知壽州，蔡冠卿知饒州。

初命文臣勾當四廂公事，韓秉國奏舉京朝官爲之，杖六十以下之聽決。

五日，王欽臣賜進士出身，唐坰同進士出身。

承選乞襲封。

【九】通判真州　《長編》卷二一二引司馬光《日記》，此條下尚有「宗愈言事，不出姓名」，「御批乃呂惠卿作」，「宗愈爲諫官，屢言事。又言張若水嘗在慶州，韓絳結之。宗愈實未嘗言絳，惡之者以爲間耳。」

呂寶臣以觀文殿學士、知太原府，寶臣素與子華不叶，胡宗愈攻子華，上疑寶臣使之，會并州闕。

馮當世除樞密副使。

吴沖卿除翰林學士。

六日，有旨：「諸路提舉官速具農田水利、差役利害聞奏。」

七日，所有天下寺觀有神御者【一〇】，無得安泊官員骨肉。

韓縝奏華陰雲臺觀。

十一日，沈起除集撰、權陝西都運，韓縝除鹽鐵副使，崔台符詳定編敕，朱温其删定編敕。

十二日，董氈加特進封邑。董氈自言乞與自家并妻加官，朝廷許之。

王克臣、李若愚體量得王韶等所言荒田並無。令韶分析古渭寨置市易司不便，再令運使體量。

十三日，薛向乞於陝西置鑄錢監。

十六日，謝景温上言：「兩制所舉諫官，乞下御史臺看詳。」

十七日，范育崇文校書。

二十一日，有旨：「京東西、淮南運司各舉京朝官二員。」

【一〇】所有天下寺觀　「所有」原誤作「有有」，據文意改。

東西審官院、流内銓、三班院各置主簿【一一】。

二十五日，昭文、二參以失點檢襲封上表待罪，特放。兩制定克繼、宗惠、仲蒼襲封不當【一二】，各罰銅三十斤。禮院克繼、世逸襲封不當，各降一官，陳彦升以去官，當勿論，特降一官。

祖無擇降授忠正軍節度副使。無擇赦前貸公用錢二百貫，及罷去，令以職田錢還之，又以米麵質公用酒，又以酒質公用銀楪，當贓罪流，皆在赦前，後有對置不實，杖一百，私罪，特旨如是。沈衡鞫獄，處士俞默居西湖上，以文行著於鄉曲，無擇嘗詣其家，與之坐。王子韶言：「默嘗犯徒刑，案實，衡以默對制不實，杖臀二十。」子韶言：「無擇通營妓薛希濤，衡榜箠備至，希濤固執云：『無之。』」

二十八日，韓縝降天章閣待制【一三】、知秦州。縝自河東運使知審官西院，兩月中凡五改差遣及進職。

八月二日【一四】，秘丞侯叔獻知都水監丞。先是，叔獻建議決汴水以淤田，未幾而祥符【一五】、中牟之民大被水患，叔獻以爲不叶心所致，故以叔獻爲都水丞，又以同嘗淤田者楊汲【一六】爲權發遣都水監丞。

三日，初置司農寺丞一員。

提舉常平廣惠官辭曰【一七】，自今依提刑例上殿。

【一一】三班院　「院」字原缺，據《長編》卷二一三引《日記》補。

【一二】仲蒼　「仲」原誤作「沖」，據《長編》卷二一三改。

【一三】韓縝降　此條所記爲升官事，「降」當爲「除」之誤。

【一四】八月二日　四字原缺，據《長編》卷二一四引司馬光《日記》補。

【一五】祥符　「符」原誤作「府」，據《長編》卷二一四引司馬光《日記》改。

【一六】楊汲　「楊」原誤作「鄭」，據《長編》卷二一四《宋史》卷三五五《楊汲傳》改。

【一七】官辭曰　「曰」疑當作「日」或「見」。

四日，苗振復州團練副使。

五日，復令在京糶陳米。

六日，王廣廉河北提刑。廣廉言：「河北青苗已有成效，故賞之。」

七日，罷通利軍，屬衛州，前知衛州周革之請也。

九日，疏決京城繫囚，杖以下釋之。

十三日，張文裕除户部侍郎致仕挾字文裕，謝景温言其年老不退以驚公也【一八】。

兩浙轉運賈昌衡、侯瑾，提刑李惟賓不覺察祖無擇、苗振，各除一官及降差遣。

十八日，黄懷信自占國買羊六十口【一九】，供御厨。

明州通判職官坐不覺察苗振，各罰銅二十斤，與遠小差遣。

二十一日，受詔與吕微仲、孫巨源、李邦直試制科、武舉人於秘閣。

二十一日，以東上閤門使李評爲樞密都承旨【二〇】。

二十四日，王廣淵除寶文閣待制、知慶州，令晏除諸司使、遥團、許州都監。

嘉、蜀州稽滯提舉常平文字，令陸詵取勘。李元瑜提舉，范純仁轉運，謝景初提刑，李杲卿運判。

二十五日，司農奏：「成都都運司決陵州公人【二一】，爲以税錢散青苗錢。」令分析。

引試制科：《先王上禮禘郊》、《宗祖之祀如何》【二二】、《治道在知邪正》、《天剛而不

【一八】驚公　《長編》卷二一四作「警曾公亮。」

【一九】自占國買　「買」原誤作「責」，據文意改。

【二〇】樞密都承旨　「承」原誤作「丞」，據《長編》改。

【二一】決陵　「陵」原誤作「曳」，據《長編》卷二一四引司馬光《日記》改。

【二二】宗祖之祀如何　《宋會要輯稿》選舉一一之一二作「祖宗不報如何」。

失説》【二三】、《九家皆股肱之材》、《王肅何以不好鄭學》六論。

二十六日，御批：「諸軍月糧，自今每石實以十斗【二四】。」提舉吕絳出知華州，祖宗以來，惟諸班直得十斗，下軍倉場斷少，下軍有得七斗者，以米入倉壞腐故也。

二十七日，有旨薛向兼提舉蔡河運。

【二三】而不失説　「説」《宋會要輯稿》作「時」。

【二四】每石實以　「以」《長編》卷二一四作「支」。

校勘記

【一】九月　二字原缺，據《長編》卷二一五補。

【二】崇儀使亓　「亓」原誤作「并」，據《長編》卷二一五改。

【三】秋陸　「秋」原誤作「春」，「陸」誤作「陳」，據《長編》卷二一四注改。

【四】「樞密使副」　原误作「樞密副使」，據《長編》卷二一五改。

【五】轉對官　「官」字，原缺，據《長編》補。

卷三

九月十三日【一】，曾公除司空、檢校太師兼侍中、河陽節度使、集禧觀使。曾公久在政府，不爲介甫黨所容，屢乞致仕，故有是命。

李評乞鑄都承旨印。從之。

崇儀使亓贇宣撫司準備差遣【二】，仍遷五資，候御帶有闕與差。

十七日，馮當世參知政事，吴沖卿樞密副使。

秋，陸介夫卒【三】。

元發知定州，劉庠知成都府，北外王時權發遣鹽鐵判官。時，景彝之弟也。

十八日，曾公以罷相恩，長子孝寬除秘閣校理。

二十二日，有旨：「都、副承旨見樞密使、副【四】，不禮之。」上命史官檢詳故事，以久無士人爲之，檢不獲，故特降此旨也。

又，轉對官所言有可行者【五】，特賜甄獎。

王陶知永興，吕誨知河南，誨敕於禁中。

二十四日，吕大防充中書檢正官，孫洙吏房，李清臣禮房，曾布户房，李承之刑房。承之遷中允。

二十六日，聞除端明殿學士、知永興軍。薛向惡王樂道，故薦光於上以代之，樂道、獻可差遣並如舊也。

馮當世家居待罪，詔釋之。先是，韓縝自河東還，奏：麟、府、豐三州城櫓械器皆不整餘【六】。詔：「三州官吏皆奪官，降差遣。」當世自以前爲河東經略安撫使，故待罪。

學士院試克顧《詩》【七】、《易》大義共十道。

二十八日，謝景温言：「韓公罷相後，陳乞親戚差遣近四十人，今又乞妻弟崔公孺再任石塘河【八】。」

元差遣蘄州。

學士院【九】試克顧《仁則榮論》一首。

二十九日，王存史館檢討。

内藏支絹一百萬匹下陝西【一〇】。

趙卨禮房檢正。

十月四日【一一】，吴中復知成都府，劉庠知真定府，庠以母老辭遠適故也。

五日，敕受永興軍敕告。

六日，鄧綰充集賢校理、孔目房檢正官。

【六】整餘　義不可通，當爲「整除」之誤。

【七】學士院試克顧　「顧」原误作「顧」，據《長編》卷二一六、《宋會要輯稿》崇儒五之二四改。下同。

【八】石塘　「塘」原误作「唐」，據韓琦《南陽集》卷四九《崔公孺墓志》改。

【九】學士院　「院」原缺，據《長編》卷二一六補。

【一〇】一百萬　「萬」原缺，據《長編》卷二一五補。

【一一】十月　二字原缺，據《長編》卷二〇五補。

受宣永興一路都總管、安撫使，凡事長施行及傳宣永興軍、同、華、乾、耀、商、虢、解州、陝、河中、慶成軍依此。

謝景温知審官東院。

曾布除中允、集賢校理、檢正官、判司農寺，共授四敕、二告身，同日告謝。呂陶云。

陳彭年子彦博知汀州【一二】，以贓敗。彦博子達貧困甚，乃與姐弟謀同發彭年冢，取金帶賣分之。事覺，皆抵罪，蓋陳彭年之餘殃耳。

李喬，冀州人。明經術，善爲詩，以德行聞於鄉里，官至縣令，卒。李邦直云。

十一日，吕獻可乞西京留臺。

邊將林廣、趙餘慶以功遷使額七資。

李德芻充宗正丞。

十二日，克頎遷遥防。

十三日，御批：「下河東安撫司，督捕賊帥張御龍【一三】。」

押班李若愚廣西勾當公事。交趾叛將有率衆來降者，高居簡云：「若愚曰：『此不可受，可以遥決，不必往彼也。』」

十四日，檢正官添支如三司判官。

司農寺官添支十五緡。

【一二】陳彭年　「年」字原缺，據《宋史》卷二八七《陳彭年傳》補。

【一三】督捕賊帥　「帥」原誤作「師」，據文意改。

十七日，韓宣撫奏陝西運判李師錫弛慢，令赴闕，以李南公代之。以陳知儉權京西運判。

十八日，知揚州彭思永除户部侍郎致仕。

陳旭丁母憂【一四】。

李復圭宿州團練副使，上曰：「環慶之敗，皆復圭生事，已令安置。」

李定除中允，再下淮南，令鄰人分析。介甫欲除定，當世難之故也。

二十二日，李壽朋、孫洙直舍人院，馬仲甫在揚州【一五】，吕公孺知許州，鄧綰知諫院。

二十三日，秘監李先判太常。

二十五日，龍直元絳除翰林學士。

李師中降授度支郎中、知舒州。王韶與職官，差遣依舊。介甫欲不罪韶，文公固爭，乃削師中一職一官，韶才降幕職官耳。

楊繼勳閤門祇候、知邛州。王均反，繼勳集軍民，置刀於前，使殺己及妻子，衆不可，乃斂民財以賞兵。賊攻州，繼勳伏兵於竹林，殲之，乘勝逼成都，檄諸州皆會，賊由是不能陷它州。幕僚不説繼勳，賂中貴人，因毁之，故功不録。

王益柔，字勝之，昔懿恪王君貺言：「蘇子美進奏院祭神會事時指慢詩，乃益柔作也。」

【一四】陳旭　「旭」原誤作「昶」，據《宋史》卷二一一、《長編》卷二一六改。

【一五】馬仲甫在揚州　「揚」原誤作「陽」，據《長編》卷二二三改。

校勘記

佚文

【王】祐坐以百口保大名節度使符彦卿非跋扈，逆上意，故貶。《長編》卷一六開寶八年十二月癸亥引司馬《日記》。

宋敏求云：廷美之貶，元佐請其罪，由是失爱。《長編》卷二六雍熙二年九月引司馬光《日記》

【查道】乃從進士得官，爲館陶尉。廉介，與妻采野蔬雜米爲薄粥以療飢，税過期不辦，州召縣吏悉枷之，既出門，它吏皆脱去，道獨荷之，自下鄉督税，鄉之富民盛具酒饌以待之，道不食，杖其富民，於是餘民大驚，道税立辦。道不勝貧，與妻謀欲去官賣藥，會都運使樊宗古素知道節行，欲薦之，辭以與其縣主簿葉齊，宗古曰：「齊素不識也。」道曰：「公不薦齊，道亦不敢當公薦也。」宗古不得已兩薦之，齊緣是得改光禄寺丞、直史館，道尋自遂州徙知果州。道爲館陶尉，薦主簿葉齊。《長编》卷三九至道二年四月道爲館陶尉，薦主簿葉齊。此據司馬光《日記》。《日記》乃以道爲主簿，葉齊爲縣令，據葉齊以館陶主簿改光禄寺丞直史館，《實録》載於端拱二年十月，《日記》誤也。

劉攽言：李遵勖坐無禮於長公主之乳母，降授均州團練副使。真宗欲殺之，先召長公主，欲觀其意，語之曰：「我有一事欲語汝而未敢。」主驚曰：「李遵勖無恙乎！」因流涕被面，僵僕於地，乃不果殺。及李淑受詔撰長公主碑，先宣言赦李遵勖事尤美，不可不書。諸子聞之懼，重賂淑，不果書。《長編》卷七五大中祥符四年四月壬子引司馬光《日記》

先是，馮拯以兵部尚書判都省，上欲加拯吏部尚書、參知政事，召學士楊億使草制，億曰「此舍人職也。」上曰：「學士所職何官？」億曰：「若樞密使同平章事則制書乃學士所當草也。」上曰：「即以此命拯。」拯既受命，樞密院領使者凡三人，前此未有，人皆疑怪。曹利用、丁謂因各求罷，上徐覺其誤，召知制誥晏殊語之，將有所易置。殊曰：「非臣職也。」遂召錢惟演，惟演入對，曰：「馮拯，故參知政事，今拜樞密使當矣，但中書不當止用李迪一人，盍遷曹利用或丁謂過中書。」上曰：「誰可？」惟演曰：「丁謂文臣，過中書爲便。」又言玉清昭應宮未有使，謂首議建宮，宜即令領此。又言曹利用忠赤有功國家，亦宜與平章事。上曰：「諾。」庚午，以樞密使、吏部尚書丁謂平章事，樞密使檢校太尉曹利用加同平章事，皆用惟演所言也。《長編》卷九六天禧四年七月注：此段參取錢氏及司馬氏《日記》修入，晏殊誤召，恐不至，再當考。馮拯自兵書加吏書，必參政，《日記》偶脱，今追填之。

山遇名惟亮，與弟惟永分掌左右廂兵。其從弟惟序亦親近用事。山遇有勇略，國人向之。元昊惡其不從己，嘗語惟序曰：「汝告山遇反，吾以山遇官爵與汝。不然，俱族滅矣。」惟序不忍，更以告山遇。山遇欲來降，與惟永謀，惟永曰：「南朝無人不知兀卒所爲，將不信兄，兄必交困。」山遇曰：「事已至此，無可柰何。若南朝有福，則納我矣。」遂告其母，母曰：「汝自爲計。我年八十餘，不能從汝去，爲汝累，當置我室中，縱火焚之。」山遇等涕泣如母言。及爲韓周所執，號哭稱冤。周見元昊於宥州。元昊衣錦袍、黄綿胡帽，不肯受山遇等，曰：「延州誘我叛臣，我當引兵赴延州，於知州廳前受之。」周説諭良久，乃肯受。時元昊自稱兀卒已數年。兀卒者，華言青天子也，謂中國爲黄天子。元昊既殺山遇，遂謀僭號。《長編》卷一二二寶元元年九月注：山遇兄弟姓名，並據司馬光《日記》韓周所言。周又言山遇妻李氏先自殺。然山遇固與妻入野利羅來降，恐周所言或未審，今削此段不著。

癸未，降陝西經略安撫副使、兼知延州、龍圖閣直學士、户部郎中范仲淹爲户部員外郎，知耀州職如故。始，韓周等持仲淹書入西界，逆者禮意殊善。行既兩日，聞山外諸將敗亡，周等抵夏州，留四十餘日。元昊俾其親信野利旺榮爲書報仲淹，别遣使與周俱還，且言不敢以聞兀卒，書辭益慢。仲淹對使者焚其書，而潛録副本以聞，書凡二十六紙，其不可以聞者二十紙，仲淹悉焚之，餘又略加删改。書既達，大臣皆謂仲淹不當輒與元昊通書，又不當輒焚其報。吕夷簡詰周不稟朝命，擅入西界，周言經略專殺生，不敢不從。坐削官，監通州税。宋庠因言於上曰：「仲淹可斬也。」杜衍曰：「仲淹本志，蓋忠於朝廷，欲招納叛羌爾，何可深罪！」夷簡亦徐助衍言，知諫院孫沔又上疏爲仲淹辨。上悟，乃薄其責。《長編》卷一三一仁宗慶曆元年四月注：孫沔救仲淹，此據《日記》，删改書據《朔曆》……元昊有書，蓋因韓周使歸，《日記》所載，當得其實。

樞密直學士、右諫議大夫、知益州任中師，龍圖直學士、給事中、知河南府任布並爲樞密副使。先是，布數上書論事，帝欲用之，吕夷簡薦中師才不在布下，遂俱擢任。或曰：「中師前罷廣州，嘗納賂於夷簡。」於是，樞密副使闕，上謂夷簡曰：「用諫議大夫任姓者。」蓋指布也。夷簡遽進中師名，上徐曰：「今在西川。」夷簡因言中師可用，乃並用兩人。《長編》卷一三二慶曆元年五月：此據《日記》。

丙午，樞密副使、給事中任布罷爲工部侍郎、知河陽。布任樞密，純約自守無所補，然數與宰相吕夷簡忤，夷簡惡之。布長子遜素狂愚，夷簡知之，乃怵使言事，許以諫官。遜即上書歷詆執政大臣，且斥布不才。布見其書，匿之。夷簡又趣遜以書上，遜復上書罪匿者。上問知匿書者乃布也，布謝：「臣子少有心疾，其言悖謬，懼辱朝廷，故不敢宣布。」侍御史魚周詢因劾奏布不才之甚，其子具知。布遂罷去，遜尚留京師，望諫官，夷簡尋以它事黜之。議者謂周詢引遜語逐其父，爲不知體云。《長編》卷一三七慶曆二年七月注：夷簡怵遜使上書，此據《日記》。

甲午，復給荆王元儼所上公使錢，元儼領荆、揚二鎮，歲凡給緡錢二萬五千，西邊用兵，嘗納其半，上以元儼叔父之尊，不欲裁損，不踰年復全給之。元儼用度無節，每預借數年俸料，翊善王涣上書諫以方有邊患，宜助朝廷節用度，元儼判其後曰：「愁殺人。」他日又諫，元儼復判曰：「仰翊善依舊翊善。」《長編》卷一四一慶曆三年五月甲午。據《長編》卷一三六慶曆二年五月壬子注：司馬光《日記》載元儼愁殺人事附明年五月甲午。

先是，詔爲郭后於寺觀立影殿，都官員外郎、權發遣修造案陳昭素以其勞費，乃上言神御殿非古法，按禮當祔於祖姑，乞祔淑德皇后廟。詔從之。《長編》卷一八八嘉祐三年九月注引司馬光《日記》。

壬子，徙知揚州馮京知廬州。京前爲館職，與劉保衡鄰居，嘗以銅器從保衡貸錢，保衡無錢，轉以銀器質於人，代之出息；又嘗從保衡借什物以供家用，獄辭連及之。京，宰相富弼婿也，聞之自劾，乞徙小郡，故有是命。《長編》卷一八九嘉祐四年三月注：《實録》及京本傳並不載此，今從司馬氏《日記》。

六月己卯，以去夜月食，出宫女百餘人，以應天變，修陰教。《長編》卷一八九嘉祐四年六月注引司馬氏《日記》。

甲申，内殿崇班柴詠爲殿中丞，封崇義公，簽書奉寧節度判官事。《長編》卷一九〇嘉祐四年十月注：《實録》在十月戊辰，今從《日記》。

英宗即皇帝位，見百官於東楹。《長編》卷一九八嘉祐八年四月注：按司馬氏《日記》，則英宗在外，翌旦召入。

丁亥，翰林學士王珪上言聖體已安，皇太后乞罷權同聽政，即命珪草還政書，既而不行。《長編》卷一九八嘉祐八年四月注引司馬光《日記》。

庚戌，詔山陵所用錢物並從官給，毋以擾民，詔雖下，然調役未常損也。《長編》卷一九八嘉祐八年五月注：此據司馬光《日記》。

丙辰，夏國主諒祚遣使來吊慰，見於皇儀殿門外。其使者固求入對，弗許。諒祚所上表輒改姓李，賜詔詰之，令守舊約。《長編》卷一九九嘉祐八年七月注：詔書見《王珪集》，司馬光《日記》亦具載之。

初，契丹主宗真母蕭氏愛少子宗元，欲以爲嗣。宗真之重熙二十三年，王拱辰報聘，宗真常爲拱辰言之。其明年，宗真死，洪基嗣立，以宗元爲皇太叔。洪基之清寧三年，蕭氏卒，宗元怙寵，益驕恣，與其相某謀作亂。及相某以貪暴黜，宗元懼，謀愈急。洪基知其謀，陰爲之備。是月戊午，宗元從洪基獵於涼淀。洪基讓宗元先行，宗元不可，洪基先行，依山而左。宗元之子楚王洪孝以百餘騎直前，射洪基，傷臂，又傷洪基馬。馬仆，其太師某下馬掖洪基，使乘己馬。殿前都點檢蕭福美引兵遮洪基，與洪孝戰，射殺之。洪基兵與宗元戰，宗元不勝而遁，南趣幽州，一日行五百里，明日自殺。燕京留守耶律明與宗元通謀，聞其敗，領奚兵入城，授甲欲應之，副留守某將漢兵距焉。會使者以金牌至，遂擒斬明。洪基尋亦至。陳王蕭孝友等皆坐誅。先遣來使者數人，悉宗元之黨也，過白溝，並以檻車載去誅之，獨蕭福延以兄福美有功得免。時清寧九年也。《長編》卷一九九嘉祐八年七月戊辰注：此據司馬光《日記》。

九月己未，永昌郡夫人翁氏削一資，翁氏位有私身韓蟲兒者，自言常汲水，仁宗見小龍纒其汲而出，左右皆莫見，因召幸焉，留其金釧以爲騐，仍遺之物，蟲兒遂有娠，於是踰十月不産，按問皆蟲兒之詐，得金釧於佛閣土中，乃蟲兒自埋之也，太后以諭輔臣，命杖蟲兒，配尼寺爲長髮，而翁氏坐貶，輔臣皆請誅蟲兒，太后曰：「置蟲兒於尼寺，所以釋中外之疑也。若誅蟲兒，則不知者，必謂蟲兒實生子矣。」《長編》卷一九九嘉祐八年注：歐陽修《私記》載此事尤詳，獨以蟲兒乃宫正柳摇真之私身，與司馬光記不同，今從《日記》。

潁王性謙虚，眷禮宫僚，遇維尤厚，每事諮訪，維悉心以對，至於起拜、進止緩急皆陳其節。一日，侍王坐，近侍以弓樣鞋進，維曰：「王安用舞靴？」王有愧色，亟令毁去。上始疾甚，時出語頗傷太后，太后泣告輔臣，並咎兩王。維等極諫曰：「上已失太后歡心，王盡孝恭以彌縫，猶懼不逮，不然，父子俱受禍矣。」王大感悟。他日，太后謂輔臣曰：「皇子近日殊有禮，皆卿等善擇宫僚所致，宜召至中書褒諭之。」曹佾之除使相也。王欲使維等傳太后意於輔臣，維及思恭不可，王卒使陶言之。維及思恭戒王曰：「陛下親總萬機，内外上下，事體已正，王當專心孝道，均養三宫而已，他勿有所預也。」《長編》卷二〇二治平元年六月注：曹佾除使相在五月丙辰。維戒王事據司馬氏《日記》，舞靴事據《邵氏聞見録》。然《日記》語太察察，今略加删潤。又有王陶與史昭錫深交，及議與任守忠用平狀，爲守忠所倚事，當考。

是日，彗行至張而没。彗之未没也，言者多以爲憂。或告韓琦，琦曰：「借使復有一星出，欲何爲乎？」《長編》卷二〇八治平三年五月乙丑注：此據《日記》。

御史劉庠言："禮，居喪不飲酒食肉。仁宗之喪，百官及諸軍朝晡皆給酒肉，京師羊爲之竭。請給百官素食。"禮官以爲然，執政不從。《長編》卷二〇九英宗治平四年正月己未注：此據劉庠墓銘及司馬光《日記》。

【上】以【蔣】之奇等奏付樞密院，後數日，乃復取入，密詔問【孫】思恭。《長編》卷二〇九治平四年三月注引司馬光《日記》。

乙丑，命知制誥宋敏求看詳減省銀臺司文字，都官員外郎王庭筠，太常博士、集賢校理劉瑾，殿中丞宋温其，著作佐郎錢長卿、曾布，前河西縣令杜純，並爲編敕删定官。庭筠嘗奏疏稱頌王安石所定謀殺刑名，而温其素爲王安石檢法，贊成其事者也。《長編》卷二一〇熙寧三年夏四月注：此據司馬光《日記》。

辛巳，淮南轉運使、屯田郎中謝景温爲工部郎中兼侍御史知雜事。景温雅善安石，又與安石弟安國通姻，吕公著之爲中丞也，人謂景温必先舉御史，及公著罷，乃有此除。先是，安石獨對問，上曰："陛下知今日所以紛紛否？"上曰："此由朕置臺諫非其人。"安石曰："陛下遇群臣無術，數失事機，别置臺諫官，恐但如今日措置，亦不能免其紛紛也。"此安石三月十六日對上語。於是專用景温。《長編》卷二一〇熙寧三年夏四月注：司馬光《日記》云：自是不復置中丞。按此時已除馮京中丞，但未到耳，陳薦權臺事，不知《日記》何以云爾，恐誤也。

乙酉，詔館閣校勘劉攽與外任。攽初考試開封，與王介爭言，爲臺諫所劾，既贖銅又罷考功及鼓院，至是求外任。王安石因之并逐放。《長編》卷二一〇熙寧三年四月注：此據司馬光《日記》。

丙午，詔直舍人院只理本資序，候知制誥不闕即罷。始，王益柔等遂自謂某爲知制誥，既而上謂益柔等文詞非工，故有是命。《長編》卷二一一熙寧三年五月注：此據《日録》并《日記》删修。

癸卯，上批：「近以秀州軍事判官李定爲太子中允、權監察御史裏行，知制誥李大臨、蘇頌累格詔命不下，乃妄引詔中丞薦舉條，絶無義理，而頌於中書面乞明降特旨，方敢命辭，洎朝廷行下，反又封還輕侮，詔命飜覆若此，國法豈容，大臨、頌可並以本官歸班。」大臨及頌時皆爲工部郎中。先是，宋敏求封還定辭頭，詔送别官，而頌當命辭。頌言：「本朝舊制，進補臺官皆詔中丞、知雜與翰林學士於太常博士以上、中行員外郎以下，互舉曾任通判者，其未歷通判者，即須特旨，方許薦爲裏行，倘非其人，或至連坐，所以重臺閣之選也。去歲詔旨專令中丞舉官，雖不限資品，猶以京秩薦授，緣已有前詔，故人無間言。今定自支郡幕職官，入居朝廷糾繩之任，超越資序，近歲未有。議者或曰：唐世多自諸侯幕府入登臺省。臣謂不然，在唐方鎮盛時，有奏辟郎官、御史以充幕府者，由此幕府增重。祖宗深鑒此弊，一切厘改，州郡僚佐皆從朝廷補授。大臣出鎮，或許辟官，亦皆隨資注擬，滿歲遷秩，並循銓格，非復如唐世之比。而今之三院，事任又重於昔時。況定官未終，更非時召對，不由銓考，擢授朝列；不緣御史之薦，直置憲臺。雖朝廷急於用才，度越常格，然隳紊法制，必致人言，其除官制，未敢具草。」詔再送舍人院，次至大臨，大臨亦封還。迺詔頌依前降指揮撰辭。頌又言：「祖宗之朝或有起孤遠而登顯要者，蓋天下初定，士或棄草萊而不用，故不得不廣搜揚之路。自真宗、仁宗以來，雖幽人異行，亦不至超越資品。蓋承平之代，事有紀律，故不得不循用選授之法。今朝廷清明，俊乂並用，進任臺閣，動有成規。而定以遠州幕官，非有積累之資，明白之效，偶因召對，一言稱旨，即授御史，他日或有非常之人又過於此，奏對稱旨，則復以何官處之？寖漸不已，誠恐高官要秩，或可以歧路而致。謹案《六典》，中書舍人之職，凡詔旨制敕，皆案典故而起草，制敕既行，有誤則奏而正之。故前後舍人論列差除，用典故而蒙更正者非一。今三院御史須中丞、學士薦舉朝臣，乃典故也，或不應此，其敢無言？去歲以京官除授，所以無言者，以前有詔令故也。今若先立定制，許於幕職官中選擢三院，則臣等復有何言而敢違拒？朝廷以定才實非常，則當特與改官，別授職任，隨資超用，無所不可，不必棄越近制，處之憲綱也。若臣上懼嚴誅，靦顔起草，誠慮門下封駁。縱門下不舉，則言事之臣必須重有論列。或定畏議，固執不敢祇受，是臣一廢職事，而致議論互起，煩瀆聖聽，則臣之罪戾死有餘責。」上曰：「裹行本不計官資，故令於御史裹行，欲令止以判官出敕爲之。」衆以爲不可。安石曰：「已令改官，於義有何不可，而乃封還辭頭？若遂從之，即陛下威福爲私議所奪，失人君之道矣。」既而安石進呈舉御史新條，并録初立條時奏對語，白上曰：「胡宗愈以此爲臣私意，蓋不知陛下立此法時德音故也。」上曰：「李定誥須令草之。」安石曰：「陛下特旨，雖妨前條亦當施行也。」曾公亮曰：「特旨固不當以條限，但不知定何如人，恐非常人，乃當不用常法耳。」於是上批：「檢會去年七月六日詔，今後臺官有闕，委御史中丞奏舉，不拘官職高下令兼權，如所舉非其人，令言事官覺察聞奏。自後別無續降條貫。」頌、大臨等又言：「臣等看詳，從前臺官須得於太常博士以上、中行員外郎以下舉充。後來爲難得資序相當之人，故朝廷特開此制。云不拘官職高下者，止是不限博士與中行員外郎耳，非謂選人亦許奏舉也。所謂兼權者，如三丞以下未可爲監察，故且令上權，前行員外郎以上不可爲侍御，故令下兼，皆不爲選人設文也。若不拘官職高下，並選人在其間，則是秀州判官亦可以權裏行，不必更改中允也。以此言之，選人不可超授臺官明矣。至如程顥、王子韶已先轉京官，因中丞薦舉方遷中允，止權監察。今定是初等職官資序，若特改京官，已是優恩，更超授朝籍，處之憲臺，先朝以來，未有此比。臣等所以喋喋有言，不避斧鉞之誅者，非它也，但爲愛惜朝廷之法制，遵守有司之職業耳。大抵條例戒於妄開，今日行之，它日遂爲故事，若有司因循，漸致墮紊，誠恐幸門一啟，則仕途奔競之人，希望不次之擢，朝廷名器有限，焉得人人而滿其意哉！前世所以愛重爵賞，不以假人，雖有奇材異倫，亦須試以職事，俟有功效，然後超擢者，以此也。」復詔頌依前降指揮撰辭，頌執奏如初，而又於中書白執政言：「雖云特旨，而頌輩無以爲據，草制即必致人言。乞批降云『特旨所除，不礙條貫。』方敢草制。」又詔所除李定是特旨，不礙近制，令頌疾速撰辭。頌又言：「果出聖意拔擢，即須非常之人，名聲聞於時，然後厭服群議，爲朝廷美事。昔馬周爲常何作奏，條陳得失二十餘事，皆當世切務，唐太宗拔於布衣。近世張知白上書言事，論議卓越，真宗拔於河陽職官。此二臣者，可謂有顯狀矣，逢時遇主，可謂非常矣。然周猶召直門下省，明年方用爲御史裹行。知白召還奏對稱旨，亦命試舍人院，然後授以正言。非如定遠州職官，素無聲稱，偶因諫官論薦，一賜召對，便蒙拔授，誠恐天下才辯之士聞之，皆思趨走勢要，以希薦用，此門一開，未必爲國家之福也。欲望陛下采聽群議，或詢訪近臣，若謂定之才果足以副陛下特旨之擢，則臣自當受妄言之罪；若臣言不虚，即乞別授一官，置之京師，俟它時見其實狀，進用未晚。如此，不惟臣等職事並舉，兼亦可以養成定之才資，免招異日之議論也。」上即欲黜頌，別除知制誥令草制。安石乞且降旨令草，如更執奏乃施行。於是曾公亮乞批付大臨等同草。韓絳曰：「止是頌建白，難付大臨等。」公亮曰：「頌意欲如此。」安石曰：「恐大臨不肯草，即便稽留聖旨。」乃直付頌。而頌復辭以不當日，遂再送大臨，大臨又繳還，故有是責。大臨及頌之未責也，詔趣直舍人院蔡延慶等就職，及責大臨等，延慶遂草定制，既進草，又上奏乞罷之。知通進銀臺司孫固再封駁，卒行下。《長編》卷二一一熙寧三年五月注：此據司馬光《日記》及《御集》。

王廣廉在河北，民不能償春料，乃更俵秋料使償之，民受之知縣廳，即輸之主簿廳。《長編》卷二一一熙寧三年五月丁未注引司馬光云。

廢管勾睦親廣親宅并提舉郡縣主宅所歸大宗正司，從知宗正丞張稚圭請也。先是，宗室舉動皆爲管勾内臣所拘制，稚圭始請罷之，上令并罷郡縣主宅提舉管勾内臣拘制，《長編》卷二一一熙寧三年五月注：管勾内臣拘制，據司馬光《日記》。

先是，上論及大使臣磨勘及常程差遣，欲付之三班。王安石與韓絳以爲不如置西院付之，上即令置，然未嘗與樞密院議也……議者謂絳及安石協謀，欲沮彦博，且奪其權，因建此議，然先時大使臣差遣皆屬樞密院，無先後名次，時人亦頗患其不平也。《長編》卷二一一熙寧三年五月丁巳注：頗患其不平，此據司馬光《日記》。

丙寅，殿前都虞候、邕州觀察使、秦鳳路副總管竇舜卿知秦州，李師中於永興軍聽旨。王韶之議開邊也，師中贊成之，及韶改提舉蕃部兼營田、市易，（二月十一日。）師中始言其不便……於是師中亦奏：「竇在邊無由得安，乞罷竇，專委韶及遵裕。」會托碩、隆博二族相仇，董裕以兵助托碩。遵裕乃言於師中，乞使竇還討之。師中複奏：「蕃部非竇不能制，臣已令將兵討托碩族，乞依舊留竇，仍敕韶等令協和。」曾公亮擬從其請，樞密院又請責韶等戒勵狀。安石曰：「韶等豈可但責戒勵，當究見情狀虛實、道理曲直行法。」及進呈，上怪師中奏事前後反覆，欲遣使體量如安石議。文彦博曰：「韶、遵裕得專奏事，不由主帥，主帥反奉詔等。」上曰：「詔所措置事皆關白主帥。」安石曰：「若詔措置有害，師中自合論奏。師中素無忌憚，專侮慢朝廷，何至奉詔等？」因請罷師中，上欲移郭逵代之。曾公亮言：「延州不可闕人。」上又欲復移蔡挺，衆謂不可。安石曰：「若用挺，不如用逵。」文彦博曰：「王安石不知陝西事，延州乃重於秦州，逵不可移。」安石曰：「臣固不知陝西事，然今秦州蕃部旅拒，夏國又時小犯邊城，或遂相連結，則秦州事豈不甚重？且陝西諸路皆與夏國對境，苟一處有隙，夏國來窺，則來窺處即是緊切要人處。逵若不可移，盍使竇舜卿攝領？」韓絳亦謂舜卿可使，上以爲然，故有是命。《長編》卷二一二熙寧三年六月丙寅注：師中罷帥，王安石《日記》並司馬光《日記》頗詳，蓋不專坐此疏，今參用《日録》、《日記》删修。

詔：「三司分在京諸司庫務爲四案，令三司并提舉司勾當公事官每半年一次轉輪，各點檢一案。」以三司言提舉諸司務所管七十二處所差勾當公事，止是每季點檢官物齊整，其積壓陳損合係三司變轉，乞令因點檢，除申本司外，更申三司，故有是詔。尋罷之。《長編》卷二一二熙寧三年六月丁卯注：尋罷之，此據司馬光《日記》。

壬午，上批：新差權發遣河東提點刑獄、職方員外郎梁端令審官院與合入差遣。端提舉本路常平等事，嘗論青苗錢不須設官置局，川、峽、二廣六路宜罷給，不報。《長編》卷二一二熙寧三年六月壬午注：司馬光《日記》云：端不知已除提刑，因論青苗不便故罷。

【胡】宗愈爲諫官，遇事必言，然不肯出姓名，辭多微婉，故御批有「潛伏中傷」等語。

或曰御批乃吕惠卿筆也。《長編》卷二一二熙寧三年六月丙戌注：宗愈言事不出姓名，御批乃吕惠卿作。此據司馬《日記》。……《日記》又云：宗愈爲諫官屢言事。又言張若水嘗在慶州韓絳結之，宗愈實未嘗言絳，惡之者以爲間耳。

向寶和二族，殺董裕二百餘級。《長編》卷二一二熙寧三年六月丁亥注引司馬光六月《日記》

癸巳，賜大理寺丞王欽臣進士及第，祕書省正字唐坰出身，欽臣以文彦博奏舉，坰上書言事召對，至是並試學士院而有是命。欽臣，洙子。坰，詢子也。初，坰爲北京監當官，上書言青苗不行，宜斬大臣異議者一二人。王安石謂坰宜在舘閣，故得召對。坰有才辨，韓琦甚愛之，既去，乃聞其言。《長編》卷二一三熙寧三年七月注：召坰乃五月一日，此據《日記》。坰宜在舘閣，據五月三日《日録》。

乙巳，太常少卿祝諮、都官員外郎删定編勑王庭筠並判刑部。庭筠資序至淺，王安石超用之，衆心不服。《長編》卷二一三熙寧三年七月注：王庭筠事據《日記》。

東西審官院、流内銓、三班院，各置主簿。《長編》卷二一三熙寧三年七月癸丑注司馬光《日記》。

己未，京西同巡轄斗門、太常博士侯叔獻，著作佐郎楊汲，並權都水監丞，專提舉沿汴淤溉民田。先是，或言祥符、中牟之民以淤田故大被水患，上問王安石，安石謂初不聞此。上乃遣内侍往視，還言民甚便淤田，而水患蓋無有，且言汲等皆盡力。上復以語安石，安石曰：「今歲功緒未就，都水不協心故也。」且言來歲興作之方，因命汲等並兼都水。《長編》卷二一四熙寧三年八月注：此據司馬《日記》並王安石《日録》增修。

時賊又築堡於慶州荔原堡北曰納幹，在境外二十餘里，及聞延州堡敗亦止不築，申牙頭求罷，而兵留境上，蕃部巡檢李宗諒地近敵堡，害其佃作，乃帥衆千餘人與賊戰于納幹，李復圭使鈐轄李信等助之，信按兵堡中不出，宗諒戰不利，還趨堡，信閉門執劍拒之，曰經略命敢入堡者斬。宗諒還戰皆没。復圭責信等觀望，信等懼。丁未引兵三千往十二盤擊賊，十二盤亦在境外，非漢地也。信等先射賊，敵曰：我與宗諒有仇，不與汝宋兵戰。信曰：宗諒亦我熟户也。復射之。敵曰：汝直欲戰也。乃縱兩翼圍之，且令曰：殺兵勿殺將。又開圍一角，使信等得逃去，朝廷聞之，命復圭酬賽，復圭使其將梁從吉等别破金湯、白豹、蘭浪、萌門、和市等寨，賜復圭詔獎諭。七月壬寅，復圭又使其將李克忠襲金湯，賊伏兵衝之，斷而爲二，克忠東出延州，以餘衆還。是月壬申，賊遂舉國入寇。《長編》卷二一四熙寧三年八月注：今用司馬光《日記》删修。……《日記》又稱德明之子襲和市……李克忠姓名則惟《日記》有此耳。

帶御器械程昉遷七資，賞開御河之勞也。先是，永濟河自武城東趣永静軍，後爲黄河所截，北趣長蘆泊，前歲又爲黄河所閼，會地震，李村口決，北趣五千渠，至是黄河東行，昉復開之，復循黄河故道趣永静軍。《長編》卷二一四熙寧三年八月甲戌注引司馬光《日記》。

詔御史臺定奪李定合與不合追服所生母喪。定既分析，上遂欲除定官如何，曾公亮：「不可，定未嘗追服，當令禮官定奪。」王安石曰：「禮官陳薦今爲長，豈可使禮官定奪？」乃送御史臺。《長編》卷二一四熙寧三年（庚戌，一〇七〇）八月注：《實録》八月丙子乃送御史定奪。司馬光《日記》於七月己酉載之，恐誤也。

己卯，斬環慶路鈐轄李信、慶州東路都巡檢劉甫。初，夏人以兵十萬築壘于其境内，李復圭出陣圖方略授信甫及監押种詠，使自荔原堡約時日襲擊，信等如其教，未至賊營，賊兵大至，信等衆纔三千，與戰不利，多所失亡，退走荔原堡。復圭急收前所付陣圖方略，執信等付寧州，命州官李昭用劾以違節制，詠以瘐死，獄成，信等伏誅。荔原堡都監郭貴坐不策應，除名免刺面決配廣南牢城。於是王安石白上言復圭斬李信事甚當。上曰：「文彦博、馮京皆不以爲然。朕謂彦博等，卿且置官職，試以人命觀之，信所陷至八百人，如何反不死乎？」其實，夏人初不犯漢地，復圭徼倖邊功，致信等敗戮，人皆寃之。既而彦博等欲牒夏人以復圭擅出界事，且乞降詔，王安石曰：夏人但見復圭屢出侵之，不知所以，或當少有畏憚，若便牒報，示以情實，往往旅拒。上曰：「善」。乃不果牒。《長編》卷二一四熙寧三年八月己卯注：今並從元祐墨本及司馬光《日記》删修。

辛巳，環慶路都監、東頭供奉官、閤門祗候高敏，鈐轄、皇城使郭慶，經略司指使、三班借職魏慶宗、秦勃，並爲敵所殺。初，敵聲言齎百日糧，趨鄜延，敏屢白李復圭曰：「兵家聲東擊西，兼環慶嘗破金湯、白豹等寨，釁隙已深，不可不備。」已而秉常果以三十萬趨環慶，副都總管楊遂駐兵大義寨，令敏爲先鋒將，敵奪大順城水寨，攻圍愈急，敏力戰通路，自寅至午，且戰且前，斬獲頗多，至榆林，援兵不至，中流矢死。敵屯榆林距慶州四十里，游騎至城下，陝右大震，積九日，敵乃退。《長編》卷二一四熙寧三年八月辛巳注：高敏等戰敗，自十月丙寅移見于北，賊屯榆林，游騎至慶州城下，積九日，乃解圍去，並據《李復圭附傳》及司馬光《日記》。

初，遣使提舉常平倉貸青苗錢，【陸】詵言：「川峽四路與内地不同，刀耕火種，民食常不足，至種芋充饑。今本路省税科折已重，蜀民輕侈，不爲積蓄，萬一歲儉不能償官，適陷民於死地，可哀，願罷四路使者，如其故便。」并言「差役水利事，皆不當改爲。」其後卒罷三路之使，獨置成都府路提舉官一員。《長編》卷二一四熙寧三年八月辛巳注：詵奏疏，據司馬光《日記》在三月十八日……《日記》壬午二十五日又載司農奏，成都轉運司決陵州公人，爲以税錢爲青苗，今分析。

同判司農事吕惠卿言：「淳化中，都下初置常平倉，賤糴貴發。至景德中，差開封府浚儀知縣監倉事。祥符六年，始以兩縣常平并爲在京常平，其斛斗經二年即支充軍糧，貿易新好充見在數，其法實爲民利。而其後糴糶之政久不行，文字本末隨亦廢墜。今常平封樁米至五十二萬石，但寄積在京倉界，惟據逐界每月具見在數申寺，而朝廷初無發斂之政，甚可惜也。欲乞遇價稍貴即出之，賤即以其錢糴之，如淳化中故事。」於是中書請以司農見樁管米指射新好者貿易，仍與開封府界斛鬥通融支用。從之。惠卿是日以父喪去位。《長編》卷二一五熙寧三年九月戊子注：《實録》於八月十七日書光禄卿吕璹卒。而司馬光《日記》乃於九月一日記惠卿遭父喪。蓋璹卒或在它處，惠卿九月一日始聞之也。今依《日記》附此。

初，陳升之既與王安石忤，安石數侵辱之，升之不能堪，稱疾臥家逾百日，求解政事，不許。辛卯，復求入見，有旨再拜而已，仍令扶至殿門。《長編》卷二一五熙寧三年九月注：此據《日記》。

癸巳，著作佐郎、編修中書條例曾布爲太子中允、崇政殿説書。王安石常欲置其黨一二人於經筵，以防察奏對者，吕惠卿既遭父喪，安石未知腹心所託，布巧黠善迎合，安石悦之，故以布代惠卿入侍經筵。布資序甚淺，人尤不服，而布亦固辭，卒罷之。《長編》卷二一五熙寧三年九月注：此段據司馬光《日記》罷説書在十四日。

太子中允、監察御史裏行林旦判司農寺，太子中允、崇政殿説書曾布同判司農寺。布尋奏改助役爲免役，吕惠卿大恨之。《長編》卷二一五熙寧三年九月乙未注：布改免役，惠卿大恨，此據司馬光記所聞蘇衮之言【一】。

庚子，左僕射兼門下侍郎平章事曾公亮爲司空兼侍中、河陽三城節度使、集禧觀使，仍五日一奉朝請。公亮初薦王安石可大用，及同執政，知上方向安石，陰助之，而外若不與同者，置條例司，更張衆事，一切聽之。每遣其子孝寬與安石謀議，至上前無所異。於是上益專信任。安石以其助己，深德之。故推尊公亮而沮抑韓琦。御史至中書爭論青苗事，公亮俛首不答，安石厲聲與之往反，由是言者亦以安石爲專，而公亮不預也。蘇軾嘗從容責公亮不能救正朝廷，公亮曰：「上與安石如一人，此乃天也。」然安石猶以公亮不

【一】所聞蘇衮「蘇衮」疑當作「蘇兖」，兖爲蘇頌之弟，司馬光屢引其言載入《涑水記聞》及《温公瑣語》中。

盡同己，數加毀訾。公亮雖屢乞致仕，上輒留之。公亮去亦弗勇，安石黨友尤疾之。上御集英殿册進士，午漏，上移御需雲便坐，延輔臣賜茶，公亮陟降殿陛，足跌仆於地，上遽命左右掖起之。明日以告病連乞致仕，於是乃聽公亮罷相。《長編》卷二一五熙寧三年九月注：此據公亮本傳及司馬光《日記》、王安石《日録》删修。

詔轉對官所言有可行者，特加甄奬。《長編》卷二一五熙寧三年九月己酉注：此據司馬光《日記》。

熙寧三年十月初九日，武舉除奉職九人，借職七人，差遣殿侍四人，借職王褒遷右班殿直，康大同遷奉職，減三年磨勘者一人，絀者一人，傳義下吏者二人。時人言武舉不合格，推恩優於賢良方正入第三等者。試法官合格者五人，皆選人，一人除詳斷官，四人候有闕與差。《長編》卷二一五熙寧三年九月癸丑注引司馬光《日記》。

職方員外郎鄧綰爲集賢校理、檢正中書孔目房公事。綰故名維清，雙流人，舉進士高第，累遷寧州通判，上書言：「陛下得伊、吕之佐，作青苗、免役錢等法，百姓無不歌舞聖澤。臣以所見寧州觀之，知一路；一路觀之，見天下皆然。此誠不世之良法，願陛下堅守行之，勿移於浮議也。」又與王安石書及頌，安石大喜，白於上，使乘驲詣闕，又累詔趣之。比至，上使數人迎於中牟、八角、順天門詗候之。抵暮，入門就舍。詗候者夜飛奏，于右掖門竅中進入。詰旦，召對。時慶州方有夏寇，綰進呈邊事。上問：「識王安石否？」曰：「不識。」上曰：「今之古人也。」又問：「識吕惠卿否？」曰：「不識。」上曰：「今之賢人也。」綰退，見安石，欣然如舊交。安石問：「家屬俱來乎？」綰曰：「承急召，未知所使，不敢俱來。」安石曰：「何不俱來，君不歸故官矣。」後數日，值安石致齋，陳升之與馮京以綰知邊事，奏除知寧州。綰聞大恨，公語朝士曰：「急召我來，乃使我還知寧州也！我已語介甫。」甚不平。朝士問曰：「君今當作何言？」綰曰：「我不失作館職。」或問：「君得無爲諫官乎？」綰曰：「正自可以爲之。」明日，果有此命。綰自至京師，不敢與鄉人相見，鄉人皆笑罵，綰曰：「笑罵從汝笑罵，好官我須爲之。」尋又命綰兼編修中書户房條例。《長編》卷二一六熙寧三年十月癸亥注：此據司馬光《日記》增入。兼編例在十月乙亥，今並書。

十一月十三日，押班李若愚廣西勾當公事，交趾叛將有率衆來降者，若愚曰：此不可受，可以遥決，不必往彼也。二十一日，太博陳箴换西閤副使、知欽州【二】，李若愚更不知廣西，只令箴體量邊事。《長編》卷二一六熙寧三年十月甲子注引司馬光《日記》。

折繼世以綏州功除左騏驥使、果州團練使，賞賜無算。去歲病風，以御藥使醫傅守視。繼世迎妖人馬志誠，欲奉之發兵據青澗城，指揮使拓跋忠諫使止之，首下獄案驗，久不決。子華至延州，斬志城等二十餘人，以繼世有功，不問。《長編》卷二一八熙寧三年十二月庚申注引司馬光《日記》。

端明殿學士、尚書左丞王素爲工部尚書、端明殿學士致仕，上亟從之。王安石言：「宜且降詔不允。」上曰：「素今在此，實知其病，使令致仕，何傷？」安石曰：「無傷也。

【二】知欽州　「欽」原誤作「郴」，據《長編》上下文改。

故事，致仕者例不帶職。」王安石以爲致仕者致其職事於君，無落職之理。故皆以本職致仕自王素始。《長編》卷二二〇熙寧四年二月注：此據司馬光《日記》增入。

王安石爲政，欲理財富國，人言財利者輒賞之。舊制，太府寺造斗升，用火印頒於天下諸州賣之，禁民私造升斗，其法甚嚴。熙寧四年，詔自今官司止賣印板，令民自造升斗，以省釘鍱之費，於是量法壞矣。又民侯氏世於司天監請曆本印賣民間，或更印小曆，每本直一二錢，至是盡禁小曆，官自印賣大曆，每本直錢數百，以收其利。又京東提刑王居卿上言天下官酒務，皆令作連竈以省薪蘇，朝廷從之，畫圖頒於天下。又有班行上言：天下馬鋪，每匹令日收糞錢一文，亦行之。其營利如此，而城綏州，築囉兀城【三】，散青苗錢，所用官錢動以數十百億計【四】。《長編》卷二二〇熙寧四年二月戊寅注引司馬光《日記》。

知雜鄧綰劾奏富公除汝州，不肯之官，求西京養疾，跋扈不遵詔命。又言：「富公昔與劉沆書求汲引，云『願銜環顧印，以報厚德。』弼昔欲以禽蟲事執政，今恥以人臣事陛下，宜付之請室，賜以上刑。」上以其言險詖，寢不報。何洵直云。《長編》卷二二四熙寧四年六月甲戌注引司馬光《日記》。

劉摯爲檢正官，介甫將黜富公，摯數諫止之，由是出爲御史，富公竟坐奪使相。摯上言：「亳州簿、尉、典級皆坐不散青苗錢申劾，以前宰相所爲，豈此曹所能制？」由是簿尉以下特有之。當是時，摯在臺諫中最爲敢言，周伯藥云。《長編》卷二二二熙寧四年四月甲戌注引司馬

【三】築囉兀城　「城」《長編》卷二二八熙寧五年正月辛酉條引《日記》其下有「堡」字。

【四】所用官錢　「錢」《長編》卷二二八作「物」。

光《日記》。

去歲新堤第四埽先決，頃之，第五埽又決，第四埽水更微。程昉於嫩灘水上疊塞四水口，自知不測，未幾咽淩水盛，第四水口復決，昉憂懼而卒。張保孫殿丞云。《長編》卷二二五熙寧四年七月注引司馬光《日記》。

夔路有保塞民扞禦蠻寇，其酋領得理詞訟擅決罰，由是大富。州縣提轄侵漁不已【五】，其酋不堪命，遂寇略居民，轉運使張詵等發兵討擊，誅殺甚衆。鄧綰上言生蠻所以不能爲蜀患者，以此民爲之藩鄣，今詵等多殺不幸，以自爲功，異日蠻必爲患。詵嘗事介甫於常州，善遇之，乃命章惇往體量。惇還言，其酋縱横日久，或刳孕婦，或探人心而食之，誅之甚當。於是二漕皆遷官加職。趙全云【六】。《長編》卷二二五熙寧四年七月壬辰注引司馬光《日記》。

【楊】繪改知鄭州，仍押出門。《長編》卷二二五熙寧四年七月丁酉注引司馬光《日記》。

七月二十三日有旨，自今供奉官以下，皆免常朝，祖宗時供奉官等皆取將帥子弟爲之，天子擇其才者，使將命四方，有能辦事則稍加進拔，故曰奉朝請，侍廷中謂之使臣，自後得之者寖多，及今近八千人任使，不復如往時而朝請如故，貧者或徒步泥中至禁門，賃公服韡笏而入，富者以錢賂閤門，不來亦不問，其徒甚以爲患，故免之。《長編》卷二二五熙寧四年七月甲辰注引司馬光《日記》。

慶卒之變，密劄下經略司應捉殺到叛卒妻子並配諸州爲奴婢，經略司牒下邠州牒漏

【五】州縣提轄　「轄」文淵閣四庫全書本作「轉」。

【六】趙全云　「全」當作「仝」，趙仝見《長編》卷二二五熙寧四年七月辛酉條。

「捉殺到」三字，知邠州張靖以爲招降者，妻子豈可亦從孥戮，再申經略司經略司令主者陳首下州改正，靖因奏其狀而不言已改正，介甫以鹽法事惡靖，以爲傾險，欲直除水部員外分司，當事請先案實，乃命章惇制勘，謝景温以文書證明，靖由是得免。趙仝云。《長編》卷二二五熙寧四年七月辛亥注引司馬光《日記》。

【齊】恢温厚長者，而不偏倚。先知審刑，議謀殺人許首事，恢以爲不可，守之甚堅，時人稱之。《長編》卷二二六熙寧四年八月乙丑注引司馬光《日記》。

九月初四日，張觀文判南京留臺。安道素與介甫不善，上初即位，人薦介甫之賢者甚衆，上訪於安道，安道曰：是人有虚名而無實用，晋之王夷甫，若果用之，恐敗天下風俗。介甫聞而銜之，故安道以參知政事，丁父憂服除而不復舊位知陳州，内不自安，故稱疾而去。《長編》卷二二六熙寧四年八月戊寅注引司馬光《日記》。

前宣州旌德尉王雱上殿，除太子中允、崇政殿説書。雱，介甫之子也，進士及第，好高論，父常與之議大政，時人謂之小聖人。張仲成曰：當世薦雱有經濟之方，今抱疾，陛下宜速召對與論天下事。故有是命。《長編》卷二二六熙寧四年八月己卯注引司馬光《日記》。

鄭毅夫提舉鴻慶。初介甫惡滕元發，以毅夫爲元發之黨，毅夫自杭移青，得疾，一臂不能舉，故因而罷之。《長編》卷二二六熙寧四年九月乙酉注引司馬光《日記》。

介甫秉政，鳳翔府民獻策云：「陝州南有澗水西流入河。若疏導使深入，鑿硤石使通穀水，因道入河，東流入穀水。自穀水入洛，至鞏，復會於河，以通漕運，可以免砥柱之險。」介甫以爲然。敕下京西轉運司差官相度。京西差河南府户曹王泰，泰欲言不便，則恐忤朝廷獲罪；欲言便，又恐爲人笑，乃申牒言：「今至穀水上流相度，若疏引大河，水得至澠縣境，導之入穀水，委實利便可行。」蓋出澠縣境，則硤石大山屬陝西路故也。陝西言不可行，乃止。《長編》卷二二七熙寧四年十月庚申注引《日記》。

才元、子容得外官，勝之以故事餞之，和叔、曾布皆不赴。明日，中書送舍人院吏於京府杖之，曰：「何爲擅用官錢餞外官？」中書熟狀，董戩以明堂恩加光禄大夫、食邑二千户，學士院奏：「董戩舊階特進、食邑二千五百户。」上以讓中書曰：「非學士院覺舉，幾爲外國笑。」其檢正官皆上簿，堂吏皆責降。由是諸檢正皆怒責勝之，以不申堂而直奏，罷直院。《長編》卷二二七熙寧四年十月癸亥注引司馬光《日記》。

諸直講盡代去，以舊國子監爲内舍，武成王廟爲外舍，錫慶院爲上舍。上舍生百員，内舍倍之，外舍無員。凡入學者先就外舍，每春秋考試合格者升之内舍，内舍升之上舍，上舍若有秀出者，中書覆試除官，且令在學遇直講或外州教授有闕則補之。又以朝集院爲錫慶院，天聖尼院爲朝集院。《長編》卷二二七熙寧四年十月庚辰注引司馬光《日記》。

王安石善其議，擢【應】舜臣權三司判官。《長編》卷二二七熙寧四年十月戊辰注引司馬光《日記》。

席汝明曰：沈遼素爲介甫所厚，嘗對人竊議新制是非，介甫聞之，立銜替。《長編》卷二二八熙寧四年十一月丙申注引司馬光《日記》。

熙寧五年正月，有旨令曾布撰詔書付直史館進從來所解經義，委太學編次，以教後生。《長編》卷二二九熙寧五年正月戊戌注引司馬光《日記》。

是月，命皇城司卒七千餘人巡察京城，謗議時政者收罪之。卷二二九熙寧五年（壬子，一〇七二）春正月注：「此據司馬光《日記》系五年正月末事。」

上密諭陝漕張詵便除所招慶卒。詵既去，諫官張琥言：「既赦而復誅之，何以信後？」上怒，詰琥從何得此語，琥云風聞，又云得之李定，又云得之大理丞沈邁、著作陳大順，又云得之蘇液。液，詵婿也。上怒其語異同，故奪三職，且使鞫問。詵密以語之介甫，欲爲三人之地，建言：「若加窮核，密語必布，使降卒反側，非宜。」乃令陳大順所言爲虛語以誑定云。

介甫素善待蘇液，尤不欲罪之，乃諷法官駁案，更令沈衡鞫之，歸而衡鞫李德芻，改命祝諮鞫之，德芻亦介甫所左右也。呂泰州云【七】。

劉仲通言：上密與張詵謀伐夏，介甫漏之，張琥諫，上怒，推跡所從來。介甫懼，使章惇語陳大順引虛，已受其無咎，大順許諾。已而恐介甫不能庇，乃翻云惇使我云然，故並惇付祝諮鞫之。范百禄言：上怒張琥，疑中書佑之，使密院詰問，既又下臺鞫問，辭與密院異同，但令陳大順獨承鹵莽，故又使祝諮鞫之。《長編》卷二三〇熙寧五年二月引司馬光《日記》。

【七】呂泰州云　「泰」當作「秦」，指知秦州呂大防。

同管勾福建路常平等事、著作佐郎曾默爲太子中允、權發遣本路轉運判官，以行青苗、助役法有功，故特遷之。《長編》卷二三一熙寧五年三月辛丑注：有功特遷轉，司馬光《日記》增入。

熙寧四年十月十三日，吴積曰：「嵬名山弟亡在折繼世所，繼世以种諤夜引兵抵其居土窟中，使其弟叩門呼曰：『官軍大集，兄速降，不則滅族。』名山使内其手捫之，少一指，信之，遂率數千户二萬餘口降，已而見官軍少，大悔之。」名山今爲供備使、高州刺史。又繼世以綏州功除騏驥使、果州團練使，賞賜無算，去歲病風，賜以御藥，使醫守視。繼世，妖人馬志誠欲奉之，發兵據青澗城，指揮使拓拔忠諫捕之，因下獄案驗，久不決。子華至延州，斬志誠等二十餘人，以繼世有功不問。趙卨奏以團練致仕，遷之華州，悉散其部落於諸族。嵬名山之衆稍稍亡去，今在者才百餘口。《長編》卷二三五熙寧五年七月乙未注引司馬光《日記》。

連灶法，乃京東提刑王居卿所獻。《長編》卷二五六熙寧七年九月壬子注：據司馬光《日記》。

先是，种諤既被旨招納夏人，賊中覺之，有願歸漢者悉爲酋長所制，或逼之内徙，不使近塞，又亟出兵，以索降人。諤曰：「諸羌欲降而弗得，非應接之，使敗約失機，則反爲吾敵矣。」是日丙辰初二，諤先帥兵駐綏德城外，遣諸將招納，賊盛兵禦我，力戰敗之。《長編》卷三一五元豐四年八月注：《日記》二十五日己卯所書事，據范育志諤墓。

初建東宫，英宗命以蔡抗爲詹事，琦因薦陶。文彦博私謂琦：「盍止用抗？」琦不從，遂並用二人。及琦爲陶所攻，彦博謂琦曰：「頗記除詹事時否？」琦大愧曰：「見事之晚，真宜受撻！」

彦博謂琦：「詹事舊無二員。」

樂道以太子登位，不受詹事敕，執政許之。《通鑑長編紀事本末》卷五七注引司馬光《日記》。

王太尉不置田宅，曰：子孫各當念自立，何必田宅置之，徒使爭財爲不義耳。《五朝名臣言行録》卷二之四引《温公日録》。

晏公殊父本撫州手力節級，晏公幼能爲文，李虚己知滁州，一見奇之，許妻以女，因薦於楊大年，大年以聞，時年十三。真宗面試詩賦，疑其宿成【八】，明日再試，文采愈美。上大奇之，即除祕書省正字，令於龍圖閣讀書，師陳彭年。陳彭年亦撫州人，有文學而奸邪，丁謂薦之，置上左右，使其譽己。《五朝名臣言行録》卷六之三引《温公日録》。

【富】公力爭獻納二字，及還，而晏公已稱納矣。《三朝名臣言行録》卷二之一引《温公日録》，又见《自警編》卷七。

英宗之喪，歐陽公於衰絰之下，服紫地皂花緊絲袍以入臨。劉庠奏乞貶責，上遣使語歐陽公，使易之，歐陽公拜伏面謝。《三朝名臣言行録》卷二之二引《温公日録》。

歐陽公長子發娶沖卿之女，郎中薛良孺，歐陽公之妻族也，曩歲坐舉官不當，被劾，遷延踰南郊赦原，良孺由是怨之，揚言於衆云：公有帷簿之醜，朝士以濮議，故多疾公。由

【八】疑其宿成　「成」《翰苑新書前集》卷二四引作「搆」。

是流布遂廣。蔣之奇遂以此事劾之，仍言某月日彭思永爲臣言，上以爲無是事，之奇伏地叩頭固請，以其奏付密院，於是公與沖卿皆上章自辨。後數日，復取其奏以入，因謂執政曰：「言事者以閨門曖昧之事中傷大臣，此風不可長。」乃命之奇、思永分析，皆無以對，俱坐謫官，仍敕榜朝堂。先是，之奇盛稱濮議之是以媚修，由是薦爲御史，既而反攻修，修尋亦外遷，故其謝上表曰：「未乾薦禰之墨，已關射羿之弓。」《三朝名臣言行録》卷二之二引《温公日録》。

熙寧二年，潞公爲樞密使，陳升之拜相，以公宗臣，詔升之位公下。公言：「國朝樞密使無位宰相上者，獨曹利用嘗在王曾、張知白上，卒取禍敗。臣忝文臣，粗知義理，不敢紊亂朝著。」上從之。《三朝名臣言行録》卷三之一引《温公日録》。

于尼父師旦，宻人，本選人，屢以贓失官，編管在蔡。尼嘗適人、生子，後爲二鬼所憑，言事或有驗，遂爲尼，名惠普，士庶遠近輻湊，以佛事之。嘗因官者言邵亢、石全彬、富弼、李柬之、肅之宜爲輔相，皆常敬之者也。柬之姪女二人事之，王樂道命李氏甥爲其母首傳習妖教，收下獄。詔京東差官按之，得諸公書，自韓、曾以下皆有之，文公獨無。上問其故，文曰：「臣但不知耳，知之亦當有書。」時人美其分謗。《三朝名臣言行録》卷三之一引《温公日録》。又見《自警編》卷四、《古今事文類聚前集》卷三五、《別集》卷二一、《古今合璧事類備要前集》卷四九、《記纂淵海》卷七二。

神宗問政府地震之變，曾公曰：「陰盛」。上曰：「誰爲陰？」曾公曰：「臣者君之陰，子者父之陰，婦者夫之陰，夷狄者中國之陰，皆宜戒之。」上問公【吴】長文，長文曰：「但爲小人黨盛耳。」上不懌。《三朝名臣言行録》卷三之三引《温公日録》。又见趙善璙《自警編》卷四引《温公日録》。

赵悦道曰：介甫在朝【九】，每有中使宣召及賜予，所贈之物，必倍舊例，陰結内侍都知張若水、押班藍元震，因能固上之寵。上使中使二人潛察府界青苗，還皆言民便樂之，故上堅行，盛祟介甫，用之不疑。《三朝名臣言行録》卷五之二引《温公日録》。

先是，王純臣爲潤王宫教授，數譽濮王之子某之賢於兄伯庸，且曰：「某幼時上養之如子，其妃高氏，曹后之甥也，字洮洮，幼亦在宫爲養子。上嘗戲謂后曰：『他日當以洮洮嫁某，吾二人相與爲姻家。』又曰：『洮洮異日有皇后分。』既長，出宫，遂成昏。若勸上建以爲嗣，勢易助也。」由是政府皆屬心。文公又使任乃孚往來與景仁謀。上初甚開納，已而爲宦官宫妾所間，浸有難意。兩府共議其事，樞密使王德用舉手加頂曰：「若立太子，置此菩薩於何地？」由是議亦不合，事浸沮壞。」景仁數問文公，文公曰：「事不諧矣。」景仁曰：「奏疏何在？」曰：「焫之矣。」於是景仁凡上六七章，不報，及家居待罪，乞落諫職除已蜀一郡，時八月也。又上六七章，不報。及出，復録前後所上章，乞對面陳之，且求外補。上許之。景仁乞中使傳宣中書，上令景仁自語之。富公曰：已不用嘉謀，又

【九】介甫在朝　「在朝」原本無，據《苕溪漁隱叢話後集》卷二五引司馬文正公《日録》補。

出諫官，不可。未幾，乃有修撰之命。《三朝名臣言行録》卷五之五引《温公日録》。

治平四年，以介甫知江寧府。時介甫方乞分司，衆謂介甫必不肯起。既而詔到即詣府視事。《三朝名臣言行録》卷六之二引《温公日録》。

壬午，延和登對，言高居簡不宜在左右。因曰：先帝初立，左右惕息，因居簡以諂自入，故晚年復張。陛下登極，中外頌美，首以留此四人爲失。上曰：「祔廟畢，自當去。」曰：「閨闥小臣，何與山陵先後，彼知當去而置肘腋，尤非宜，舜去四凶不爲不忠。仁宗貶丁謂不爲不孝，居簡狡猾膽大，不惟離間君臣，恐令陛下母子、兄弟、夫婦皆不寧也。」上命留劄，光請以付密院，上從之。癸巳，崇政登對，言臣與居簡勢難兩留，乞罷中丞，除外任。上曰：「今日已令出外矣。」光曰：「凡左右之臣，不須才智，謹朴小心不爲過則可矣。」《三朝名臣言行録》卷七引《温公日録》。又见《自警編》卷六。

壬寅，延和登對，言張方平參政姦邪貪猥，不叶物望。仁宗知之，故不用；不然，方平兩登制科，在兩府久矣。上作色曰：「朝廷每有除拜，衆言輒紛紛，非朝廷好事。」光曰：「此乃朝廷好事也，知人帝堯所難，況陛下新即位，萬一用姦邪，臺諫循默不言，陛下何從知之？此乃非朝廷好事也。若其競來論列，陛下可以察其是非。若所言公當，雖制命已行，亦當追寢；若挾私非是，自可罪言者。」既退，其暮復以一劄言方平。癸卯，聞予還翰林見侍讀，滕元發權中丞，晦叔封駁曰：「光在臺舉職，不宜遽罷，甫非光之比。」

十月丙午朔，詔閤門召光及甫受命，光奏：「臣論張方平若當，方平當罷。不當，臣當貶。不可兩無所問。間臣更加美職，心所未安，不敢祗受。」晚際，上賜手詔敦喻，光上奏謝。丁未，受敕告。《三朝名臣言行録》卷七引《温公日録》。

甲寅，予初赴經筵，上自製自書《資治通鑑序》以授光，光受讀，降，再拜。讀三家爲諸侯論，上顧禹玉等稱美久之。《三朝名臣言行録》卷七引《温公日録》。

庚申，延英進讀《通鑒》三頁畢，上更命讀一頁半。讀至蘇秦約六國縱事，上曰：「蘇秦、張儀掉三寸舌，乃能如是乎？」光對曰：「秦、儀爲縱横之術，多華少實，無益於治【一〇】。臣所以存其事於書者，欲見當時風俗，專以辨説相高，人君委國而聽之，此所以謂利口之覆邦家者也。」上曰：「朕聞卿進讀，終日忘倦。」光曰：「臣空疏無取，陛下每過形獎飾，不勝惶懼！」上曰：「卿進讀，每存幾諫。」光對曰：「非敢然也，欲存著述之本意耳。」《三朝名臣言行録》卷七引《温公日録》。

吕晦叔曰：昨使契丹，虜中接伴問副使狄諮曰：「司馬中丞今爲何官？」諮曰：「今爲翰林學士兼侍讀學士。」虜曰：「不爲中丞邪？聞是人甚忠亮。」晦叔以著於《語録》。《三朝名臣言行録》卷七引《温公日録》。

上謂晦叔曰：「司馬光方直，其如迂闊何？」晦叔曰：「孔子上聖，子路猶謂之迂，孟軻大賢，時人亦謂之迂闊，况光豈免此名。大抵慮事深遠，則近於迂矣。願陛下更察

【一〇】無益於治　「治」《長編紀事本末》卷五三作「君」。

之。」《三朝名臣言行録》卷七引《温公日録》。

曾子固罷檢討，以錢醇老代之。元素曰：曾公亮知山陰，賤市民田數十頃，爲人所訟。曾易占時在越幕，説守、倅曰：「曾宰高科，他日將貴顯，用兹事敗之，可惜。」守、倅從之。會由是坐贓追停，曾公猶以私坐監當，深德易占。後易占以信州縣宰坐贓英州編管，亡匿於曾公别墅。會赦，自出，俾子固訟冤，再劾，復往英州，因死焉。子固時不奔喪，爲鄉議所貶，介甫爲作《辨曾子》以解之。子固及第，鄉人作感聖恩道場，以爲去害也。子固好依漕勢以陵州，依州陵縣，依縣陵民。《三朝名臣言行録》卷九之一引《温公日録》。

傅堯俞權鹽鐵副使。堯俞初除服入都，未見介甫，介甫屢召之，既見，語及青苗，堯俞以爲不便，介甫即不悦，自是惡之。及此除命，介甫以爲資淺，且令權發遣。曾公以爲堯俞曾任知雜御史，資不淺，乃正除副使。介甫退有密啟。明日，敕已降閤門，有旨復收入，晚批出與權。曾公復爭之，上曰：「堯俞知雜不到官，且爲人弛慢。」曾公請弛慢之狀，上曰：「觀其面，即見弛慢之狀。」《三朝名臣言行録》卷一〇之三引《温公日録》。

神廟時，經月每夕有赤氣見西北隅，如火，至人定乃滅，人以爲皇子生之祥。故禹玉作《大燕樂詞》云：「未曉清風生殿閣，經旬赤氣照乾坤。」未幾皇子生，大燕羣臣於集英殿。《苕溪漁隱叢話後集》卷二一引司馬文正公《日録》。

歐陽公坐擅止青苗錢，特放罪，上表謝曰：「敢不戒小人之遂非，思君子之改過。」《漁隱叢話後集》卷二三引司馬文正公《日録》。

朱壽昌父任諫議大夫，壽昌母素微，生壽昌歲餘遣出之，因是不知所在。壽昌既長，求之不得，乃棄官尋之，刺血書懺以散與人，至是得之於同州，迎以歸。錢子飛知永興軍，奏其事，乞加旌賞，故召之。王介甫方以李定爲至孝，故送壽昌赴審官，而壽昌以同母弟妹皆在同州，乃折資授河中通判。《漁隱叢話後集》卷三六引司馬文正公《日録》。

淮南轉運司體量李定，嘉祐八年四月母亡不曾丁憂，介甫以李定爲至孝，何其蔽邪！

章郇公得象爲職方知洪州，罷歸，丁晉公與楊文公博，召數人皆不至，丁以爲二人博無歡，楊曰：「有章職方者善博，可召之。」既至，丁不勝，輸銀器數百兩，章初無喜色，亦不辭。他日，又博，章輸銀器數百兩，亦無吝色。丁由是佳其有度量，援引以至清顯，楊亦嘗稱郇公他日必爲公臺，厚遇之。《漁隱叢話後集》卷三六引司馬文正公《日録》。

上主青苗法，曰：「此《周禮》泉府之職，周公之法也。」光對曰：「陛下容臣不識忌諱，臣乃敢昧死言之，昔劉歆用此法以佐王莽，使農商失業，涕泣于市道，卒亡天下，安足爲聖朝法也。且王莽以錢貸民，使爲本業，計其所得之利，十取其一，比于今日歲取四分之息，猶爲輕也。」上曰：「王莽取天下，本不以正。」光對曰：「王莽取之雖不以正，然受漢家完富之業，向使不變法征利，結怨于民，猶或未亡也。」邵博《聞見後録》卷三引司馬文正公《日記》。

初除學士，待詔李堯卿宣召，設香案褥位於庭望闕，堯卿稱有敕，光再拜。堯卿口宣云云。光每句應喏，畢，再拜舞蹈，又再拜，升階，與待詔坐，啜茶。周必大《玉堂雜記》卷上引熙寧間司馬文正公《日記》云。

熙寧二年五月癸巳，鎖院，以奉安二御容禮成，德音降，西京囚杖以下放。是日，丞相出，中書提點魏孝先以下入院，授以參政趙抃所封御前劄子，茶湯館於虛閣。御藥劉有方來，茶湯館於門塾，復謁，御廚翰林設食，致酒果。黄昏，進首尾詞内批依此修寫。四鼓起，讀點句，攢點進入。明日，丞相退朝，宣訖，開院。《玉堂雜記》卷上引司馬文正公《日記》。

山陵皇堂，壘石爲四壁，積材木於上，以卷石覆之。神宗以材木有時而朽，則卷石必墜於梓宫，不便，更令就地爲石槨，以藏梓宫，總管張若水恐穿地或墮陷四壁，乃請於平地壘石爲槨，及後山陵復土，梓宫入降隧道，升石槨西首御夷牀，不及地一尺而止，俟巳時一刻乃下，仍於其上布方木及蓋條石，乃設御座於蓋下，闔石門出築合隧道。徐乾學《讀禮通考》卷九一《演繁露》「温公日記記英廟山陵舊制」【一一】。

【一一】按宋本《演繁露》不載此條，其出處疑有誤。

◉司馬光撰

温公手録

李裕民 整理

點校説明

《温公手録》五卷，司馬光撰。司馬光生平已見《涑水記聞》點校説明。是書從未見於諸家著録，也從未有人提起過，僅見於《增廣司馬温公全集》卷一至卷五。《全集》總一百十六卷，《宋史藝文志》著録，此書唯日本藏有殘本九十五卷，令人感到興奮的是尚保存有《手録》卷一、卷二，可以窺見其體例。它是記事之書，一事一篇，前有小標題，稱爲某録。各卷所收篇數不同，卷一收四篇，卷二收七篇。共十三篇，惜後三卷已缺，從目録中可以看到，卷三、卷四、卷五分别收了九篇、十一篇、十篇。

幸運的是《手録》又被收入《司馬温公傳家續集》中，《傳家續集》系南宋時繼《傳家集》之後所編，編者不詳，也未見著録，明初尚存，爲《永樂大典》所採，今《永樂大典》中尚保存《手録》卷三中的三篇。此外，在宋陳元靚《歲時廣記》卷八上保存有「請春詞」，補入卷四中。以上總共得十七篇，幾近原書之半。

今存《手録》的内容，大部分在《長編》、《三朝名臣言行録》、《宋朝事實類苑》、《苕溪漁隱叢話》等書中有所引用，而所引書名作《日録》或《日記》，頗疑《手録》原本是《日録》的一部分，是《增廣司馬温公全集》的編者，將記事較詳的部分抽出，另編爲《手録》，以其多爲親見親聞，史料價值高而置於全集之首。餘下的《日録》則置於卷一百二至一百四。《手録》與《日録》一樣，在宋代是一種通稱，吴敏的日記亦名《手録》（《事文類聚新集》卷三〇）。宋人引書時爲與通稱相區别，其前多加姓名或别稱，如司馬光的《日録》作《温公日録》，《全集》本《手録》，其中縫書作《温手録》，故本書稱之爲《温公手録》。

本次整理，以日本藏《增廣司馬温公全集》所載爲底本，缺文據《永樂大典》、《宋會要輯稿》及《歲時廣記》補之，並以《續資治通鑑長編》、《三朝名臣言行録》、《宋朝事實類苑》、《苕溪漁隱叢話》等書作參校。

卷一

邇英留對録

是日，光講《資治通鑑》漢賈山上疏，言秦皇帝居滅絶之中而不自知事，因言從諫之美，拒諫之禍：「晏子：『和同，水火、醯醢、鹽梅皆相反之物，宰夫濟其不及，以泄其過，若羹以鹹，復濟以鹽；酸，復濟以梅，何可食也？』伊尹戒太甲有言：『遜於汝志，必求諸非道。』人之情，誰不欲其順己而惡其逆，惟聖賢知順之損、逆之益。譬猶醴能適口而醉人，藥雖苦口而治病。以是臣之於君，剛則和之，柔則掖之，明則晦之，晦則明之。非故相反，欲裁其有餘，補其不足，就皇極尓。若逆己者即黜降，順己者即不次拔擢，則諂諛日進，忠正日疎，非廟社之福也。」

上曰：「舜『堲讒説殄行』。若臺諫欺罔爲讒，安得不出【一】！」

光曰：「進讀及之耳，時事臣不敢論也。」

及退，上留光，謂曰：「吕公著言藩鎮欲興晉陽之甲，豈非讒説殄行也？」

光曰：「公著平居與儕輩言，猶三思發，何故上前輕發乃尓？外人多疑其不然。」

【一】安得不出　「出」《三朝名臣言行録》卷七、《續資治通鑑長編》（以下簡稱《長編》）卷二一〇、《宋會要輯稿補編》一九五頁作「黜」。

上曰：「此所謂『靜言庸違』者也。」

光曰：「公著誠有罪，不在今。嚮者朝廷委公著專舉臺官，公著乃盡舉條例司之人，與條例司互相表裏【二】，使熾張如此。乃始逼於公議，復言其非，此所可罪也。」

光曰：「公著與韓琦親，何故以險語讒之？」

上曰：「非讒琦也，志在君側之人耳。」

光曰：「據誥詞則讒琦也。」

光曰：「公著有罪無罪在於事實，不在告詞。今告詞雖云爾，外人皆云公著坐乞罷條例司及言呂惠卿奸邪，不云坐爲讒也。」

上曰：「王安石不好官職及自奉養，可謂賢者。」

光曰：「安石誠賢，但性不曉事而復執拗，此其短也。又不當信任呂惠卿，真奸邪【三】，而爲安石謀主，安石爲之力行，故天下并指安石爲奸邪也。」上笑。

光曰：「李定有何異能而拔用不次？」

上曰：「孫覺薦之，邵亢亦言定有文學、恬退。朕召與之言，誠有經術，故欲以言職試之。」

光曰：「宋敏求繳定詞頭，何至奪職？」

上曰：「敏求非坐定也。朕令草呂公著誥詞，言興晉陽之師除君側之惡。王安石以

【二】司互　「司」字原缺，據《長編》卷二一〇補，「互」原作「玄」，據《長編》改。

【三】真奸邪　真上引《三朝名臣言行録》、《長編》前有「惠卿」二字。

諭敏求，而曾公亮以爲不可，敏求不遵聖旨，而承公亮之語，但云援據非宜而已【四】。」

光曰：「公著誠有此言，亦不過欲朝廷從琦言罷青苗耳。語雖過差，原情亦可恕也。今明著於誥詞，暴之内外，『君不密則失臣』，造膝之言若皆暴以爲罪，自今群臣誰敢爲陛下盡言者？臣以爲敏求隱晦其語，亦未爲失體也。且敏求非承聖旨，據曾公亮之言而爲之耳。」

上曰：「公亮、安石各【五】傳聖旨不同，亦當奏稟也。」

上曰：「李常非佳士，屬者安石家居，常求對，極稱其賢，以爲『朝廷不可一日無也，若以臣異議青苗之故，寧可逐臣，不可罷安石也』。既退，使康生具以此言告安石以賣恩【六】。」

光曰：「若爾，誠罪人也。」

上曰：「有詐爲謗書，動摇軍衆，且曰『天不祐陛下，致聖嗣不育』。或云卿所上。又云韓琦。」

光曰：「臣所上書，陛下皆見之，且臣未嘗以草示人也【七】。」

上曰：「卿所言，外人無知者，臺諫所言，朕未知而外人已遍知矣。」

上曰：「今天下洶洶者，孫叔敖所謂『國之有是，衆之所惡』也。」

光曰：「然。陛下當審察其是非，然後守之。今條例司所爲【八】，獨安石、韓絳、吕惠

【四】援據非宜　「宜」《長編》卷二一〇、《宋會要補編》一九五頁作「實」。

【五】安石各　「各」《長編》作「所」。

【六】康生具　《長編》作「人且」，《宋會要補編》作「人具」。

【七】未嘗以草　「草」《長編》作「奏草」。

【八】今條例司　司字原缺，據《三朝名臣言行録》、《長編》、《宋會要補編》補。

卿以爲是也，天下皆以爲非也。陛下豈獨與三人共爲天下耶【九】？」遂退。

邇英讀資治通鑑録

邇英殿讀《資治通鑑》【一〇】，至曹參代蕭何爲相國，一遵何故規。光因言曹參以無事鎮撫海内，得持盈守成之道，故孝惠、高后之時，天下晏然，衣食滋殖。

上曰：「使漢常守蕭何之法，久而不變，可乎？」

光曰：「豈獨漢也！夫道者，萬世無弊，夏、商、周之子孫，苟能常守禹、湯、文、武之法，何衰亂之有乎？故武王克商曰：『乃反商政，政由舊。』然則雖周室亦用商之舊政也。《書》曰：『無作聰明，亂舊章。』《詩》曰：『不愆不忘，率由舊章。』然則祖宗舊法，何可廢也【一一】？漢武帝用張湯之言，多改舊法，汲黯面责汤，徒取高皇帝約束紛更之，至晚年，盜賊並起，由法令之煩也。宣帝用高祖舊法，但擇良二千石使治民，而天下大治。元帝初元，用羣下之言，頗改宣帝之政，丞相衡上疏言：『竊恨國家釋樂成之業，虚爲此紛紛也。』陛下視宣帝、元帝之爲政，誰則爲優？荀子曰：『有治人，無治法，』故爲治在得人，不在變法也。」

上曰：「人與法亦相表里耳。」

光曰：「苟得其人，則無患法之不善，不得其人，雖有善法，失先後之施矣。當急於

【九】陛下豈　「豈」《三朝名臣言行録》、《長編》、《宋會要補編》作「豈能」。

【一〇】邇英殿　「殿」當從《長編紀事本末》卷五三作「閣」。

【一一】何可廢也　「廢」《宋朝事實類苑》作「變」。

求人【一二】，而緩於立法也。」

邇英論利口録

光讀《通鑑》至張釋之論嗇夫利口，吕惠卿在坐【一三】。孔子稱利口之覆邦家。利口何至覆邦家？蓋其人能以是爲非，以非爲是，以賢爲不肖，以不肖爲賢。人主苟以非爲是，以是爲非，以賢爲不肖，以不肖爲賢，邦家之覆，誠不難矣【一四】。

吕惠卿講咸有一德録

吕惠卿於邇英殿講咸有一德，因言：「法不可不變，先王之法，有一歲一變者，『正月始和，垂於象魏者是也【一五】』。有五歲一變者，五載一巡狩、考制度于方岳是也。有一世一變者，『刑罰世輕世重』是也。有百世不變者，父慈子孝兄友弟恭是也。前日，司馬光言漢守蕭何之法則治，變之則亂。臣竊以爲不然。惠帝除三族罪、妖言令、挾書律，文帝除收孥令，安得謂之不變哉？武帝以窮兵黷武，奢淫厚斂，而盜賊起。宣帝以總覈名實，而天下治。元帝以任用恭、顯，殺蕭望之，而漢道衰。皆非由變法與不變法也。夫弊則必變，安得坐視其弊而不變也？《書》所謂『無作聰明，亂舊章』者，謂實非聰明而强作之，非謂舊章不可變也。光之措意，蓋不徒然，必以國家近日多更張舊政，因此規諷；又以

【一二】當急於求人　「當」《類苑》、《長編紀事本末》其前有「故」字。

【一三】吕惠卿在坐　《長編》卷二一〇作「光曰」。

【一四】誠不難矣　《長編》此下有「時吕惠卿在坐，光所論專指惠卿也。」

【一五】垂於象魏　「垂」《類苑》、《長編紀事本末》作「布」，當從。

臣制置三司條例及看詳中書條例，故發此論也。臣願陛下深察光言，苟光言爲是，則當從之；若光言爲非，陛下亦當播告之，修不匿厥旨，召光詰問，使議論歸一。」

上召光，謂曰：「卿聞呂惠卿之言乎？惠卿之言如何？」

光對曰：「惠卿之言，有是有非。惠卿言漢惠、文、武、宣、元治亂之體，是也。其言先王之法，有一歲一變，五歲一變【一六】、一世一變則非也。《周禮》所謂『正月始和，垂於象魏』者，乃舊章也，非一歲一變也。亦猶州長、黨正、族師於歲首四時之首月屬民而讀邦法也。天子恐諸侯變禮易樂、壞舊章，故五載一巡狩，以考察之，有變亂舊章者，則削黜之，非謂五歲一變法也。刑罰世輕世重者，蓋新國、亂國、平國，隨時而用，非謂一世一變也。且臣所謂率由舊章者，非謂坐視舊法之弊而不變也。

臣前日固云：道者，萬世無弊，禹、湯、文、武之法皆合於道，後世子孫稍稍變易，遂至失道。及遇中興之君，必當變，後世之所變者，以復禹、湯、文、武之治，求合于道而止耳。此所謂率由舊章也。若夫挾書妖言之律，又安可守而不變耶？故變法者，變以從是也，舊法非則變之，是則不變也。若夫無是無非，一皆變之，以示聰明，此所謂作聰明，亂舊章也。譬之于宅，居之既久，屋瓦漏則整之，圬墁缺則補之，梁柱傾則正之，亦可居也，苟非大壞，豈必盡毀而更造哉？苟欲更造，必得良匠，又得良材，然後可爲也。今既無良匠，又無良材，徒以少許之缺漏，乃欲盡毀之，更欲造之，臣恐其無所庇風雨也。

【一六】五歲一變　原文脱，據《長編紀事本末》補。

且變法豈其易哉！ 在《周易革己》曰『乃孚元亨利正，悔亡。』元者，善之長也；亨者，嘉之會也； 利者，義之和也； 貞者，事之幹也。 具此四德，然后革而悔亡，苟或不具，則夫嘗無悔也，雖具四德，亦當革之，以漸久而後民從之也。 漢元帝數更法令，隨輒復改者不能無悔故也。

臣承乏經筵【一七】，惟知讀經史【一八】，經史有聖賢事業可以裨益聖德者，臣則委曲發明之，以助萬分，本實無意譏惠卿制置三司條例及看詳中書條例也。 惠卿乃以臣爲譏之，臣非敢私有言也。 今講筵之官及左右之臣皆在此，乞陛下詢之。 不知此二局者，果爲當置耶，不當置耶？ 國家設三司，掌天下財利，讜不任職，則當黜而去之，更得賢者，使代其位，不當奪其職業，使兩府主之也。 今於兩府各取一人，引設寮屬，以制置三司條例，則是三司條例爲皆無所用也。 中書，政事之所從出，當以道佐人主，用區區之條例，而更委官看詳，苟事事皆檢條例而行之，則胥吏可爲耳，何必更擇賢才以爲宰相也。 然則二局者不當置，在理甚明，臣前日之論則誠無意譏惠卿也。」

惠卿曰：「司馬光備位侍從，見朝廷事有未便，即當論列。 有官守者，不得其守則去； 有言責者，不得其言則去，豈可憚已？」

光曰：「前者，詔書責侍從之臣言事，臣曾上疏，指陳當今得失，如制置條例司之類，盡在其中，未審得達聖聽否？」

【一七】臣承乏　「乏」《長編紀事本末》其下有「侍」字。

【一八】惟知讀　「讀」《長編紀事本末》作「講」。

上曰：「見之。」

光曰：「然則臣不爲不言也。至於言不用而不去，此則實是臣之罪也。惠卿責臣，實當其罪，臣不敢逃。」

上曰：「相與講論是非耳，何至乃爾！」

王禹玉進曰【一九】：「司马光所言，蓋以朝廷所更之事，或爲利甚小、爲害甚多者，亦不必更耳。」因目光令退。

禹玉進讀《史記》，光讀《通鑒》畢，降階，將退，上命遷坐墩閾内御榻之前【二〇】，皆命就坐，禹玉禮辭，不許，乃皆再拜而坐，左右皆避去。

上曰：「朝廷每更一事，舉朝士大夫洶洶皆以爲不可，又不能指明其不便者，果何事也？」

禹玉等皆對曰：「臣等疏賤，在闕門之外，朝廷之事不能盡知；借使聞之道途，又不知其虛實也。」

上曰：「據所聞言之。」

光曰：「近闻朝廷散青苗錢，兹事非便。今夫閭里富民乘貧者乏無之際，出息錢以貸之，俟其收積，責以穀麥。貧者寒耕熱耘，僅得斗斛之收，未離場圃，已盡爲富室奪去。彼皆編户齊民，非有上下之勢、刑罰之威，徒以富有之故，尚能蠶食細民，使之困瘁，况縣

【一九】王禹玉　「王」原誤作「正」，據《類苑》改。

【二〇】上命遷坐墩　「墩」原誤作「聚」，據《宋會要輯稿》食貨四之一八、《長編紀事本末》改。

官督責之嚴乎？孟子所謂又稱貸而益之者也，臣恐細民將不聊生矣。」

吕惠卿曰：「司马光不知，此事彼富室爲之則害民，今縣官爲之乃所以利民也。昨者，青苗錢令民願取者則與之，不願者不强也。俟收獲之際，令以在市中價折納穀麥，此所以救貧者之無息、富人之貪暴也。今常平倉元價甚貴，經十餘年乃一糴，或腐朽以害主吏，或價貴人不能糴，故不若散青苗錢之爲利。」

光曰：「臣聞作法於涼，其弊猶貪；作法於貪，其弊若何？彼常平倉者，穀貴不傷農，穀賤不傷民，公私俱利，法之至善者也。及其弊也，吏不得人，穀賤不糴【二二】，反爲民害。况青苗錢之法，不及常平之遠乎？昔太宗平河東，輕民租税，而戍兵甚衆，命和糴糧草以給之，當是之時，人希物賤，米一斗直十餘錢，草一圍直八錢，民皆樂與官爲市，不以爲病。其後人益衆，物益貴，而轉運司常守舊【二三】，不肯復增，或更折以茶布，或復支移、折變，歲饑租税皆免，而和糴不免，至今爲百姓患，如膏肓之疾，朝廷雖知其害民，以用度之乏，不能救之。臣恐異日諸路青苗錢之害亦如河東之和糴也。」

上曰：「聞陜西先已行之久矣，民不以爲病也。」

光曰：「臣家陜西，有自鄉里来者，皆言：去歲轉運司不受朝廷指揮，擅散青苗錢取民【二三】，今夏麥不甚熟，而上司督責嚴急，民不勝愁苦。况朝廷明有指揮【二四】，彼得公然行之乎？轉運使本以聚斂爲職，取之無名，猶欲掊克，况今取之有名乎？彼勾當青苗

【二二】穀賤不糴　「糴」《宋會要輯稿》下有「穀貴不糶」，疑此誤脱。

【二三】常守舊　「舊」《長編紀事本末》、《愧郯録》卷一五、《宋會要輯稿》下有「價」字。

【二三】擅散青苗錢取民　「取」《宋會要輯稿》作「與」。

【二四】况朝廷　「况」《宋會要輯稿》下有「今」字。

錢者来至，陛下前云：百姓欣然，賴此錢以爲生者，皆由其口所言尔，臣所聞者民間事也。」

惠卿曰：「光所言者，皆吏不得人，故爲民害耳。若使轉運司州縣皆得其人，安有此弊乎？」

光曰：「如惠卿之言，乃前日所謂『有治人無治法【二五】，國家嘗急於求人【二六】，緩於立法者也』。」

上又言：「坐倉糴何如？」

王禹玉等皆起對曰：「坐倉甚不便，朝廷近罷之，甚善。」

上曰：「未嘗罷也。」

光曰：「坐倉之法，蓋因小郡倉中乏米而庫有餘錢，故反就軍人糴米，以給次月之糧，出於一時之急計耳。今京師有七年之儲，而府庫無錢更糴軍人之米，使之積久陳腐，其爲利害，非臣所知也。」

吕惠卿曰：「今京師坐倉得米百萬石，則減東南歲漕百萬石，轉易爲錢，以供京師，何患無錢？」

光曰：「臣聞即今江淮之南民乏錢，謂之錢荒，而土宜粳稻，彼人食之不盡，若官糴不【二七】取以供京師，則無所發施，必甚賤傷農矣。且民有米而官不用米，民無錢而官必

【二五】乃前日　「乃」《長編紀事本末》、《宋會要輯稿》下有「臣」字。

【二六】國家嘗　「嘗」《宋會要輯稿》作「當」。

【二七】若官糴不　「糴不」《宋史》卷一七五、《文獻通考》卷二一作「不糴」，義較長。

使之出錢，豈通財利民之道乎？」

吴申曰【二八】：「司馬光之言可謂至論。」

光曰：「此等細事，皆有司之職所當講求，不足以煩聖慮。陛下但當擇人而任之，有功則賞，有罪則罰，此乃陛下職耳。」

上曰：「然，所謂『文王罔攸，兼於庶言，庶獄庶慎，惟有司之牧夫者。』正謂此也。」

上復與衆講論至道【二九】，至晡後，禹玉等請起，上命賜湯，復謂光曰：「卿勿以嚮者吕惠卿言遂不慰意。」

光對曰：「不敢。」遂退。

【二八】吴申曰　《類苑》、蘇軾《司馬光行狀》作「侍講吴申起」。

【二九】講論至道　「至」《類苑》作「治」。

卷二

奏劄并舉蘇軾等録

上讀奏劄，問：「近相陳升之，外議云何？」

光對：「陛下擢用宰相，臣愚賤，何敢與知？」

上曰：「第言之。」

光曰：「今已降麻【一】，誕告中外，臣雖言何益？」

上曰：「雖然，試言之。」

光曰：「閩人狡險，楚人輕易。今二相皆閩人，二參政楚人，必將援引鄉黨之士，充塞朝廷，天下風俗何以得更淳厚？」

上曰：「然今中外大臣更無可用者，獨升之有才智，曉民政邊事，它人莫及。」

光曰：「升之才智誠如聖旨，但恐不能臨大節而不可奪耳。昔漢高祖論相，以爲王陵少戇，陳平可以輔之，平智有餘，然難獨任。真宗用丁謂、王欽若，亦以馬知節參之，凡才智之人必得忠直之人從旁制之，此明主用人之法也【二】。」

校勘記

【一】今已降麻　「降」《三朝名臣言行録》卷七作「宣」。

【二】用人之法也　「法」《宋宰輔編年録》卷七作「大法」。

上曰：「然升之朕固已誡之。」

光曰：「富弼老成有人望，其去可惜。」

上曰：「朕所以留之至矣，彼堅欲去。」

光曰：「彼所以欲去者，蓋以所言不用、與同列不合故也。」

上曰：「若有所施爲，朕不從而去可也。自爲相一無施爲，惟知求去，必信于尼之言云雖睹國家事，亦勿與知故也。」

上又曰：「王安石何如？」

光曰：「人言安石姦邪，則毁之太過，但不曉事又執拗耳。此實也。」

上曰：「韓琦敢當事，賢於富弼，但木强耳。」

光曰：「琦實有忠於國家之心，但好遂非，此其所短也。」

上因歷問群臣，至吕惠卿。

光曰：「惠卿憸巧，非佳士，使安石負謗於中外者，皆惠卿所爲也。近日不次進用，大不合衆心。」

上曰：「惠卿應對明辯，亦似美才。」

光曰：「惠卿文學辯慧，誠如聖旨，然用心不端，陛下更徐察之。江充、李訓若無才何以動人主？」

上因論臺諫【三】。

光曰：「臺諫，天子耳目臣，陛下當自擇其人。今言執政短長者，皆斥逐之，盡易以執政之黨，臣恐聰明之有所蔽也。」

上曰：「諫官難得，卿更爲擇其人。」

光退而舉蘇軾、陳薦、王元規、趙彦若等。

垂拱登對乞知外郡録

垂拱登對【四】，乞知許州或西京留司御史臺、國子監。

上曰：「卿何得出外，朕欲申卿前命，卿且受之。」

光曰：「臣舊職且不能供，求外補，況敢當進用。」

上曰：「何故？」

光曰：「臣必不敢留。」

上沉吟久之曰：「王安石素與卿善，卿何自疑？」

光曰：「臣素與安石善，但自其執政，違迕甚多。今迕安石者如蘇軾輩，皆毁其素履，中以危法，臣不敢避削黜，苟全素履【五】。臣善安石，豈如吕公著？安石所舉公著云何，後毁之云何？彼一人爾，何前是而後非，必有不信者矣。」

【三】上因論臺諫　「諫」《三朝名臣言行録》下有「天子耳目」。

【四】垂拱登對　「垂」《三朝名臣言行録》其前有「八日」。

【五】苟全素履　「苟」《三朝名臣言行録》其前有「只欲」，《長編》有「但欲」。

上曰：「安石與公著如膠漆，及其有罪，不敢隱其惡，乃安石之至公也。」

上曰：「青苗已有顯效。」

光曰：「兹事天下知爲非，獨安石之黨以爲是爾。」

上曰：「蘇軾非佳士，卿誤知之。鮮于侁【六】在遠，軾以奏稿傳之，韓琦贈銀三百兩而不受，乃販鹽【七】及蘇木、甆器。」

光曰：「凡責人當察其情，軾販鬻之利，豈能及所贈之銀乎！安石素惡軾，陛下豈不知，以姻家謝景温爲鷹犬，使攻【八】，臣豈能自保，不可不早去也。且軾雖不佳，豈不勝李定，定不服母喪，禽獸之不如，安石喜之，欲爲臺官【九】。」

延和登對乞外補録

又一日【一〇】，延和殿登對，求許州及留臺。

上曰：「須得許州耶？」

光曰：「臣安敢必，但稍便鄉里，即幸耳。」

上曰：「西京如何？」

光曰：「恐非才不能了，若朝廷差遣，不敢辭【一一】。」因拜謝而退。

【六】鮮于侁　「侁」原誤作「詵」，據《長編》、《宋史》卷三四四《鮮于侁傳》改。

【七】乃販鹽　「鹽」《三朝名臣言行録》作「私鹽」。

【八】使攻　「攻」《三朝名臣言行録》、《長編》其下有「之」。

【九】欲爲臺官　「欲」《三朝名臣言行録》作「欲用」，《長編》作「乃欲用」。

【一〇】又一日　《長編》作「庚戌」。

【一一】不敢辭　「不」《三朝名臣言行録》作「又安」。

蘇軾策問進士録

介甫初爲政，每贊上以獨斷，上專信任之。軾爲開封試官，策問進士以：晉武平吴以獨斷而克，苻堅伐晉以獨斷而亡，齊桓專任管仲而霸，燕噲專任子之而敗，事同而功異，何也？介甫見之不説。軾弟轍辭條例司，言青苗不便。介甫尤怒，乃定制策登科者不復試館職，皆送審官與合入差遣，以軾、轍兄弟故。

軾有表弟選人，素與軾不叶，介甫使人召之，問軾過失。其人言向丁憂，販私鹽、蘇木等事，介甫雖銜之，未有以發也。軾又數上章言時政得失，今春擬進士策【一二】，皆譏刺介甫，及詔兩制舉諫官【一三】，衆論皆以當今宜爲諫官者【一四】，無若傅堯俞、蘇軾，故舉堯俞者六七人，而景仁舉軾，景温恐軾爲諫官攻介甫之短，故以謗語力排之，云：范鎮舉蘇軾充諫官，軾向兩丁憂【一五】，多占舟船，販私鹽、蘇木，及服闋入京，多占人兵。介甫下淮南、江南東西、荆湖北、夔州、成都六路轉運司體量其狀。

蘇軾字子瞻，眉州人，其服闋入京【一六】，值本州迎新知府【一七】，軾因帶以來。

景温素附介甫，與介甫弟安國爲姻家，故介甫用爲知雜御史，仍不置中丞及諫官，恐其異己故也。

【一二】進士策　「策」原脱，據《三朝名臣言行録》補。

【一三】及詔兩　「兩」原脱，據《三朝名臣言行録》補。

【一四】衆論皆以　「皆以」《三朝名臣言行録》作「以爲」。

【一五】軾向　「向」原誤作「兩」，據上文及《三朝名臣言行録》改。

【一六】其服闋　「闋」原誤作「闕」，據文意改。

【一七】值本州　「值」《三朝名臣言行録》作「適」。

蘇軾擬進士對策録

韓秉國【一八】、吕惠卿初考策，阿時者皆在高等，訐直者多在下列，宋次道、劉貢父覆考，反之。吴沖卿、陳述古多從初考。葉祖洽策言祖宗多因循苟簡之政，陛下即位革而新之。初考爲三等上，覆考为五等中，沖卿等奏之：從初考。李才元、蘇子瞻編排上官均第一，祖洽第二，陸佃第五【一九】。上令陳相面讀均【二〇】、祖洽策，擢祖洽第一。上又問佖卷所在去？佖者佃卷號也，擢爲第三。子瞻退，擬進士對策而獻之，且言祖洽詆祖宗以媚時君而魁多士，何以正風化？

議置條例司不便録

介甫與晦叔素親厚，患臺諫多横議，故用晦叔爲中丞，專使之舉臺諫官，晦叔悉舉條例司人王子韶、程灝等以爲臺官。既而天下皆患條例司爲民患，晦叔乃復言條例司不便，请罷之，屢奏，上不听，各居家请罪。介甫以晦叔叛己，怨之尤深，已而上語執政：吕公著嘗言韓琦乞罷青苗錢，數爲職事所沮，將興晉陽之甲，以除君側之惡。介甫因【二一】用此爲晦叔罪【二二】，除侍讀學士、知潁州【二三】。次道當爲告詞，介甫使之明著其語，曾公以爲不可，次道但云：「敷奏失實，援據非宜。」介甫怒，明日進呈改之。曰：「比大臣之抗

【一八】韓秉國　「韓」《苕溪漁隱叢話後集》卷三〇，此前有「熙寧三年三月春放榜」九字。

【一九】陸佃第五　「第」原誤作「等」，據上下文意改。

【二〇】上令陳相　「相」原誤作「栩」，據《漁隱叢話後集》改。

【二一】介甫因　「因」原誤作「白」，據《三朝名臣言行録》改。

【二二】爲晦叔罪　「罪」原誤作「罷」，據《三朝名臣言行録》改。

【二三】知潁州　「潁」原誤作「穎」，據《三朝名臣言行録》改。

章，因便殿之與對，輒誣藩鎮有除惡之謀，深駭予聞，無事理之實。」晦叔素審謹，實無此語。或云莘老嘗爲上言【二四】，今藩鎮大臣如此論列而遭挫折，若當有唐末、五代之際，必有興晉陽之甲，以除君側之惡者矣。上誤記以爲晦叔也。

介甫以子華掌條例司，而用秉國爲中丞，欲其無異議也。述古言其不可，秉國亦固辭，乃以當世代之。

張戩陳述古請罷條例司録

張戩爲監察裏行【二五】，請罷條例司，因詣中書極諫陳其事，辭氣甚厲，介甫以扇掩面而笑。戩怒曰：「參政笑戩，戩亦笑參政所爲事耳。豈惟戩笑，天下誰不笑者？」晦叔解之曰【二六】：「察院不須如是。」戩顧曰：「只相公得爲無過耶【二七】？」退而家居，申臺不視事而待罪。戩字天祺。

陳述古方言條例司當罷，介甫白上召述古試知制誥，程灝方待罪，介甫除灝權京西提刑，述古不肯就試，乃復以爲修注，灝亦辭提刑，以爲澶州簽判，述古雖言青苗而辭婉，故除官獨優。

【二四】或云莘老　「或」《三朝名臣言行録》作「咸」。

【二五】監察裏行　《長編》卷二一〇作「監察御史裏行」。

【二六】晦叔　「晦」《伊洛淵源録》卷六作「暘」。

【二七】只相公得　「得」《長編》作「得爲」。

罷條例司歸中書録

上久欲罷之，難傷介甫意，常謂文公曰：「俟羣言稍息，當罷之」。比設制置三司條例司，以均通天下貨財，今大端已畢，宜罷歸中書，其務悉力【二八】，以趣成效。吏人屬中書爲額外堂後官【二九】，密院者爲副承旨，三司勾覆官並除供奉官【三〇】。蘇轍云。

邇英奏對録

熙寧元年八月十一日【三一】，邇英進讀已。上問：「河北災變，何以救之？」光對曰：「河北大水，倉廩漂没，所難得者，莫先於食。朝廷若降金帛，令配賣於民，以糴穀則重增煩擾。且禾稼蕩盡，糴之亦無所得，故饑饉之歲，金帛無所用，惟食不可一日無耳。」

上曰：「已令漕五十萬石以賑之，可足乎？」

對曰：「臣聞瀛州所損自百五十萬石，所漕者裁能補瀛州三分之一耳。」

上曰：「然則奈何？」

對曰：「臣聞河北東、西路水所不及州縣頗稔可糴，又汴流未絶，宜多漕江、淮之穀以濟之。」

【二八】其務悉力　「悉力」《長編》下有「應接」二字。

【二九】吏人屬中書爲額外堂後官　「屬」、「後」二字原缺，據《長編》補。

【三〇】三司　「司」原脱，據《長編》補。

【三一】熙寧元　「元」原誤作「二」，據《長編紀事本末》卷五七改。

上又問：「諫官難得人，誰可者？」

對曰：「臣賤官，何敢薦人！」

上固問之。

對曰：「臣倉猝不能記，容臣退而密奏。」

上因問治道【三二】，言：「州縣長吏多不得人，政府不能精擇。」

對曰：「人不易知，天下三百餘州，責其精擇誠難，但能擇十八路監司，使之擇所部知州而進退之，知州擇所部知縣而進退之，得人多矣。今之提、轉，古方伯、州牧之任，繫一路休戚，咸當慎擇天下賢才，不可但取資序及酬奬爲之也。」

上又問：「兩府辭郊賫劄子何不進呈？」

對以「同僚有假故也。」

曰【三三】：「兹事何如？」

對曰：「臣已有奏狀，臣所見止如此，更乞博訪近臣，裁以聖意。」

上曰：「誰不同？」

對曰：「獨臣有此愚見，它人皆不以爲然。」

上曰：「朕意亦與卿同，聽其辭賞，乃所以成其美，非薄之也。然減半無益，大臣懇辭，不若盡聽之。」

【三二】上因問　「問」《温國文正司馬公文集》卷三九作「論」。

【三三】曰　《文集》作「上問」。

對曰："今郊賚下至卒伍皆有之，而公卿更無，恐於體未順。"

上曰："已有帶馬矣。"

對曰："求盡納者，人臣之志；賜其半者，人主之恩也。"

後數日，光與王珪、王安石同進呈郊賚劄子於延和殿，光言："方今國用不足，災害薦臻，節省冗費，當自貴近爲始，宜聽兩府辭賞爲便。"

介甫曰："國家富有四海，大臣郊賚所費無幾，而惜不之與，未足富國，徒傷大體。昔常衮辭賜饌，時議以爲衮自知不能，當辭禄。今兩府辭郊賚，正與此同耳。且國用不足，非當今之急務也。"

光曰："常衮辭禄位，猶知廉恥，與夫固位且貪禄者不猶愈乎？國家自真廟之末，國用不足【三四】，近歲尤甚，何得言非急務耶？"

介甫曰："國用不足，由未得善理財之人故也。"

光曰："善理財之人，不過頭會箕斂，以盡民用【三五】，如此則百姓困窮，流離爲盜，豈國家之利耶？"

介甫曰："此非善理財者也。善理財者，民不加賦而國用饒。"

光曰："此桑羊欺漢武帝之言，司馬遷書之，以譏武帝之不明耳。天地所生貨財百物止有此數，不在民間，則在公家。桑羊能致國用之饒，不取於民，將焉取之？果如所

【三四】國用不足　"國用"《文集》作"用度"。

【三五】以盡民用　"用"《文集》作"財"。

言，武帝末年安得羣盜蜂起，遣繡衣使者逐捕之乎【三六】？非民疲極而爲盜耶？此言豈可據以爲實。」

介甫曰：「太祖時趙普等爲相，賞賚或以萬數，今郊賚匹兩不過三千，豈爲多？」

光曰：「普等運籌幃幄，平定諸國，賞以萬數，不亦宜乎？今兩府助祭，奏中嚴外辦沃盥奉帨巾【三七】，有何功勤而得與普等乎？」

與介甫爭論久之。

禹玉曰：「司馬光言省費自貴近始，如光言是也。王安石言所費不多，恐傷國體，安石之言亦是也。惟陛下裁之。」

上曰：「朕與司馬光同，今且以不允答之可也。」

是日，適會介甫當朝【三八】，遂以上前所言意章批答，引常袞事以責兩府，兩府亦不辭。

明日，邇英講讀罷【三九】，上獨留介甫與語，兩府不敢先出以俟之。至晡後乃出。不數日，介甫參知政事。

【三六】逐捕之乎　「乎」原缺，據《文集》補。

【三七】奏中嚴　「奏」《文集》其前有「不過」二字。

【三八】當朝　「朝」《文集》作「制」。

【三九】講讀罷　「罷」原缺，據《文集》補。

卷三

富公乞致仕録

富公除泰寧軍節度、同平章事、判河南府，曾公亮遷昭文殿大學士、監修國史，陳升之遷工部尚書、同平章事、集賢大學士。

先是，富公以介甫得君專恣，常稱疾不入，旬日一入見，三日復謁告，如是數矣。遂不復預政事，求退，章數十上，稱病家居。宣出上殿，復歸臥；又出上殿，於是押入中書，不視事，復歸。如是者以十數，上乃聽之，然意頗不樂，故不復得司空、侍中。上將許富公辭位間，乃曰：「卿即去，誰代卿者？」富公薦文公，上默然良久，曰：「王安石如何？」富公默然。陳公履歷深於介甫，而素與介甫相表裏，故先用之。宋興以來，宰臣有以侍郎爲之而無左右丞爲之者，禹玉【一】當制，奏言：「故事左右丞不爲宰相。」故陳公特遷尚書。上又詔文公位在陳公之上，文公辭以「國朝樞密使無位於宰相之上者，獨曹利用嘗位於王曾、張知白上。臣忝文臣，粗知禮義，不敢亂朝廷尊卑之序。」上不許出司馬溫公《傳家續集》。

《宋會要輯稿》職官七七之四四引《富公乞致仕手録》，原抄自《永樂大典》卷一三四六二。

校勘記

【一】禹玉　二字原作「禹撚」。據《宋宰輔編年録》卷七，陳升之拜相乃王珪（字禹玉）當制，因改。

范景仁乞致仕録

范蜀公乞致仕，章四上，未允。第五章言：「臣所懷有可去者二：謂言青苗不見聽，一可去；薦蘇軾、孔文仲不見用，二可去。」章既上，遂得請。景仁曰：「吾前舉蘇軾充諫官，後舉孔文仲賢良方正，可謂無負朝廷矣。」乃上奏乞致仕，仍乞不遷官，以贖二人之罪。又景仁五章請致仕，且辯蘇軾、孔文仲之無罪，語頗侵介甫，介甫怒，故不遷官，且命蔡仲遠爲責詞，有「詆欺要君」之語。介甫猶不快，更命王勝之，介甫自加改定，極其醜詆。《宋會要》職官七七之四九引《范景仁乞致仕録》，原抄自《永樂大典》卷一三四六二。

錢顗等言介甫録

變更宗室録

刑辨録

介甫定謀殺刑名録

河防録

舉御史録

城綏州録【二】

河北轉運使張問權度支副使，詔閤門令薛向更兩次上殿，然後朝辭。詔呂公晦孺乘傳至延州【三】，俟先得安遠、塞門二寨舊土，然後以綏州還夏國。時夏國既受策而不肯歸二塞疆土，又欲先得綏州故也。詔依諫官例聽直牒閤門上稟，來自辰溪。

趙卨曰：趙元昊初納款，有密劄下鄜延經略司，以安遠、塞門二寨地賜與夏國，仰改立烽堠。

又曰：治平之末，有密劄下鄜延，令招誘横山之民，以兵迎接，占據生地。非种諤擅興也。及嵬名山來降，种諤築綏州城。申帥府索錢糧，陸介夫乃驚，奏諤擅城綏州，錢糧當與不當應副。詔介夫與薛向極力應副。

又曰：郭宣徽之行，詔曰：國家萬里，豈與犬羊爭尺寸之地，其綏州到日立行毀棄。劉航知文公之志，亦欲毀之，韓公不肯毀，卨力勸郭逵留之。總管賈逵悉以兵驅降民出塞

【二】城綏州録　《永樂大典》卷八〇八九引作《綏州城録》。

【三】呂公晦孺　據《宋史》卷三一一《呂公孺傳》，此為呂公孺事，「晦」當為衍字。

外，云悉已逃去。禼勸郭帥招募之，使還守綏州，不然，且爲邊患。郭帥從之，得勝兵六七千人，并老弱萬餘人。韓公又使日給糧二升，降民乃安。今則使分耕綏州旁地，不復給糧矣。又諒祚夏虜欲遣使告哀，以楊定之死，莫肯爲使者，薛宗道有罪，强之來，宗道甚懼。朝廷遣韓縝、劉航詰其所以使之意。宗道稱：「告哀耳，無它也」。及至京師，朝廷使縝固問之，宗道對如初。縝固言朝廷欲綏州還夏國。宗道喜曰：「如此，則感朝廷之大恩。」朝廷因令縝語宗道，還我安遠、塞門二寨，又分歲賜萬以遺國中諸酋豪。宗道曰：「此非某之所決也，請歸白之」。夏虜復使宗道來曰：「不知所謂」，因縶送殺楊定者二人以來，朝廷留二人而逐宗道，表并貢物皆不受。宗道復來，縝因責之曰：「君在西繹時，已許我也，今更易言，何也？」宗道由是得罪，更遣都羅重進來曰：「主上以孝治天下，而更教夏國以臣叛其君何哉？」朝廷乃命更不分賜物，但還二寨，重進凡三返，議之不合。更遣罔育訛以誓書來，言謹奉詔，以二寨易綏州。朝廷乃遣劉航册命秉常爲夏國王。既而郭帥遣禼交二寨，定地界，虜乃言朝廷本欲得二寨耳，地界非本約也。禼曰：「若不得地，但得此二牆墟，安用之？」郭帥乃留歲賜，奏乞詔禼赴闕詢之。朝廷乃命綏州曰綏德城，不復以易二寨。禼既對，言於上曰：「綏州與之亦用兵，不與亦用兵，邊備未可弛也。」

薛昌期曰：治平四年謂直奏云：「銀州監軍嵬名山請以所部數萬衆歸款。」上召薛向詣闕詢之，使還與延州刺史陸詵議，詵、向乃畫三策，以爲使名山直取涼，上也。不能取，守其地以拒之，次也。不能守，則退保兩界不耕地，下也。詵意以爲朝廷必不行，無何，朝廷降宣從其策。及諤出兵據綏州而城之。詵乃大驚，故以擅城罪之耳。降民初及五六萬口，後凍饑死及逃歸，今存者十之一耳。自始及城，屯兵餽輓，凡百軍須所費約三百萬緡。其城地形險要，若守之，虜必不能取也。今歲糴穀已有三年之儲，皆降民耕城旁田所收也。

子瑾曰：城南門一徑通延州，出門取賊境，人不敢耕，降民逃歸者十七八。名山母今在，西人亦不誅也，弟來數月即亡去。漕司使冀膺磨勘綏州所費六百萬貫。

趙卨曰：楊定左右賣國，受趙諒祚金珠甚厚，爲沿邊都巡檢，私出塞見諒祚，稱臣拜之。又有上諒祚表，其子常往來諒祚所。及种諤據綏州，諒祚以定賣己，故因議榷場，誘殺之，及械送其子以來。具言定情，故朝廷編管其子南方。楊傳，延州人。程戡奏補齋郎，使掌機宜，定奏表疑傳所爲，逮繫京師，以無驗免。《永樂大典》卷八〇八九第一一至一三頁《綏州城録》

卷四

詔呂惠卿録

請春詞録

翰林書待詔請春詞，以立春日剪貼於禁中門帳。皇帝閤六篇，其一曰：「自然天造與時新【一】，根著浮流一氣均。萬物不須彫刻巧，正如恭已布深仁。」皇后閤五篇，其一曰：「春衣不用蕙蘭薰，領緣無煩刺繡紋。曾在蠶宫親織就，方知縷縷盡辛勤。」夫人閤四篇，其一曰：「聖主終朝親萬機，燕居專事養希夷。千門永晝春岑寂，不用車前插竹枝。」陳元靚《歲時廣記》卷八「請春詞」引司馬文正公《日録》

祥應録

城古渭州録

校勘記

【一】自然天　「自」《漁隱叢話後集》卷二二、《古今合璧事類備要前集》卷一五作「漢」。

王韶闢地録

又體量王韶録

又王韶建議録

青塘録

甘谷城録

喃厮囉録

綏德塞録

卷五

薦李定録

體量李定録

宋次道辭知制誥録

罷臺諫録

除臺諫録

呂公孺知滑州録

劉攽與外任録[一]

武舉録

丁謂録

鄧綰録

【一】劉攽　「攽」原誤作「邠」，據《宋史》卷三一九《劉攽傳》改。

⊙佚名撰

文酒清話

李裕民 整理

點校説明

《文酒清話》，撰人不詳。是書未見著録，最早被收入紹興六年（一一三六）《類説》卷五五中，《類説》本引此書誤作《大酒清話》。書中記及英宗治平年號，又記「雙漸屯田爲河陽僉判」（卷六第二條），此人熙寧間爲吉州通判（周必大《記閣阜登覽》，《文忠集》卷一八三）。又曰「杜力文乃杜壽域之子也，」杜壽域與韓琦（一〇〇八—一〇七五）、王安石（一〇二一—一〇八六）同時（《晁氏客語》），此條記其子杜力文有才而「竟客死於道途間」（卷七第九條），其事當在神宗元豐末或元祐初，則書應爲宋哲宗時所作。

此書今存《類説》本乃節本，近年又發現金刻本，見《俄藏黑水城文獻》第四册及《續修四庫全書》第一二七二册，第三三四至三三九頁。現存卷五至卷九共四十三條。其中卷六、七、八基本全。卷五，殘缺兩個半頁。卷九僅存一頁（全卷應爲二頁）。平均每卷收十一條至十二條。各卷卷首、卷末均標「新雕文酒清話卷第幾」。各條均有小標題，標題下大多只記一事，最多記三事。各卷中縫標有「文酒二册」或文酒二。顯然，此「册」相當於輯或集，即本書各卷乃是《文酒清話》的第二册。由此可以推測本書分若干册，每册大約十卷，二十頁。每半頁十三行，滿行二十八字。此書至少有二册，近三萬字。

其所記多爲北宋故事，上及唐、五代。許多内容爲他書所未見，如「名落孫山」的典故，世人熟知，但其人之生平事蹟所知甚少，此記其事蹟數條，可補其缺憾。又如杜力文之詞可補《全宋詞》之缺，其词牌《迎春回令》，從未見諸詞譜。卷六吴白詩、卷七康友直、牛逢詩、卷八呼延贊詩可補《全宋詩》之缺。

此書在宋、元之間流行。《碧雞漫志》、《詩林廣記後集》卷十、《古今事文類聚前集》卷三七、《古今事文類聚别集》卷六、卷二十，元方回《瀛奎律髓》卷二十均有徵引。元、明之後失傳。

此次整理首録金刻本（殘），次收《類説》節本，凡二十二條，其中三條見於金刻本，但小标題不同。此外，自宋、元書中輯得佚文三條，附後。

金刻本殘損比較嚴重，有不少字僅剩一點殘跡，爲便於讀者閱讀，經反復辨認、比對、考證，盡可能釋出。原有空缺字，也儘量據他書或上下文意補之。雖未能盡復原貌，已大體能瞭解其内容了。

金刻本中頗有一些不常用的通假字，如「架」通作「枷」，「爲」通作「謂」等，爲避免誤讀，首次出現時，作校記注出。

此書之整理，難度甚大，雖費時較長，仍難免有誤，敬請讀者指正，以便改進。

金刻本（殘）卷五

失題

□□□□□貧饑（下缺二十一字）□□□□見舊相知（下缺二十字）□□□□大王廟中禱告云：（下缺十七字）□□□□稍自給。又往告云：大王（下缺十五字）子損□爲大王□新者，其人後來（下缺十四字）中告大王曰：某今貧□，大王皆（下缺十六字）大王，或言曰：你許著我□□櫃子（下缺十五字）讖，但低頭不言。□又云：□□□中有（下缺十四字）或有異人衣□□好色（下缺十九字）銀精也，子何（下缺）其言遞（下缺）燒得水銀（下缺）王曰：各（下缺）我裹立大（下缺）

失題

五代吴獻可，昭宗時爲學士（缺九字）多不起草，等輩呼爲「下水船」。後失意，客遊衡、永。朱（缺十字）閒話詢默曰：吴獻可不知存没，其人□□□□可惜（缺六字），其人今在湖湘間。因言曰：「向在翰苑日，□□□□水船□□□，莫是上水船乎？」默慚而微笑。

時人爲默爲急灘上水船，□□□□□緩文又不出人故也。

笑昧

有刺史，不欲名，固惜名位，年高而不致政，知某州，益甚昏昧，有司理□某囚困重，刺史便於狀後判赴本院檢驗，司理回申刺史云【一】：又奉指揮檢驗，其人面北坐，大開眼，直舒脚，□□□□檢驗【二】。吏升廳白刺史，刺史曰：「元來活□。」人莫不笑也。

刺史一日□□駐泊坐廳上，刺史點湯來，吃湯既久，回顧吏曰：駐泊因何□□？□□□是駐泊廳字不是本衙。刺史曰：「如此即牽馬來。」其昏如此【三】。

哈詐

有孫、李二生同巷多□□（缺十八字）□日（缺二十六字）丈也行行，如是者□□□李（缺十四字）來□乃引避。孫曰：「何避之有？」李曰：（缺十一字）認乞兒爲親也。李曰：「好底被你都占了也。」□□□。

【一】司理　「司」原缺，據上下文補。
【二】檢驗　「檢」原脱，據上下文補。
【三】其昏如此　「此」原缺，據上下文補。

卷六

李成觸忌

李成，鄆州人，少亦曾學，長即貧困，乃惰□初心，因而作場於市肆，已説話爲藝，然好觸忌諱，亦多遭人毆捷，□□至保州，乃説云：「保人非叛也，其魂不得往生，皆在枉死市中，近其魂皆去。」□□閻羅大王云：「某等不曾作叛，今尚未得托生，告大王各乞托生。」□□□□等極惱朝廷，未可往生。衆乃回，塗中或逢五道將軍，衆乃告□□□□在枉死市中乞托生。五道將軍曰：「吾知□等在陰（缺十二字）汝等閻王使汝有托生之地矣。」衆乃□拜（缺九字）告□王：「閻王不肯告，五道將軍卻肯，待來日五道□□【一】□□王起今□□殿扼殺閻羅大王，扶起五道將軍，如今思□□□□枉打□□□自恁地裹。」保州人大怒，同歐打見刺史【二】，時傅閻使□□□大笑，乃□□□□遣云。

哈勇

周貴，柴世宗時小校也，後立軍□□□虞候，貴武勇，常目眩雄壯，時人呼爲「周撞

校勘記

【一】□□　據上下文空缺二字當爲「將軍」。

【二】歐打　「歐」通「毆」。

子」。陶穀爲貴曰【三】:「君□□□□子之名。」貴曰:「貴出身行伍,屢立微功,每臨陣東衝西撞,不避鋒刃,□□□有此之號。」穀曰:「當時撲入淮河裏,莫是撞不着否?」貴慚赧而已。貴常遇敵撲入淮河故也。

雙漸屯田爲河陽僉判,一日,對知府言某縣尉公勤,知府即舉之。他日,其尉頗不公,知府爲雙公曰:「子不知其爲人,何故妄薦舉人?」雙漸曰:「當初相見偶然間,不唤做如今,恁地知府不晤。」左右皆匿笑。

笑拙

丘羽少補計省軍將,歲久,押湖南綱舟,□□□來日早,急召兵稍聚,而爲之曰:「今日逆風,不得張帆。」衆人大笑。□□□□□□有暴得疾者,夜無燭,急呼門人求火,衛人叫呼甚(缺十一字),夜陰□□□須得燈燭,方尋得鑽火,□□有(下缺)。

笑什

國初高敖曹賦性滑稽,尤好作(缺八字)夜即事詩云:「塚子地握槊,星宿天圍棊。開門屋張口,捲席床剥皮【四】。」

【三】爲貴曰　「爲」通「謂」。

【四】張口捲席床　五字原缺,據《啟顔録》(《類説》卷十四)所引詩補。

誚輕浮

都北馬告開衣鋪，久而家事稍豐。一日，□□□□□一雙，欲誇妃於人。會有舊相知過門，乃召之飲，其人推託不欲□，告苦勸之。其人曰：「天性不喫酒，自來不曾沾唇。」告爲其人曰：「只喫一注子水飯。」其人大笑而去。

眉眼爭强

陳大卿曰：口、鼻、眉、眼皆有神也。一日，口爲鼻曰【五】：「爾有何能而位居我上？」鼻曰：「吾能別香臭然後了，方可食也。」鼻爲眼曰【六】：「了有何德而在我上也？」眼曰：「吾能觀色、辨道路，其功不細。」鼻曰：「□□□有何功也？」眉自思久之曰：「吾實無能而位在衆君之上，□理不可」（缺八字）。鼻急引手留之曰：「你去則得嫌，怕塌了我。」眼曰：「吾（缺七字）眉□□□乎？無情也，不若使位居吾下。」眉曰：「我不辭（缺七字）甚面觜也。」

誚假文

丘源本非儒者【七】，乍開書鋪□□□□管□□鋪下文字。一日，有一馮齋郎爲源

【五】口爲鼻曰　「口」原缺，據上下文意補。

【六】鼻爲眼　三字原缺，據上下文意補。

【七】丘源本非儒者　「丘」原缺，《古今事文類聚別集》卷二十、《類說》卷五五均作「李」。

曰：有一親知新轉四廂□□□，求一書本子賀之。源又恥於求人，乃自爲云：「伏惟太保，纔離五都之中，便轉四廂之職【八】，紫袍窣地，牙笏當胸，手持金骨之朶，身坐銀校之椅。舊時【九】櫳馬只是一箇，如今喝道約勾十人。據此威風，小梢須爲太尉亦宜念舊【一〇】，第一莫打長行。」馮齋郎見之，大怒而去。

安鴻漸報辱

安鴻漸多往都北歐盛家閑坐，盛開□麥鋪，壁上懸一笛，鴻漸至，則取其笛吹，久則盛惡其如此，乃潛以不潔致笛竅□。他日，鴻漸又至，不知其如此，又取笛吹之，則不潔激濺在唇吻間，鴻漸急取水嗽口，久之方去，盛舉室匿笑不禁。鴻漸歸，數月不往盛家，鴻漸乃取麥少許【一一】，乃以不潔浸之數日，然後曬乾。他日，騎驢過盛門，盛揖之云：何故久不相見？鴻漸乃下驢，坐久，鴻漸曰：「有一相知載麥兩船，在蔡河灣下，言要貨麥，□□□錢且糴與人。」盛曰：「秀才如能爲某糴下，卻奉感也。不知將得麥樣□□□□□？」鴻漸【一二】乃探懷取麥樣與成【一三】，盛乃取麥内口中嚼之，爲鴻漸曰：「此（缺九字）？」鴻漸曰：「是笛中滋味也。」鴻漸乃跨驢而去，盛大怒而已。

【八】之中便轉四　五字原缺，據《古今事文類聚別集》卷二十，《類説》卷五五補。

【九】椅舊時　三字原缺，據《古今事文類聚別集》卷二十，《類説》卷五五補。

【一〇】太尉亦宜　「亦宜」二字原缺，據《古今事文類聚別集》卷，《類説》補。

【一一】取麥少許　「少」原缺，據上下文補。

【一二】鴻漸　兩字原缺，據上下文補。

【一三】與成　「成」當爲「盛」之誤刊。

陳大卿詩

陳大卿知滁州，有進士吴白上詩干公（缺八字）：「蒙君贈我詩三首，干鑤吾儔是不能。莫向釣魚船上釣，□□□户自相憎。」公亦贈之數緡云：「前言戲之耳。」

言棋

有上官王公（忘其名）好棋【一四】，然性至强不服人，有來與公棋者，雖國手，公亦饒數著，由是人莫敢與公對手。公他日知某州，通判爲公：「某縣簿能棋，然其人不甚熟事。」公遣人召之，簿至，公爲簿曰：「觀君風采，必不甚高。請用黑子，便居西坐下子」【一五】。高聲唱喏：「殺著不得作聲。」坐客皆笑，公之性皆類也。

陳大卿

陳大卿平生不喜棋，曰：「此廢時，亂曰：令□□□□也。」有客勸公曰：「棋亦君子之事也，公性明敏，何所不能，何獨遺此？」爲□□□□□有理乎？爲我陳之。」客曰：「其道如用兵相符合。」公乃與吏取棋□與客□□□□取棋子擲，客曰：「何爲也？」公曰：「爭鬥也。」公又以棋子致棋盤下，客曰【一六】：「□□何？」公曰：伏兵也。」客笑

【一四】有上官　「上官」《類説》作「貴人」。

【一五】請用黑子便居西坐下子　《類説》作「請坐西廊，便使墨子下手」。

【一六】客曰　「曰」原缺，據文意補。

而起。

哈鄙

李越，歸明人，朝廷賜官，復作蔡州上蔡令【一七】，□□廉儉，然事多失中，歲經舉家未嘗食肉，幾至歲時伏臘祭祀先祖，則令市買行中取熟肉一斤，乃切爲三四臠，致以皿中，又致空（缺七字）數金，乃告先祖曰：「酒是官務中沽來，清醇可愛；肉是行中取來，新□□□□□忙還果子，不及錢子。」祭祀罷，以肉呼市買曰：「卻還行裏」（缺七字）儉也。

【一七】復作蔡州上　「上」原缺，按上蔡縣乃蔡州所轄，故據補。

卷七

高敖曹

高敖曹凡爲詩，人皆竟諷詠而笑之，一日，送客下汴詩云：「相送復相送，相送至橋頭。培堆兩眼淚，拍塞一懷愁【一】。」

李成

李成，東平人，少曾爲學，家事零替，已説□□□□業，尤好犯忌諱，人亦以此薄之。至石州，久雨雪，成大困，不能離石州，（缺七字）爲成曰：我來日成行矣。工能爲我荷擔前去，我（缺十八字）陳吉先行，成在□入石州（缺二十字）卒皆貧困，成卧於馬糞中，或以（缺十二字）之類□□於前，打鼓於鋪左，陳吉訝成不前（缺八字）此。吉曰：「何故也？」成曰：「你不知軍馬脚底好做場。」吉亦大笑。

校勘記

【一】拍塞一懷愁　《太平廣記》卷二五八引《啓顔録》作「難按滿胸愁」。

誚妄知

都下里巷有張文卿，家世不儒，强爲學，文理絶不曉，自誇才俊，對其父曰：「郭璞注得《爾雅》未是，兼不明白。」父亦妄人也，對人皆誇曰：「吾子才識過郭璞遠矣。」有一同志見文卿曰：「某一生留心《爾雅》，不知郭璞注得何處未是？」文卿曰：「□羊是何物也？」同志曰：「乃今之羊子。」文卿曰：「郭璞但言陳留郡處處有之，甚處無也，何不言是着毛蘿蔔，徒人□會□也。」同志笑而去。

誚妄辨

里巷有劉德臣好學，但多不通義，□□□好妄辯事，常對人言：「班固好文章，何不入《文選》？」人曰：「《兩都賦》、《燕山銘》（缺五字）爲無之？」德臣曰：「此是班孟堅文章，非班固者也。」孟堅乃固□□□□默。笑之。

惡詩

柴世宗時□□州知州許（缺六字）臣部内舉人秦勉年少好爲詩，並詩上進。帝見其詩云：「此惡詩，安用進來！」民間乃云：「准敕惡詩。」

都南康友直，大非儒者，酷好吟詩，常□雪詩，其句意皆剽竊王淡交者也，詩云：「雪飛白撞撞，白光滿街巷。惟有庭前雞，□□□縮項。」其妻見其詩大笑曰：「君詩不可令人見也，見當必笑矣。」友直（缺六字）不爲妻子所重，至死不悟，是可誚也。

杜人經

貝州王則彎之後，二月春燕，杜人經當□□□，衆人皆至殿下，惟不見人經，衆皆驚諤，人經或杖擔錢數條而走過，衆□□：「今日當作雜劇，何處去也？」人經曰：「忙逼，且與貝州王則納罰銅錢去，然後復柢□。」聞者皆笑。

焦大使

謝衣後仁廟垂簾，令杜人經、焦葉杯、孫□朝三人入雜劇，時焦葉杯是大使，人經是副使，人經奏曰：「天下明斷金銀銅鐵不得私鑄。」乃擊下焦葉杯襆頭，指之曰：「似恁地确石骨朵怎生不禁？」葉杯□□□無髮，焦葉杯乃裹頭奏曰：「臣是教坊人員。人經對殿廷，怎敢動臣□□□□□，不敢□□□到□□□□。」人經又擊下葉杯襆頭曰：「（缺十二字）裹。」各賜匹帛，謝恩而退。

呼延贊

呼延贊將兵北伐，大捷而旋，定州刺史【二】（缺十字）進曰：「僕有口號，欲舉之如何？」刺史喜曰：「請將軍舉之。」彦進曰【三】：「□□□□□，才到便回戈。爲甚便回戈，爲怕呼家哥。」刺史與坐客皆笑。

杜力文

杜力文乃杜壽域之子也，才俊有父風，後流落江湖間，干謁，所至多不遇，由是轉徙困窘。一日，自儀真入維陽【四】，在行船中，□□霜風勁冷，力文衣單無衾裯，乃成小闋上楊州通判王郎中【五】，曲名《迎春回令》：「昨夜小舟中，更到也霜風開花綻柳，總無功，偏解飲壓貧，□□一夜全然無蓋卧，促得我似短弦弓叉手向前，須問你，看當得□□□。」聞者莫不憐其才，後竟客死於道途間，惜哉！

孫山三事

孫山賦性輕佻，尤好侮人，人亦以此薄（缺七字）甚諧謔，常譏一同人，其人爲山曰：「如子者不凍殺，亦當餓殺。」□□：「□不容易□下裏猜得着我。」坐客皆笑。

【二】刺史　「史」字原缺，據下文補。

【三】彦進曰　「曰」原缺，據文意補。

【四】入維陽　「陽」當爲「揚」之誤。

【五】乃成小闋上楊　「楊」當爲「揚」之誤。

孫山既釋褐，歸光州，士大夫朋友日夕已酒交歡於山。後山因酒臥病，久則纏綿不解，垂將不起，子弟不忍其疾苦，乃召僧數人爲十念，山聞磬聲，乃詢曰：「何爲□□？」曰：「僧將欲消罪戾。」山云：「請過僧來，我欲見之。」僧揖之，山曰：「轉經乎？念佛乎？」僧曰：「衆僧十念。」山云：「念山家貧，且告五念。」山次日乃死。山賦性詼諧，垂死尚如此。

孫山妻父王正甫，方正有守，常不喜山，從是山亦相見希，□□□□誤正甫顏色，由是山經歲不往見正甫，正甫亦不欲見山也。他日□□□病，八日不得汗。山不往候之，家人聞，皆責山曰：「何感而如此，況是至親，□□□□名也。」山不已往見，既入門，問正甫曰：「丈人惺惺麽？」正甫答曰：「不至昏亂。」□□□□麽？正甫乃轉面向壁，從此又不相見。

誚繆詩

有無名子牛逢，唯務吟詠，不知愧悚，凡有□□則録已示人，人必笑之。父輒恕。常爲《鶴詩》，爲人注於其下，逢乃經府□□，府尹命筆寫其詩於終，尹見之怒且架之【六】，會赦得出。其《鶴詩》云：朱砂頭髮觜盧都（爲人注曰：朱砂頭髮，鶴也，觜盛都【七】，陶鶴也），卻向灘頭愛漉魚（漉魚，乃鷺鷥也）。記得□□□□下，攤卻人家蕎麥鋪（蕎麥乃是青□也）。

【六】尹見之怒且架之　「架」通「枷」。

【七】觜盛都　正文作「觜盧都」。按觜盧都見釋普濟《五燈會元》卷十一，則「盛」當爲「盧」之誤。

牛逢一日爲顯（缺八字）爲得意，乃寫已呈其姨丈侯昌甫。昌甫，有文之士也。其（缺九字）是好浮圖，上細□卻下頭粗。若把浮圖倒卓立，下□□□□□□。昌甫有詩答□□，其詩曰：「昨日見子詩，令人但掩□。□□□□□，□□□定□。」

卷八

失題

高敖曹多吟詠，上大夫夫傳已爲笑。一日，又爲偶成詩一首云：「桃生毛彈子，瓠長棒槌兒。牆敧壁亞肚，河凍水生皮【一】。」

安鴻漸

安鴻漸爲教坊判官，鴻漸都下素□□□名，自負不淺，爲教坊判官非其所好，多卧病不出，不得已則出見□□，即轉面不睹。有教坊大使知鴻漸生日，乃將一小白牙合子令人□□鴻漸曰：「知判官生日，教將一盛箄篥合子來。」鴻漸知其見誣，但回（缺七字）大使生日，鴻漸令人□中賣小□□□一枚，以繡□蒙□□□與大使云：「知君生日，教送一箏匣子來。」聞者大笑。

校勘記

【一】牆敧壁亞肚河凍水生皮　《類説》卷十四作「牆敧壁凹肚，河凍水生肌。」

陳大卿誚□疾

陳大卿常患疥，有上官笑之。公曰：「君莫笑此疾，此疾有德在，衆疾之。」上官詢之曰：「有何德也？」公曰：「疥有五德可稱。」上官曰：「君試言之。」公曰：「好皮得肉便生，是智也；見大官不拜，禮也；風雨先至，信也；不上面，仁也；相傳，義也。」上官大笑。公之謔笑皆此類也。

馮勤

維楊【二】有馮勤，性剛强，尤好淩人，里□□皆□□□或患大風疾，人若言其疾痊損即喜，不然節怒【三】。陳大卿一日見□□：「君之疾尚淺，吾有術訣可以治之。」勤喜，曰：「君素多能，又歷任多矣，必有名方。」公曰：「子肺經間有蟲，莫知其數，吾他日與子術治之。」翌日，勤專詣公門，公時賓客請坐，勤曰：「公昨日所言之方如何？」公曰：「試爲子陳之。」公曰：「子先用精羊肉切作薄片子，略噉之，然後摻吾藥在上，巳線懸之【四】，内於咽喉中，時時引出，覰其上，其蟲即急去。又内喉中，然後念咒語云：學人言，學人語，癩漢骨裏懸乾脯。」勤慚怒而去，坐客哄堂大笑。

【二】維楊　「楊」當作「揚」。
【三】不然節　「節」當爲「即」字之誤。
【四】巳線懸之　「巳」當爲「已」之誤刊，通「以」。

封舜臣

唐封舜臣，德宗時奉使湖南潭州，道經全州，守張樂開宴召之【五】。性多輕佻，數盃後，執盞索令曰：「麥（下缺八字）」。舜臣搖頭曰：「非也。」停盃久之，舜臣呼樂工曰：「秀兩岐曲」。樂工不能，封謂樂工曰：「汝山民亦合聞【六】大朝音律」。伶人頗恥之，太守亦不樂，乃呼其樂將而（缺七字）入索麥秀兩岐。樂工前曰：「告侍郎，舉一編試聽之。」舜臣乃（缺六字）已入樂工指，於是終席動此曲。舜臣既去，樂將白刺史曰：「此□□□□音，不如先急遞一本與潭州刺史，貴其先知也。」刺史與潭牧有中外之舊，乃密寫譜，及言舜臣經過之事。至潭州，太守開燕召舜臣，供人雜劇，令數婦人攜抱男女筐筥，衣服襤褸，歌麥秀兩岐之詞，行念麥於庭下，歌麥秀兩岐之曲，聲悲怨意，敘其拾麥勤苦之由，舜臣面如死灰。後過金、商州，更不敢言麥秀兩岐二字，人皆笑之。

白行簡

唐白行簡至楊州【七】，太守召飲，席□酒糾崔雲娘【八】，頗有美色，然而肌膚倩瘦，恃其色戲謔坐客，行簡作詩戲之【九】，遂至鈐口。其詩云：「何事最堪悲，雲娘只首奇。瘦拳拋令【一〇】急，長嘴出歌遲【一一】。祇恐肩侵鬢，常憂骨透皮。不須當户立。頭上有鍾

【五】道經全州守張樂　七字原缺，據《碧雞漫志》所引補。

【六】秀兩岐曲樂工不能封謂樂工曰汝山民亦合聞　十九字據《碧雞漫志》所引補。

【七】白行簡至楊州　「楊」當作「揚」。

【八】席□酒　「酒」原缺，據范攄《雲谿友議》卷中補。

【九】行簡作詩戲之　「戲」原缺，據《雲谿友議》補。

【一〇】瘦拳拋令　四字原缺，據《雲谿友議》補。

【一一】嘴出歌遲　四字原缺，據《雲谿友議》補。

墮。」後雲娘不意得疾乃死，至瞑目，大怨行簡。夫嘲謔非美事也，宜誡之。

愚盜

里巷有鄙人王方、王慶，方乃兄也，慶即弟也。居貧無以爲志，共議爲小竊，穴壁而入取物，率以爲常。一日，□□一貧家，時深冬，彼家男女極多，皆無衣共卧。慶摸之，其冷如冰鐵，慶□兄曰：「□則入古墓來也。」兄曰：「何爲也？」慶曰：「滿地上皆是石羊、石虎。」其家□□□□□開門，方、慶乃□□。

呼延贊

呼延贊爲北都總管，時寇萊公□□守司，公多開燕，召府僚或賦詩，公知延贊不能爲詩，多不問，或□公試詢延贊曰：「子能吟乎？」延贊曰：「若公索詩，即當應命。」公笑而許之。乃延贊爲詩曰：「三十年前小健兒，今日相公教吟詩。江南風景從君詠，塞北煙塵我自知。」萊公見其詩稱賞久之，曰：「有智謀者是亦有才也。」從兹以異□待之。

張元誚拙

曹門有張元貨藥於市，冬節近乃（缺六字），爲妻馬氏曰：「爲我作袍一領，我待節下衣著。」元乃就他(缺八字)馬氏不欲呼覺其夫，乃就睡而約其身而裁其袍，明日(缺八字)元大怒，欲毆之。馬氏曰：「你不要□我□理得(缺十二字)安一箇，整□領。」元不覺大笑，里巷聞之皆咍□。

誚蒙□

唐權龍褒知滄州，一夕閑行至書院(缺六字)，問：「此中盛何物？」左右不敢諱之，此乃舍人鷹鶻房也。乃開(缺六字)所用，何不放之？左右曰：「太尉每日食者兔從何得來？」□□□，龍褒□可以致兔也。指鷹曰：「每日食肉幾何？」曰：「破肉四兩。」又指鶻曰：「□此幾何？」曰：「亦四兩。」又指鷂子曰「此食幾何？」曰：「日破肉二兩。」曰：「亦破四兩與我。」(缺五字)大小著左右但忍笑。一日，引左右出郊，放鶻，比風急，鶻皆爲□□□□，卻收不得。歸衙，令養鶻者限三日須管尋得，不然，且加大罪。養鶻者憂懼，左右知可以詐欺，乃教養鶻但將他禽代之可也。養鶻□□□籠奪兒，詐爲喜曰：「已尋得鶻也。」龍褒乃□□而□之曰：「□□□□我家幾日，便餓得小也。」人皆笑之。

權龍褒知吉□，□□□吉州，□□□□對曰：「多出好針。」乃下行取針五秤，限五日要，行人□衙□□□□龍褒□□□令於庫中取碎鐵及破鍋釜之類，秤之，已還行人，秤得五秤，□□□相顧而笑，龍褒曰：「與些便宜便笑也。」

校勘記

卷九

哈諂

孫山言：有一白（缺九字）門下，一日，宰相頭患瘡腫，守約詣門下，見宰相，曰：「不□□頭（缺八字）貴痛否？」宰相鄙其太諂，自此不禮。

□□州□□□□州衙呈覆公事，既上廳，太守或氛泄，其官回衙，乃申狀云：「伏惟知□□□□啟尊腸榮他氛泄，伏惟四肢調暢，百節諧和，某在下風，不任圻□□□□之至，謹具狀申賀。」

哈隨順

朱光，都下富民也，雇一僕馬吉，非常好順□□取奉。光爲吉：「我欲廣置物業。」吉曰：「每日掠得課利，使用物業。」又在他日，光又爲吉曰：「我欲飲酒快樂，如何？」吉曰：「家有萬貫，身直萬貫，花時好□，賞心樂事，已快平生。」光一旦蕩盡産業，光爲吉曰：「我近日貧窘不（缺七字）啟：使頭水葬第一。」人聞而哈之也。

錢大王

世説柴世宗之用兵淮上，（缺十一字）招討使錢王，見人使堂堂，錢王選人報使（缺十二字）使大如□□□如之（缺六字）智（缺十五字）之□□□國□□長矣，王（缺十六字）好則好幾箇人，且是眼□□下（缺二十字）又急報，又曰：十人奉使（缺十三字）截也，人皆笑□。

錢大王一日得夢，對近侍（缺八字）一處有□狗一隻，缽中盛鱉數箇，廷下見柏木一行，（缺八字）此夢未知凶吉。近侍奏曰：「大王合壽一百歲。」大王曰：何以（缺七字）死狗三十六，缽中鱉，鱉□十四，其數是（缺十二字）也。大王乃喜。聞者即笑。

陳大卿【一】

陳大卿言：有（缺十三字）於衛州共城縣見土人養蠶，起與妻（缺十字）養蠶必有所獲，乃下蟻相次蠶滿箔（缺十字），見一巨蠶，其大長數尺，起再拜曰：（缺十三字），善事吾，與你千斤，□吾每（下缺）

【一】陳大卿　此題原缺，據下文補。

校勘記

《類説》本

惠花酒詩

張齊賢丞相《答西京留守惠花酒詩》曰：「有花無酒頭慵舉，有酒無花眼倦開。好是西園無事日，洛陽花酒一齊來。」

竊詩

魏周輔有詩上陳亞，犯古人一聯，亞不爲禮。周輔復上一絶曰：「無所用心惟飽食，爭如窓下作新詞。文章大抵多相犯，剛被人言愛竊詩。」亞次韻曰：「昔賢自是堪加罪，非敢言君愛竊詩。叵耐古人多意智，預先偷子一聯詩。」

陳亞及第

陳亞幼孤，育於舅家。舅爲醫工，人呼作衙推。亞登第皆賀，其舅有詩云：「張公吃酒李公醉，自古人言信有之。陳亞今年新及第，滿城人賀李衙推。」

平似秤明似鏡

雙漸爲孟州僉判，同僚或稱其縣長官平似秤、明似鏡。漸曰：「卻被押司走上廳，打破鏡，踏折秤。」

孫山得解

孫山末綴得解，有同試者託山探得失，山曰：「解名盡處是孫山，君名更在孫山外。」山後以恩榜成名，作詩云：「盤古榜中同進士，伏羲手裹探花郎。」又云：「幸賴聖恩收拾了，這回含笑入黄泉。」

講易

咸平邑大夫召黄州先生講《易》，至睽卦至上九，「見豕負塗，載鬼一車，」曰：「陰下有載上之義，鬼即積陰也。」孫山曰：「載鬼一車，乃閻羅大王般家小也。」一日説噬嗑卦，至雷電合而章，先生曰：「先一個電，後一聲雷，所以相合。」山曰：「某且歸。」先生問「何爲？」山曰：「惡天色也。」一日，講《論語》季氏旅泰山爲五嶽之尊，山曰：「泰山既爲五嶽之尊，竈王會是一家之主。」

嘲任轂詩

任轂遯名伊洛山水，望蒲輪而不至，潛至京師，訪問知友。有朝士嘲曰：「雲林應訝鶴書遲，日入京來探事宜。從此見山須合眼，被山相賺已多時。」

教坊進口號

唐昭宗時，事勢爲朱全忠所持，一日開宴，教坊伶人觀榜曰：「賴是五百年間生一個，若是一年生一個，教朝廷怎生奈何。」

羊雪二詩

書生王勉吟羊詩云：「頭上兩條皂角，頦下一撮髭鬚。不知是何方聖者。髀髎裏行撒數珠。」又作雪詩云：「上天燒下豆稭灰，烏李須教做白梅【二】。道士變成銀鷿箄，師姑化作玉茶槌。」

皮歸相嘲

皮日休謁歸仁紹，託故不出，日休假其姓爲詩，嘲曰：「硬骨頑形知幾秋，臭骸知是

【二】烏李須教做白梅　《瀛奎律髓》卷二十引作「烏李從教作白梅」。

不風流。及至死後鑽令遍，祇爲當初不出頭。」仁紹復嘲曰：「幾片尖裁砌作毬，火中煉了水中揉。一包閒氣知常在，惹踢招拳卒未休。」

臘月養蠶

河北一主簿見邑宰曰：「有一大利便事，百姓五月收麥養蠶，一併勞苦，欲令臘月中養蠶。」宰曰：「是則是矣，但恐臘月無桑。」簿曰：「伏惟安置。」

陳亞詩

有僧歲旱市中求雨，陳亞作藥名詩贈云：「無雨若還經半夏，和師變作葫蘆巴」。壽州有娼魁肥，亞問是何處人？曰：「本是淝上人」。亞笑曰：「我喚作是淝下人。」亞自爲《名賛》云：「有口如啞，無心作惡。中心本無一物，外面多許稜角。」有僕黄興外廚煮料置豬蹄其中，小婢如僧竊食之，興訟於公，公曰：「正合占詩云：如僧清早廚邊過，偷卻黄興料裹蹄。」

賀四廂太保啓

李源作《四廂太保賀啓》云：「伏惟太保纔離五都之中，便轉四廂之職。紫袍窣地，牙笏當胸。手執金骨之朶，身坐銀交之椅。舊時攏馬只是一箇，如今喝道約勾十人。據此威風，下梢須爲，太尉亦宜念舊，第一莫打長行。」

觀君丰采必不甚高

有貴人性强，嘗與屬吏對棊，曰：「觀君丰采必不甚高。請坐西廊，便使墨子下手。」高聲唱喏：「殺著不得作聲。」

送客詩

高敖曹《送客詩》云：「相送復相送，相送至橋頭。培堆兩眼淚，拍塞一懷愁。」

假蝗蟲

賈黄中爲相，盧多遜作參，一日附畿有蟲螭，盧曰：「其間所有，乃假蝗蟲。」賈曰：「亦聞不傷稼，但蘆多損耳。」

宣水

石參政在中書堂，一相曰：「取宣水來。」石曰：「何也？」曰：「宣徽院水甘冷。」石公曰：「若司農寺水，當呼爲農水也。」

亂寫試卷

孔登非儒者，治平中來京師應舉，恥曳白，乃亂寫試卷上云：「三日雷聲，五日電光。十日雨下。太山不厭微塵，大海不論杓子杳。時人好取奉，我也好隨順。屋上好喂馬，屎尿兩邊流。幡竿頭上好開典庫。答曰高燥莫下來，不得卻待咨聞。」又寫伊州一本後云：「此去及第十萬八千里。」又曰：「我道者事做也，買取一兩草鞋長行。」試院出榜召捕，登竄歸。

孔門上哲

楊球上陳亞大卿啓云：「伏惟某官，詩禮名家，孔門上哲。」公戲答詩曰：「蒙君遺長牋，語意如何説。請看身上衣，裩中本無蠍。」又嗤人面黑詩曰：「笑似烏梅裂，啼如豉汁流。眉間粘帖子，已上是襆頭。」

對屬

有郡丞席上作對屬云：「時熱不須湯盞湯。」一妓對曰：「廳涼無用扇車扇。」

末厥

歐公《歸田録》云：「尖簷帽子卑凡廝，短勒靴兒末厥兵。」公云：「不知末厥何謂也。」嘗見老儒云：「尖簷帽子蹺蹊㢅，淺面麻鞋列缺茶」說，故兩存之。

二書生賦詩

河朔書生與洛陽書生同飲賦詩，河朔生曰：「昔年曾向洛陽東，年年只是看花紅。今年不見花枝面，花在舊時紅處紅。」河朔生曰【三】：「昔年曾向北京北，年年只是看蘿蔔。今年不見蘿蔔面，蘿在舊時蔔處蔔。」《類説》卷五五

【三】河朔生　疑當作「洛陽生」。

佚文

評釣舟

范希文贈釣者詩云【一】：「江上往來人，盡愛鱸魚美【二】。君看一葉舟，出没風濤裏【三】。」又觀杜詩云：「一棹輕如葉【四】，傍觀亦損神。他時在平地【五】，無忽險中人。」二詩雖同而意各有寓。（《古今事文類聚前集》卷三七）

請客風雨

東都周默未嘗作東，一日請客，時久旱，忽風雨交作，宋温戲曰：「驕陽爲虐已成災，賴有開筵周季才。莫道上天無感應，故教風雨一齊來。」（《韻府群玉》卷十）

失題

俗有慳值風、嗇值雨之説。（《施註蘇詩》卷三十《次韻曹子方龍山真覺院瑞香花》）

校勘記

【一】贈釣者詩　《范文正公集》卷二作「江上漁者」。

【二】盡愛　「盡」，《范文正公集》卷二作「但」。

【三】風濤　「濤」，《范文正公集》卷二作「波」。

【四】輕如　《詩林廣記後集》作「危於」。

【五】他時　「時」，《詩林廣記後集》作「年」。

◉郭 思編

林泉高致集

儲玲玲 整理

點校説明

《林泉高致集》，郭思編。郭思（？—一一三〇），字得夫，河陽温泉（今河南温縣）人。神宗元豐五年（一〇八二）進士，官通義大夫、秦鳳路經略安撫使，高宗建炎中以徽猷閣直學士提舉嵩山崇福宫致仕。工繪畫。

本書爲作者追述其父郭熙遺跡事實而編。郭熙，字淳夫，曾任翰林待詔直長，以擅畫名於時。書首有郭思原序，謂卯角侍先子，思聞一説旋即筆記，收拾纂集，用貽同好。書中《山水訓》、《畫意》、《畫訣》、《畫題》四篇，實爲郭熙撰寫。是其平時討論繪畫範式語録，間有郭思爲之所寫注釋。郭熙主張畫山水者，非「飽游飫看」不能「胸貯五嶽」；提出繪山水之本意，在於抒寫「林泉之志」，還提出「平遠」、「高遠」與「深遠」的表現手法。而《畫格拾遺》與《畫記》兩篇爲郭思之作，是研究郭熙的第一手資料，具有很高的史料與文化價值。

書中有政和七年（一一一七）翰林學士許光凝的文字，言其兒時知公名，熟公行。政和六年從郭思遊，親見《林泉高致集》除記郭熙潛德懿行及其平時講論小筆範式之外，另見郭熙「所蓄嘉祐、治平、元豐以來崇公巨儒詩歌贊記」云云。據南宋陳振孫《直齋書録解題》稱當時「已闕」許所云元豐以來詩歌贊記云云，可知此書早非完帙。亦非郭氏原本之舊。《四庫總目提要》云「書末有『至正八年豫章歐陽必學重刻』一行，或即元時刊畫者所附入歟」？經查，此版爲該書現存版本中時間最早的。明代《王氏書畫苑·畫苑補遺》、民國間刊行《美術叢書》亦收録《林泉高致》一書，作者題「翰林待詔直長贈正義大夫郭熙淳夫撰」，書中内容爲《山水訓》、《畫意》、《畫訣》、《畫格拾憶》、《畫題》五篇，别無其他。

本次整理以《四庫全書》（文淵閣）本爲底本，以明詹景鳳輯《王氏書畫苑·畫苑補益》、民國鄧實輯《美術叢書》本爲校本。

原序

《語》曰：「志於道，據於德，依於仁，游於藝。」謂禮、樂、射、御、書、數，畫之流也。《易》之《山墳》、《氣墳》、《形墳》出於三皇。山如山，氣如氣，形如形，皆畫之椎輪。黄帝制衣裳，有章數，或繪或繡，皆畫本也。故舜十二章，山龍華蟲，曰觀古人象。《爾雅》曰：畫，象也。言象之所以爲畫爾。《易》設卦、觀象、繫辭。《論語》「繪事後素」，《周禮》「繪畫之事後素工」，畫之爲本，甚大且遠。自古説伏戲畫八卦，讀爲「今汝畫」之畫。畫，文訓爲止。不知畫八卦爲等義，故畫當爲畫。但今畫出於後世，其實止於畫字爾。又今之古文篆籀，禽魚皆有象形之體，即象形畫之法也。思卯角時，侍先子游泉石，每落筆，必曰：畫山水有法，豈得草草？思聞一説旋即筆記。今收拾纂集，殆數十百條，不敢失墜，用貽同好。噫！先子少從道家之學，吐故納新，本游方外家世無畫學，蓋天性得之，遂游藝於此，以成名焉。然於潛德懿行，孝友仁施爲深。則游焉息焉，此志子孫當曉之也。

山水訓

君子之所以愛夫山水者，其旨安在？丘園，養素所常處也；泉石，嘯傲所常樂也；漁樵，隱逸所常適也；猿鶴，飛鳴所常觀也。塵囂韁鎖，此人情所常厭也；煙霞仙聖，此人情所常願而不得見也。直以太平盛日，君親之心兩隆，苟潔一身出處，節義斯係，豈仁人高蹈遠引，爲離世絶俗之行，而必與箕潁埒素，黄綺同芳哉？《白駒》之詩，《紫芝》之詠，皆不得已而長往者也。然則林泉之志，煙霞之侣，夢寐在焉，耳目斷絶，今得妙手鬱然出之，不下堂筵，坐窮泉壑，猿聲鳥啼，依約在耳，山光水色，滉漾奪目，斯豈不快人意，實獲我心哉！此世之所以貴夫畫山水之本意也。不此之主而輕心臨之，豈不蕪雜神觀，溷濁清風也哉！

畫山水有體，鋪舒爲宏圖而無餘，消縮爲小景而不少。看山水亦有體，以林泉之心臨之則價高，以驕侈之目臨之則價低。

山水，大物也。人之看者，須遠而觀之，方見得一障山川之形勢氣象。若士女人物，

校勘記

小小之筆，即掌中几上，一展便見，一覽便盡。此看畫之法也。

世之篤論，謂山水有可行者、有可望者、有可游者、有可居者，畫凡至此，皆入善品。但可行、可望，不如可游、可居之爲得。何者？觀今山川，地占數百里，可游、可居之處，十無三四，而必取可居、可游之品。君子之所以渴慕林泉者【一】，正爲佳處故也。故畫者當以此意造，而覽者又當以此意求之，謂不失本意。

畫亦有相法。李成子孫昌盛，其山脚地面皆渾厚濶大，上秀而下豐，人之有後之相也。非必論相兼，理當如此故也。

人之學畫，無異學書。書取鍾、王、虞、柳，久必入其彷彿。至於大人通士，不局於一家，必兼收並攬，廣議博考，以使我自成一家，然後爲得。今齊魯之士唯摹營丘，關陝之士唯摹范寬，一己之學，猶爲蹈襲，況齊魯、關陝，輻員數千里，州州縣縣，人人作之哉！專門之學，自古爲病。正謂出於一律而不肯聽者，不可罪不聽之人【二】。迨由陳迹，人之耳目喜新厭故，天下之通情。余以謂大人通士不苟於一家者，此也。

柳子厚善論爲文，余以謂不止於文。萬事有訣，盡當如是，況於畫乎？何以言之？凡一景之畫，不以大小多少，必須注精以一之，不精則神不專。必神與俱成，神不與俱成則精不明。必嚴重以肅之，不嚴則思不深。必恪勤以周之，不恪則景不完。故積惰氣而强之者，其迹軟懦而不決，此不注精之病也。積昏氣而汩之者，其狀黯猥而不爽，此神不

【一】君子之所以渴慕林泉者　「慕」字原脱，據《王氏書畫苑・畫苑補益》本（以下簡稱書畫補本）、《美術叢書》本（以下簡稱美術本）補。

【二】不可罪不聽之人　「不聽」原作「下聽」，據書畫補本、美術本改。

與俱成之弊也。以輕心掉之者，其形脱略而不圓，此不嚴重之弊也。以慢心忽之者，其體疏率而不齊，此不恪勤之弊也。故不快則失分解法，不爽則失瀟洒法，不圓則失體裁法，不齊則失緊慢法。此最作者之大病也。然此可與明者道。

思平昔見先子作一二圖，有一時委下不顧，動經一二十日不向，再三體之，是意不欲。意不欲者，豈非所謂惰氣者乎？又每乘興得意，作則萬事俱忘，及事汩志撓，外物有一，則亦委而不顧。委而不顧者，豈非所謂昏氣者乎？凡落筆之日，必明窻净几，焚香左右，精筆妙墨，盥手滌硯，如迓大賓，必神閒意定，然後爲之，豈非所謂不敢以輕心掉之乎？已營之，又撤之；已增之，又潤之；一之可矣，又再之；再之可矣，又復之。每一圖必重重複複，終終始始，如戒嚴敵，然後竟。此豈所謂不敢以慢心忽之乎？所謂天下之事不論大小，例須如此，而後有成。先子向思每丁寧委曲論及此，豈教思終身奉之以爲進修之道也耶！

學畫花者，以一株花置深坑中，臨其上而瞰之，則花之四面得矣。學畫竹者，取一枝竹，因月夜照其影於素壁之上，則竹之真形出矣。學畫山水，何以異此？蓋身即山川而取之，則山水之意度見矣。真山水之川谷，遠望之以取其深，近遊之以取其淺。真山水之岩石，遠望之以取其勢，近看之以取其質。真山水之雲氣，四時不同：春融冶，夏蓊鬱，秋疏薄，冬黯淡。畫見其大象，而不爲斬刻之形，則雲氣之態度活矣。真山水之煙嵐，四時不同：春山澹冶而如笑，夏山蒼翠而如滴，秋山明淨而如粧，冬山慘淡而如睡。畫見其大意而不爲刻畫之迹，則煙嵐之景象正矣。真山水之風雨，遠望可得，而近者玩習不能究一川徑隧起止之勢。真山水之陰晴，遠望可盡，而近者拘狹，不能得一山明晦隱見之迹。山之人物以標道路，山之樓觀以標勝槩，山之林木映蔽以分遠近，山之溪谷斷續以分深淺。水之津筏橋彴以足人事，水之漁艇釣竿以足人意。大山堂堂爲衆山之主，所以分布以次岡阜林壑，爲遠近大小之宗主也。其象若大君，赫然當陽，而百辟奔走朝會，無偃蹇背卻之勢也。長松亭亭爲衆木之表，所以分布以次藤蘿草木，爲振挈依附之師帥也。其勢若君子軒然得時，而衆小人爲之役使，無憑陵愁挫之態也。山近看如此，遠數里看又如此，遠十數里看又如此，每遠每異，所謂山形步步移也。山正面如此，側面又如此，背面又如此，每看每異，所謂山形面面看也。如此是一山而兼數十百山之形狀，可得不悉乎？山春夏看如此，秋冬看又如此，所謂四時之景不同也。山朝看如此，暮看又如此，陰晴看又如此，所謂朝暮之變不同也。如此是一山而兼數十百山之意態，可得不究乎？春山煙雲綿聯人欣欣，夏山嘉木繁陰人坦坦，秋山明净摇落人肅肅，冬山昏霾翳塞人寂寂。看此畫令人生此意，如真在此山中，此畫之景外意也。見青烟白道而思行，見平川落照而思望，見幽人山客而思居，見巖扃泉石而思遊。看此畫令人起此心，如將真即其處，此畫之意外妙也。

東南之山多奇秀，天地非爲東南私也。東南之地極下，水潦之所歸，以漱濯開露之所出，故其地薄，其水淺，其山多奇峯峭壁而斗出霄漢之外，瀑布千丈，飛落於霞雲之表。如華山垂溜非不千丈也，如華山者鮮爾。縱有渾厚者亦多出地上，而非地中也。

西北之山多渾厚，天地非爲西北偏也。西北之地極高，水源之所出，以岡隴臃腫之所埋，故其地厚，其水深，其山多堆阜礧磚而連延不斷於千里之外，介丘有頂而迤邐拔萃於四逵之野。如嵩少室非不峭拔也，如嵩少者鮮爾。縱峭拔者，亦多出地中，而非地上也。

嵩山多好溪，華山多好峯，衡山多好别岫，常山多好列嶂，泰山特好三峯，天台、武夷、廬、霍、雁蕩、岷峨、巫峽、天壇、王屋、林慮、武當皆天下名山巨鎮，天地寶藏所出，仙聖窟宅所隱，奇崛神秀莫可窮其要妙。奪其造化，則莫神于好，莫精於勤，莫大於飽游飫看，歷歷羅列於胸中，而目不見絹素，手不知筆墨，磊磊磕磕，杳杳漠漠，莫非吾畫。此懷素夜聞嘉陵江水聲而草聖益佳，張顛見公孫大娘舞劍器而筆勢益俊者也。今執筆者所養之不擴大，所覽之不淳熟，所經之不衆多，所求之不精粹而得紙拂壁，水墨遽下，不知何以掇景於烟霞之表，發興於溪山之顛哉。後生妄谈，其病可數。何謂所養欲擴大？近者畫手有《仁者樂山圖》，作一叟支頤於峯畔；《智者樂水圖》，作一叟側耳於巖前，此不擴大之病也。蓋仁者樂山，宜如白樂天《草堂圖》，山居之意裕足也。智者樂水，宜如王摩詰《輞川圖》，水中之樂饒給也。仁知所樂，豈只一夫之形狀可見之哉？何謂所覽欲淳熟？近世畫手畫山則峰不過三五峯，畫水則波不過三五波，此不淳熟之病也。蓋畫山，高者、下者、大者、小者，脊脈向背，顛頂朝揖，其體渾然相應，則山之美意足矣。畫水，齊者、汩者、卷而飛激者、引而舒長者，其狀宛然自足，則水之態富贍也。何謂所經之不衆多？近世畫手生吴越者，寫東南之聳瘦；居咸秦者，貌關隴之壯浪；學范寬者，乏營丘之秀媚；師王維者，缺關同之風骨。凡此之類，咎在於所經之不衆多也。何謂所取之不精粹？千里之山，不能盡奇，百里之水，豈能盡秀？太行枕華夏而面目者林慮，泰山占齊魯而勝絶者龍巖，一槩畫之，版圖何異？凡此之類咎在於所取之不精粹也。故專於坡陀失之麄，專於幽閒失之碎，專於人物失之俗，專於樓觀失之冗，專於石則骨露，專於土則肉多。筆迹不混成謂之疏，疏則無真意。墨色不滋潤謂之枯，枯則無生意。水不潺湲則謂之死水，雲不自在則謂之凍雲，山無明晦則謂之無日影，山無隱見則謂之無烟靄。今山日到處明，日不到處晦，山因日影之常形也，明晦不分焉，故曰無日影。今山烟靄到處隱，烟靄不到處見，山因烟靄之常態也，隱見不分焉，故曰無烟靄。

山，大物也。其形欲聳拔，欲偃蹇，欲軒豁，欲箕踞，欲磅礴，欲渾厚，欲雄豪，欲精神，欲嚴重，欲顧盼，欲朝揖，欲上有蓋，欲下有乘，欲前有據，欲後有倚，欲下瞰而若臨觀，欲下游而若指麾，此山之大體也。

水，活物也。其形欲深静，欲柔滑，欲汪洋，欲迴環，欲肥膩，欲噴薄，欲激射，欲多泉，欲遠流，欲瀑布插天，欲濺撲入地，欲漁釣怡怡，欲草木欣欣，欲挾烟雲而秀媚，欲照溪谷而光輝，此水之活體也。

山以水爲血脈，以草木爲毛髮，以烟雲爲神彩，故山得水而活，得草木而華，得烟雲而秀媚。水以山爲面，以亭榭爲眉目，以漁釣爲精神，故水得山而媚【三】，得亭榭而明快，得漁釣而曠落，此山水之布置也。

山有高、有下。高者，血脈在下。其肩股開張，基脚壯厚，巒岫岡勢，陪擁相勾連，映帶不絶，此高山也。故如是，高山謂之不孤，謂之不仆。下者，血脈在上。其顛半落，項領相攀，根基龐大，堆阜臃腫，直不深插，莫測其淺深，此淺山也。故如是，淺山謂之不薄，謂之不泄。高山而孤，體幹有仆之理，淺山而薄，神氣有泄之理，此山水之體裁也。山得水而活，水得山而媚。

石者，天地之骨也，骨貴堅深而不淺露。水者，天地之血也，血貴周流而不凝滯。

山無烟雲，如春無花草。

山無雲則不秀，無水則不媚，無道路則不活，無林木則不生，無深遠則淺，無平遠則近，無高遠則下。

山有三遠：自山下而仰山顛，謂之高遠；自山前而窺山後，謂之深遠；自近山而

【三】故水得山而媚　「媚」字原作「出」，據書畫補本、美術本改。

望遠山【四】，謂之平遠。高遠之色清明，深遠之色重晦，平遠之色有明有晦。高遠之勢突兀，深遠之意重疊，平遠之意沖融而縹緲。其人物之在三遠也，高遠者明瞭，深遠者細碎，平遠者沖澹。明瞭者不短，細碎者不長，沖澹者不大，此三遠也。

山有三大：山大於木，木大於人。山不數十百，如木之大，則山不大；木不數十百，如人之大，則木不大。木之所以比夫人者，先自其葉，而人之所以比夫木者，先自其頭。木葉若干可以敵人之頭，自若干葉而成之，則人之大小，木之大小，山之大小，自此而皆中程度，此三大也。

遠山無皴，遠水無波，遠人無目，非無也，如無爾。

山欲高，盡出之則不高，烟霞鎖其腰則高矣。水欲遠，盡出之則不遠；掩映斷其派則遠矣。

山因藏其腰則高，水因斷其灣則遠。蓋山盡出，不唯無秀拔之高，兼何異畫碓觜。水盡出，不唯無盤摺之遠，兼何異畫蚯蚓。

正面溪山林木，盤折委曲鋪設，其景而來【五】，不厭其詳；所以足人之近尋也。傍邊平遠，嶠嶺重疊鈎連縹緲而去，不厭其遠，所以極人目之曠望也。

【四】自近山而望遠山　「望」原作「至」，據書畫補本、美術本改。

【五】其景而來　「來」字原脱，據書畫補本、美術本補。

畫意

世人只知吾落筆作畫，都不知畫非易事。《莊子》説畫史「解衣磐礴」，此真得畫家之法。人須養得胸中寬快，意思悦適，如所謂易直子諒油然之心生，則人之笑啼情狀，物之尖斜偃側，自然布列於心中，不覺見之於筆下。晉人顧愷之必構層樓以爲畫所，此見古之達士。不然，志意已抑鬱沉滯，局在一曲，如何得寫貌物情，攄發人思哉？假如工人斲琴，得嶧陽桐，巧手妙意洞然於中，則樸材在地，枝葉未披，而雷氏成琴，脱然已在於目。其意煩體悖，拙魯悶嘿之人，見銛鑿利刀，不知下手之處，焉得焦尾玉磬，揚音於清風流水哉？更如前人言：詩是無形畫，畫是有形詩，哲人多理之談，此言吾之所師。余因暇日閱晉、唐古今詩什，其中佳句有道盡人腹中之事，有裝出人目前之景，然不因靜居燕坐，明窻净几，一炷爐香，萬慮消沉，則佳句好意亦看不出，幽情美趣亦想不成，即畫之生意，亦豈易有。及乎境界已熟，心手已應，方始縱横中度，左右逢原。世人將率意觸情，草草便得。

思因記先子嘗所誦道古人清篇秀句，有發於佳思者，并思亦嘗旁搜廣引以獻之先子，先子謂爲可用者，其詩雖全章半句及只一聯者，咸録之於下，好事者觀此，則古今精筆亦可以思過半矣。

先子嘗誦詩可畫者

女几山頭春雪消，路傍仙杏發柔條。心期欲去知何日，惆悵回車下野橋。唐羊士諤《望女几山》。

獨訪山家歇還涉，茅屋斜連隔松葉。主人聞語未開門，繞籬野菜飛黄蝶。長孫左輔《尋山家》。

南遊兄弟幾時還，知在三湖五嶺間。獨立衡門秋水濶，寒鴉飛去日沉山。竇鞏《寄南遊》。

釣罷孤舟繫葦梢，酒開新甕鮓開包。自從江浙爲漁父，二十餘年手不交。無名氏。

舍南舍北皆春水，但見羣鷗日日來。老杜。

渡水蹇驢雙耳直，避風羸僕一肩高。雪詩。

行到水窮處，坐看雲起時。王摩詰。

六月杖藜來石路，午陰多處聽潺湲。王介甫。

數聲離岸櫓，幾點别州山。魏野。

思嘗助記

遠水兼天净，孤城隱霧深。老杜。

犬眠花影地，牛牧雨聲陂。李拱《村舍》。

密竹滴殘雨，高峯留夕陽。夏侯叔簡。

天遥來雁小，江濶去帆孤。姚合。

雪意未成雲着地，秋聲不斷鴈連天。錢惟演。

春潮帶雨晚來急，野渡無人舟自横。韋應物。

相看臨遠水，獨自上孤舟。鄭谷。

畫訣

凡經營下筆，必全天地。何謂天地？謂如一尺半幅之上，上留天之地位，下留地之地位，中間方立意定景。見世之初學，遽把筆下去與不去，率爾立意，觸情塗抹，滿幅看之，填塞人目，已令人意不快，那得取賞於瀟灑，見情於高大哉？

山水先理會大山，名爲主峯。主峯意定，方作以次，近者、遠者、小者、大者。以其一境主之於此，故曰主峯。如君臣上下也。

林石先理會大松，名爲宗老。宗老意定，方作以次，雜窠【六】、小莽、女蘿、碎石，以其一山表之於此，故曰宗老【七】。如君子小人也。

山有戴土，山有戴石。土山戴石，林木瘦聳；石山戴土，林木肥茂。木有在山，木有在水。在山者，土厚之處有千尺之松；在水者，土薄之處有數尺之蘗。水有流水，石有

【六】林石先理會大松名爲宗老宗老意定方作以次雜窠「以次」上十三字原脱，據書畫補本、美術本補。

【七】故曰宗老　「宗」原作家，據書畫補本、美術本改。

盤石。水有瀑布，石有恠石。瀑布練飛於林表，恠石常蹲於路隅。雨有欲雨，雪有欲雪。雨有大雨，雪有大雪。雨有雨霽，雪有雪霽。風有急風，雲有歸雲。風有大風，雲有輕雲。大風有吹沙走石之勢，輕雲有薄羅引素之容。

店舍依溪不依水衝，依溪以近水，不依水衝以爲害。或有依水衝者，水雖衝之，必無水害處也。村落依陸，不依山，依陸以便耕，不依山以爲耕遠。或有依山者，山之間必有耕處也。

大松、大石必畫於大坡、大岸之上，不可作於淺灘、平渚之邊。

一種使筆，不可反爲筆使。一種用墨，不可反爲墨用。筆與墨，人之淺近事，二物且不知所以操縱，即焉得成妙絶也哉？此亦非難，近取諸學書，正與此類。故説者謂王右軍喜鵞，意在取其轉項，如人之執筆轉腕以結字，此正與論畫用筆同。故世之人多謂善畫者往往善書，蓋由其轉腕用筆之不滯也。或曰墨之用如何？答曰：用焦墨、用宿墨、用退墨、用埃墨，不一而足，不一而得。詳見下文。

硯用石、用瓦、用盆、用甆片，墨用精墨而已，不必用東川與西山。筆用尖者、圓者、粗者、細者、如針者、如刷者。運墨有時而用濃墨，有時而用焦墨，有時而用宿墨，有時而用退墨，有時而用廚中埃墨，有時而取青黛，襍墨水而用之。用淡墨六七加而成深，即墨色滋潤而不枯燥。用濃墨、焦墨，欲特然取其限界，非濃與焦，則松稜石角不瞭然。既以瞭然，然後用青墨水重疊過之，即墨色分明，常如霧露中出也。淡墨重疊旋旋而取之，謂之斡淡。以鋭筆横卧重重而取之，謂之皴擦。以水墨再三而淋之，謂之渲。以水墨滚同而澤之，謂之刷。以筆頭直往而指之，謂之捽。以筆頭特下而指之，謂之擢。以筆端而注之，謂之點。點施於人物，亦施於木葉。以筆引而去之，謂之畫。畫施於樓屋，亦施於松針。雪色用濃淡墨作濃淡，但墨之色不一而染就。烟色就縑素本色縈拂，以淡水而痕之，不可見筆墨迹。風色用黄土或埃墨而得之，土色用淡墨、用埃墨而得之。石色用青黛和墨而淺深取之，瀑布用縑素本色，但焦墨作其旁以得之。

水色：春緑，夏碧，秋清，冬黑。天色：春晃，夏蒼，秋淡，冬黯。畫之處所，須冬燠夏凉，宏堂邃宇。

畫之致思，須百慮不干，神盤意豁。老杜詩所謂「五日畫一水，十日畫一石。能事不受相蹙迫，王宰始肯留真蹟」。斯言當矣。

畫題

《世説》所載戴安道一事：安道就陳留范宣學，宣之讀書、抄書，安道皆學。至於安道學畫，宣乃以爲無用而不喜。安道於是取《南都賦》，爲宣畫其所賦内前代衣冠、宫室、人物、鳥獸、草木、山川，莫不畢具，而一一有所證據，有可徵考。宣然後矓然從之，曰：

「畫之爲有益如是。」然後重畫。然則自古帝王、名公、鉅儒，相襲而畫，皆有所爲而作也。如今成都周公禮殿有西晉益州刺史張收畫三皇五帝，三代至漢以來君臣賢聖人物，粲然滿殿，令人識萬古禮樂。故王右軍恨不克見，而逮今爲士大夫之寶。則世之俗士下隸矜眩細巧，又豈知古人於畫事別有意旨哉？中間吾爲試官出堯民擊壤題，其間人物卻作今人巾幘，此不學之獘，不知古人學畫之本意也。

思因纂録先子畫題之下，間以所聞注而出之，蓋亦用先人之本訓爾。

一種畫，春夏秋冬各有初中曉暮之類，品意思物色，便當分解，況其間各有趣哉？其他不消拘四時，而經史諸子中故事，又當各從臨時所宜者爲可【八】。謂如春有早春雪景【九】、早春雨景、殘雪早春、雪霽早春、雨霽早春、烟雨早春、寒雲欲雨、春雨春靄、早春曉景、早春晚景、上日春山、春雲欲雨、早春烟靄、春雲出谷、滿溪春溜、遠溪春溜、春雨春風、作斜風細雨。春山明麗、春雲如白鶴，非多謂如鶴形也，飛颺鶴之類亦取自在爾。皆春題也。

夏有夏山晴霽、夏山雨霽、夏山風雨、夏山晚行、夏山早行、夏山村館、夏雨山行、夏山林木怪石、夏山松石平遠、夏山平遠、夏山雨過平遠、濃雲欲雨、驟風急雨、又曰飃風急雨。夏山雨罷雲歸、夏雨溪谷溅瀑【一〇】、夏山烟曉、夏山烟晚、夏日山居、夏雲多奇峰，皆夏題也。

秋有初秋雨過、平遠秋霽、亦曰秋山雨霽。秋風雨霽、秋雲下隴、秋烟出谷、秋風欲雨、又

【八】又當各從臨時所宜者爲可　「又」上原衍「即」字，據書畫補本、美術本删。

【九】謂如春有早春雪景　「有」字下原衍「早春」兩字，據書畫補本、美術本删。

【一〇】夏雨溪谷溅瀑　「瀑」原作「撲」，據書畫補本、美術本改。

曰西風欲雨。秋風細雨、亦曰秋雨。西風驟雨、秋晚烟嵐、秋山曉意、秋山晚照、秋晚平遠、遠水澄秋、踈林秋晚、秋景林石、秋景松石、平遠秋景【一一】，皆秋題也。

冬有寒雲欲雪、冬陰密雪、冬陰覆雪、朔風飄雪、山澗小雪、迴溪遠雪、雪後山家、雪中漁舍、艤船沽酒踏雪、遠沽雪溪平遠、風雪平遠、絶磵霜松、松軒醉雪、水榭吟風，皆冬題也。

曉有春曉、秋曉、雨曉、雪曉、煙嵐曉色、秋烟曉色、春靄曉色【一二】，皆曉題也。

晚有春山晚照、雨過殘照、雪晴殘照、疏林晚照、平川返照、遠水晚晴、暮山烟靄、僧歸溪寺、客到晚扉【一三】，皆晚題也。

松有雙松、三松、五松、六松、怪木、古木、老木、垂崖怪木、垂岸古木、喬松、至一望松皆祝壽用。青松、春松、長松、一望松。

作連山帶嶺一望不斷之意，先子於一幅上爲之，一老人以手撫面前大松，作極目引望之意。其老人若爲壽星，所獻之人云。

石有怪石、坡石、松石、兼之松者也。林石、兼之林木。

秋江怪石

怪石之在江岸者也。江上蓼花、蒹葭之致，可以映帶遠近，作一二也。

靈岩怪石

【一一】平遠秋景　「景」下原衍「山水」兩字，據書畫補本、美術本删。

【一二】春靄曉色　「曉」字下原衍「朝陽」兩字，據書畫補本、美術本删。

【一三】客到晚扉　「晚扉」原作「酒家」，據書畫補本、美術本改。

怪石之在山巖用者也。山中松蘿、大木之致，可以映帶，隨上下作一二也。

松石平遠

作平遠於松石旁，松石要大，平遠要小，此小景也。

松石濺撲

作濺撲於松石旁，松石要凝重，濺撲要飛動，此小景也。大率分別淺深高下也。

雲有雲横谷口、雲出岩間、白雲出岫、輕雲下嶺。

烟有烟横谷口、烟出亂山、暮靄平林、輕烟引素、春山烟嵐、秋山烟靄。

水有迴溪濺撲、松石濺撲、雲嶺飛泉、雨餘瀑布、雪中瀑布、烟溪瀑布、遠水鳴榔、雲溪釣艇。

雜有水村漁舍、憑高觀耨、平沙落雁、溪橋酒家、脩橋釣絲、樵蘇，皆雜題也。

畫格拾遺

早春曉烟

嬌陽初蒸，晨光欲動，晴山如翠，曉烟交碧，乍合乍離，或裂或散，變態不定，飄飖繚繞於叢林谿谷之間，曾莫知其涯際也。

風雨水石

猛風驟發，大雨斜傾，瀑布飛空，奔湍射石，噴珠濺玉，交相濺亂，不知其源流來之近遠也。

古木平遠

層巒壁立，怪木斜欹，影浸寒流，根蟠岸畔，輪囷萬狀，不可得而名也。右上三圖乃丁昕郭熙所畫《温縣宣王殿三壁畫記》。

烟生亂山

生絹一幅皆作平遠，亦人之所難。一障亂山，幾數百里，烟嵐綿聯，亂山巀嶭，矮林小寺，間見掩映，看之令人意興無窮。此圖乃平遠中之尤物也。

朝陽樹梢紅

縑素横長六尺許，作近山遠山，山之前後，人家佛廟，津渡橋彴，縷分脈剖，佳思麗景，不可殫言。惟是於濃嵐積翠之間以朱色而淺深之，大山腰横抹朱緑，傍達於後，平遠林莽，烟雲縹緲，一帶之上，朱緑相異，色而輕重隱没相得，畫出山中一番曉意，可謂奇作也。

西山走馬

先子在邢州時作此付思。其山作秋意，於深山中數人驟馬出谷口，内一人墜於下，人馬不大而神氣如生。先子指之曰：「躁進者如此。」自此而下，乃一長板橋，有皂幘數人乘款段而來者。先子指之曰：「恬退者如此。」又於峭壁之隈，青林之蔭，半出一野艇。艇中蓬菴，菴中酒榼書帙，菴前一露頂坦腹人，若仰視白雲，俯聽流水，冥搜遐想之象。舟則一夫理楫。先子指示思曰：「斯則又高矣。」

一望松

先子以二尺餘小絹作一老人倚杖巖前，在一大松下，自此後無數松，大小相亞，轉嶺下澗，幾千百松，一望不斷。平昔未嘗如此布置，此特爲文潞公壽，意取公子孫聯綿公相之義。潞公大喜。

畫記

思家有先子手誌載：神宗即位後庚申年二月九日，富相判河陽，奉中旨津遣上京。首蒙三司使吴公中復召作省壁，續於開封尹邵公亢召作府廳六幅雪屏；次於都水爲判監張公堅父故人延某畫六幅松石屏，次吴正憲爲三鹽鐵副使，召作廳壁風雪遠景屏；又於諫院爲正憲，作六幅風雨水石屏；又相國寺李元濟西壁神後作溪谷平遠，次准内降與艾宣、崔白、葛守昌同作紫宸殿屏，次與符道隱、李宗成同作小殿子屏，次蒙勾當掛書院供奉宋用臣傳聖旨召赴御書院作御前屏帳，或大或小，不知其數。即有旨，特授本院藝學，時以親乞免，不許；又乞假省親，命方如所乞。有旨作秋雨、冬雪二圖，賜岐王。又作方丈圍屏、又作御座屏二、又作秋景烟嵐二，賜高麗。又作四時山水各二、又作春雨晴霽圖屏上。某幸蒙恩令待詔。又降旨作玉華殿兩壁半林石屏，又作着色春山及冬陰密雪，又得旨於景靈宮十一殿子屏面大石，計十一枚，其後零細大小悉數不及。內有説者别列之其下。

神宗一日謂劉有方曰：「郭熙畫鑒極精，每使之考校天下畫生，皆有議論，可將秘閣所有漢、晉以來名畫盡令郭熙詳定品目前來。」先子遂得徧閱天府所藏，先子一一有品第名件。思家恨不見其本。

紫宸殿屏，今江寧府艾宣畫鶴四隻，崔白畫竹數莖，葛守昌畫海棠。奉旨於屏面畫石一塊。其三畫者累命催督，經月方了。某畫恠石，移時而就。

內東門小殿屏，屏八幅，面有兩掩扇。其左扇長安符道隱畫松石，右扇鄜州李宗成畫松石，當面六幅，某奉旨畫秋景山水。

御帳畫朔風飄雪圖。神宗令宋用臣造御氊帳成，甚奇。蒙御批曰：「郭熙可令畫此帳屏。」先子作一圖，名曰朔風飄雪，其景：大坡林木，長飈吹空，雲物紛亂，而大片作雪飛揚於其間。時方早，神宗一見大賞，以爲神妙如動，即於內帑取實花金帶錫先子，曰：「爲卿畫特奇，故有是賜。」他人無此例。

化成殿壁在後苑延春閣西，永福殿南東也，上之燕處。兩壁各畫松石、溪谷、濺撲，門闕。南畫懸崖、怪木、松石，東小壁畫雨霽山水。欽明殿壁東小壁畫松石平遠，又三間作秋雨。

睿思殿，宋用臣脩所謂凉殿者也。前後脩竹茂林陰森，當暑而寒。其殿中皆鑿青石作海獸魚龍，玲瓏相通透，潛引流水漱鳴其下，而上設御榻，真所謂凉殿也。上曰：「非郭熙畫不足以稱。」於是命宋用臣傳旨，令先子作四面屏風，蓋遶殿之屏皆是。聞其景皆松石平遠、山水秀麗之景，見之令人森竦。有中貴王紳好吟詠，有《宫詞》百首。曰「遶殿峯巒合匝青，畫中多見郭熙名。」蓋爲此也。

瑶津亭，玉華殿屏在後苑。聞宋用臣同楊琰自錢塘特地架一亭來，新鑿一池安其上。上臨幸曰：「惜乎！無蓮荷！」用臣曰：「願陛下明日賞蓮荷。」上曰：「用臣又誕也！若無蓮荷如何？」用臣曰：「惟陛下所誅。」明日，蓮荷滿池，上燕幸之，大喜。乃用臣一夕買京師盆蓮沉之池底，遂使萬柄倚岸。上曰：「此亭之屏，不可不令郭熙畫。」遂揮一大圖。

大安輦屏，又呼九龍輦。神宗爲太皇太后特置，其工巧不可勝言。上曰：「亦須郭熙畫屏風，仍設少色。」先子如期了，上極愛之。

玉堂屏風，神宗既新尚書省、樞密院，又鼎新禁中諸天宇，如玉堂成，特遣中貴張士良傳聖旨，以爲翰苑摛藻之地，卿有子讀書，宜與着意畫。先子齋嘿數日，一揮而成。其景春山也，春情之融治，物態之欣豫，觀者怡然，如在四明、天姥之境。蘇子瞻詩所謂「玉堂畫掩春日閒，中有郭公畫春山。鳴鳩乳燕初睡起，白波青嶂非人間」。蓋摭實言情，撮其大要。

政和丁酉春，思提舉成都、秦鳳、蕳郭等路搉茶鹽事。奏計到闕，於三月二日垂拱殿登對。思立榻前，立未正，聖上顧而問曰：「熙之子？」臣思即對：「先臣熙遭遇神宗近二十年。」語未畢，上又曰：「神宗極喜卿父。」臣思再對：「廿年遭遇神宗，具被眷顧，恩賜寵賚，在流輩無與比者。」上又曰：「是！是！神考極喜之，至今禁中殿閣盡是卿父畫，畫得全是李成。」臣思因對：「先臣熙感聖語及此，没有餘榮極矣。自陛下臨御以來，四方萬里盡聞陛下天才聖學，無所不能，無所不精，舉家團坐未嘗不嘆恨先臣早世，不得今日更遭遇陛下。」上又曰：「神宗極愛卿父畫。」臣思再再三三，復感荷聖恩，下殿謝。時思蒙恩賜金紫。續對，又蒙特恩面諭，除思直祕閣。思今日考閱先子遺編，披奉手澤，見寧、豐間神宗所以加獎恩錫事至稠疊，如錫帶、如陞官、如奉使頒衣、如常常及賜，皆不可勝紀，亦太平盛事。臣子遭遇，亦世之所共仰者也。其餘有可述并臣庶家有先子筆者，不可具載，但顯者列之。

翰林郭公，字淳大，河陽温縣人。生有異性，才爽過人，事親孝，居家睦，處鄉里立節尚氣，重然諾，不妄交遊，喜泉石，安畎畝，不學而小筆精絶，爲朋舊求討，遂寖有名。既壯，公卿交召，日不暇給，迄達神宗天聽，召入翰林，受眷被知，評在天下第一。光凝世居洛，先考與公布衣之舊，故自兒童時已知公名，熟公行。及前歲被命守蜀，又得從公之子思游，因獲窺公家集，見公所蓄嘉祐、治平、元豐以來崇公巨儒詩歌讚記，并公平日講論小筆範式，粲然盈編，厥題曰《郭氏林泉高致》，具載公之潛德懿行。洎神宗獎遇與所知天下賢公卿士大夫，因一覽，便令人洒然起物外烟霞之想，真可謂林泉之高致矣。思，元豐中太學名進士，五年壬戌高等賜第，博學多才，自結聖知。讀此集，則所以發揚幽懿，攄説履素，亦可謂善論撰先人之德美矣。其諸孫亦楚楚出頭角，有文采。郭氏門户之大，未易可量也。時政和七年四月二十一日，中大夫翰林學士兼脩國史賜紫金魚袋河南許光凝書。

附録

山水訣

夫畫道之中，水墨最爲上。肇自然之性，成造化之工。或咫尺之圖，寫千里之景。東西南北，宛爾目前；春夏秋冬，生於筆下。初鋪水際，忌爲浮泛之山；次布路岐，莫作連綿之道。主峯最宜高聳，客山須要奔趨。回抱處僧舍可安，水陸邊人家可置。村莊着數樹以成林，枝須抱體；山崖合一水而瀑瀉，泉不亂流。渡口只宜寂寂，行人須是疏疏。泛舟楫之橋梁，且宜高聳；着漁人之釣艇，低乃無妨。懸崖險峻之間，好安恠木；峭壁巉巖之處，莫可通途。遠岫與雲容相接，遥天共水色交光。山鈎鎖處，沿流最出其中；路接危時，棧道可安於此。平野樓臺，偏宜高柳映人家，名山寺觀，雅稱奇杉襯樓閣。遠景烟籠，深巖雲鎖。酒旗當路高懸，客帆遇水張掛。近樹惟宜拔迸，遠山貴要安排。手親筆硯之餘，有時遊戲三昧。歲月遥永，頗探幽微。悟理者不在多言，學之者還從規矩。

山水賦

凡畫山水，意在筆先。丈山尺樹，寸馬豆人，此其法也。遠人無目，遠樹無枝。遠山無皴，隱隱如眉；遠水無波，高與雲齊，此其訣也。山腰雲塞，石壁泉塞，樓臺樹塞，道路人塞。石看三面，路看兩蹊，樹看頂顚，水看岸基，此其訣也。

凡畫山水，尖峭者峯，平夷者嶺，峭壁者崖，有穴者岫，懸石者岩，形圎者巒，兩山夾路者壑，兩山夾水者澗。水注川者溪，泉通川者谷。路帶小土山者坡，極目而平者坂。若能别辨，則知山水之彷彿也。觀者先看氣象，後辨清濁。分賓主之朝揖，列羣峯之威儀。多則亂，少則慢，不多不少，要知遠近。遠山不得連近山，遠水不得連近水。山腰回抱，寺觀可安。斷岸亂堤，小橋可置。有路處人行，無路處林木。岸絶處古渡，山斷處荒村，水澗處征帆，林密處店舍。臨崖古木，露根而藤纏；臨流古岸，嵌空而水痕。

凡作林木，遠則疏平，近則高密。有葉者枝柔，無葉者枝硬。松皮似鱗，栢皮纏身。生於土者脩長而淨直，長於石者拳曲而伶仃。古木節多而半死，寒林扶疏而蕭森。

凡畫山水，須按四時，春景則霧鎖烟籠，樹林隱隱，遠水揉藍，山色堆青；夏景則林木蔽天，緑蕪平坂，倚雲瀑布，近水幽亭；穐景則水天一色，簇簇疏林，鴈横烟塞，蘆㬚沙汀；冬景則即地爲雪，老樵負薪，漁舟倚岸，水淺沙平，凍雲黯淡，酒旗孤村。風雨則不分天地，難辨東西，行人傘笠，漁父蓑衣。有風無雨，但看樹枝，有雨無風，枝葉下垂。雨霽則雲收天碧，薄霧霏微，山光添翠，日近斜暉。曉景則千山欲曙，霧靄霏霏，朦朧殘月，曉色熹微。暮景則山銜殘日，帆卸江湄，路人行急，半掩柴扉。或烟斜霧横，或遠岫雲歸，或秋江晚渡，或古塚斷碑。筆法布置，更看臨期。山形不得犯重，樹頭不得整齊。若留意如此者，須心會於玄微。

山水訣

凡畫山水，先立賓主之位，次定遠近之形，然後穿鑿景物，擺布高低。落筆無令太重，重則濁而不清；不可太輕，輕則燥而不潤。烘染過度則不接，辟綽絮繁則失神。發樹枝左長右短，立石勢上重下輕，擺布栽插，勢使相偎。上下雲烟，耴秀不可太多，多則散漫無神。左右林麓，鋪陳不可太繁，繁則拍塞不舒。山高峻無使傾危，水深遠勿教窮涸。路須曲折，山要高昂。孤城置之遠邊，墟市依於山脚。雪天不用烟雲，雨裏無多遠望。山舍仍居隘窄，漁翁要在平灘。朝晴晃朗，暮雨陰昏。舍屋不在多開，漁釣有時而作。藤蔓依纏古木，窠叢簇扎山頭。高山烟鎖其腰，長嶺雲翳其脚。遠水縈紆而來，還用雲烟以斷其派；恠石巉巖而立，仍須土埠以培其根。原野曠蕩相連，蒼山依其低淺。石須圓混，鋒芒八面稜層；木要交叉，挺榦四時枯茂。迅風拔木，暴雨崩崖。淺流側畔平灘，深澗陡崖直下。聳坡之土必要高低，否則地淺；烟林之木亦宜疏密，否則繁絮。重巖切忌頭齊，羣峯布宜高下。孤峯遠設，野水遥拖。道路時隱時顯，橋梁或有或無。遠怕陰昏，近防重濁。顛崖恠石，不用頻施；峻嶺枯槎，也宜少作。遥烟遠曙，太繁恐失朝昏；密樹稠林，斷續防他版列。山原峻險，依稀樵逕猶存；崖岸傾危，隱約雲林深暗。平川雖遠，參差皴染而成；流水泉源，彷彿還多擷撲。布兩路，有明有晦；起雙峯，陡高陡低。霧薄明爽，舒晴烟靄，濛騰欲雨。喬木聳直，蟠屈者一株兩株；亂石礧堆，奇恠者三塊兩塊。點樹葉稀疏間密，皴石脈以重分輕。亭庵不在常施，樓觀仍須間作。人物轉顧多般，野舍猶防相似。氣象則春山明媚，夏木繁陰，秋林摇落蕭疏，冬樹槎牙妥帖。樹根栽插，龍爪宛若抓挐；石布稜層，根脚還須帶土。之字水，不過三轉；濺瀑水，不過兩重。侵天一道飛泉，湧瀑多湍；徹底翻濤巨浪，淺瀨平流。烟波茫茫，雲浪浩浩。山無獨木，石不孤單。林烟一派便休，古木數株而已。喬木疏於平野，矮窠密布山頭。孤烟遠自水邊，薄靄驟依巖脚。野橋寂寞，逍遥竹塢人家；古寺蕭條，掩映松林佛塔。春水緑而瀲灔，夏澤漲而瀰漫，秋潦盡而澄清，寒泉涸而凝泚。新窠肥滑，岸石須要皴蒼；古樹槎牙，景物兼還秀媚。分清分濁，庶幾輕重相兼；淳重淳輕，病在偏枯損體。山高木小，雖幽遠而氣雄；木大山低，雖雄豪而勢薄。千巖萬壑，要低昂聚散而不同；疊巘層山，但起伏峥嶸而各異。不迷顛倒回還，自然游戲三昧。悟理者不在多言，學之者還從規矩。

畫龍緝議

雲龍者，得神氣之道也。神由母也，氣由子也，以神召氣，以母召子，孰敢不至？所以上飛于天，晦隔層雲；下潛于淵，深入無底。人不可得而見也。古今圖畫者固難推其形體貌，説其狀乃分三停九似而已。自首至項，自項至腹，自腹至尾，三停也。九似者，頭似牛，嘴似驢，眼似蝦，角似鹿，耳似象，鱗似魚，髮似人，腹似蛇，足似鳳，是名九似也。雌雄有别，雄者角浪凹峭，目深鼻豁，鬐尖鱗密，上壯下殺，朱火曄曄；雌者角靡浪平，目肆鼻直，鬐圓鱗薄，尾壯於腹。龍開口者易爲巧，合口者難爲功。但要揮毫落墨，隨筆而生。筋骨精神，佇出爲佳。貴乎血目生威，朱鬚激水，波濤凶涌，若奮風雲，鱗介藏烟，鬃鬣肘毛，爪牙伏利，蜿蜒陞降，鱗旋之間，噀其雨露，踊躍騰空，點其目則飛去，乃神筆之變化。昔張僧繇葉公，則其人也。

人天寶鑑

⊙釋曇秀 撰

夏廣興 整理

點校説明

《人天寶鑒》一卷，釋曇秀撰。曇秀，爲黄龍慧南禪師之法嗣，曾住浙江四明及江西虔州廉泉院，一生操履嚴潔，道望極高。諸僧《傳燈録》中只略記其法語数則，惜其行事不詳。

《人天寶鑒》，理宗紹定三年（一二三〇）編成，收録於《卍續藏》第一四八册。書中彙集了先德古尊宿嘉言懿行一二二條。其采摭範圍，不擇真俗，廣涉儒、釋、道三教，凡能闡示人天眼目、激勵後學志氣，有裨於明心問道、修行借鑒者，皆被收録，並明記其出處。書刊行後，即爲叢林學侣所盛傳樂讀，與大慧宗杲之《正法眼藏》、《宗門武庫》等，並稱爲禪門七部書。

此次整理，以《卍續藏》本爲底本，校以京都大學圖書館藏谷村文庫《人天寶鑒》及相關史籍。

序

是集皆佛氏妙藥救世之書也，能令病者服之即愈，至有盲聾喑跛之徒亦得除瘥。四明道人秀公久歷湖海，此藥備嘗，無不應驗，宜乎刊行以壽後世，故余樂爲之序。紹定庚寅六月望日蘭庭劉棐。

自序

竊聞先德有善，不能昭昭於世者，後學之過也。如三教古德於佛法中有一言一行，雖載之碑傳、實録及諸遺編，而散在四方不能周知徧覽，於是潛德或幾無聞。愚嘗出處叢林，或得之尊宿提倡，或訪求採摭，凡可以激發志氣、垂鑑於世者，輒隨而録之，總数百段，目曰《人天寶鑑》，不復銓束人品，條次先後，擬大慧《正法眼藏》之類。且昔之禪者未始不以教律爲務，宗教律者未始不以禪爲務，至於儒老家學者亦未始不相得而徹證之，非如今日專一門、擅一美，互相詆訾，如水火不相入。噫！古者之行非難行也，人自菲薄，以謂古人不可及爾，殊不知古人猶今之人也，能自奮志於其間，則與古人何別？今刊其書，廣其説，欲示後世學者知有前輩典刑，咸至于道而已。高明毋誚焉。紹定三年結制日四明沙門曇秀序。

唐德宗問曇光法師曰：「僧何名爲寶？」對曰：「僧者具有六種以寶稱之。一頓悟自心、超凡入聖，得名禪僧；二解行雙運、不入世流，得名高僧；三具戒定慧，有大辯才，得名講僧；四見聞深實、舉古驗今，得名文章僧；五知因識果、慈威並行，得名主事僧；六精勤功業、長養聖胎，得名常僧。」帝大悅，遂詔天下度僧。《唐僧傳》

大善禪師，南岳高第也，修法華禪門，得慈悲三昧。時衡陽內史鄭僧杲雖每遇縣令陳正業稱揚師德，而鄭略無信向意。一日，同陳出獵圍鹿一羣，鄭謂陳曰：「公嘗稱大善禪師有慈悲三昧力，今日其鹿如何？」陳即率左右數人同聲念曰：「南無大善禪師。」即時羣鹿騰空而出，於是內史媿伏。國清石刻。

左溪尊者諱玄朗，烏傷人，從學天宮威法師得旨，後栖身巖谷，或猿玃来以捧鉢，或飛鳥至以聽經。唯十八種十二頭陁，如是處者三十年，若其細行修身，悉徇律制。故李華云：「禪無私授，不見身相；戒淨無玷，不假外儀。講不待衆，誨人無倦；居止偏厦，食無重味。夜非披尋聖典，未嘗空秉一燈；日非瞻禮聖容，未嘗虚行一步。一鬱多羅，四十餘年；一尼師壇，終身不易。未嘗因利說一句法，未嘗爲法受一毫財。」本傳。

五臺山無相禪師，禮佛示衆曰：「汝輩才見泥像，便如春米相似，曾無意謂！殊不知己躬分上，各各有一尊虚空来大小古釋迦【一】、古觀音，日夜在汝六根門頭放光動地，四威儀内同出同入，未嘗纖毫相離。何不學禮取者箇佛，却去泥團上作活計？汝若禮得者箇佛，即是禮汝自心。汝雖是顛倒妄想之心，從本已来直至今日，廣大清淨，迷未嘗迷，悟未嘗悟，與佛如来更無欠少。只爲汝貪著緣境，所以有生有滅，有迷有悟；若能一念回光，便乃即同諸聖，故云：佛在爾心頭，時人向外求。内懷無價寶，不識一生休。又不見華嚴遂法師道：我會得即心自性，如今凡修行動靜，無不與稱自性底道理相應。故我終日禮佛不作禮會，終日念佛不作念會，且道華嚴作甚麽會者？箇恰如善財入毗盧楼閣，證不思議自在境界相似。末後却道我歷一百一十城，參五十三善知識，見種種境界，聞種種法門，皆無有實。譬如有人於睡夢中見種種事，從睡覺已，乃知是夢。諸禪德！善財雖向夢裏認得箇昭昭靈靈，依前落在陰界。若是頂門具眼、肘後有符，釋迦、彌勒是乾屎橛，文殊、普賢是博地凡夫，真如、涅槃是繫驢橛，一大藏教是拭瘡疣紙，有甚楼閣可入、境界可證？其或未能如是，且向他夢裏禮取一拜半拜。」《通行録》

天台韶國師處之，龍泉人，受具後尅意咨參，殊無所入，至曹山隨衆而已，因僧問法眼曰：「十二時中如何得頓息萬緣去？」法眼曰：「空與汝爲緣邪，色與汝爲緣邪？言空爲緣，則空本無緣；言色爲緣，則色心不二。日用果何物爲汝緣乎？」韶聞悚然有省。

【一】各各有一尊虚空来大小古釋迦　「大」，原作「太」，據京都大學圖書館谷村文庫藏五山版（以下簡稱五山版）改。

復有禪者問：「如何是曹源一滴水？」法眼曰：「是曹源一滴水。」韶聞大悟。法眼曰：「汝當大闡吾宗，毋滯於此。」遂遊天台，睹然有終焉之意。時吴越忠懿王以國子刺台州，雅聞師名，嘗遣使迎之，申弟子禮。王一夕夢被人斷頸，驚疑不釋，遂決於韶。韶曰：「非常夢也。主字去却一點，不久爲王矣。」王曰：「若果符此，無忘佛恩。」漢乾祐元年，王嗣國位，尊韶爲國師。時天台智者教法，自會昌之變，碩德隱耀，所有法藏多流海東。螺溪寂法師痛將蔑聞力網羅之。先於金華藏中僅得淨名一疏而已。後因忠懿王覽内典，昧教相，請扣於韶，韶稱寂洞明天台之道，遂召寂建講。王乃喜，特遣十使杭海傳寫以還，由是教法復振，殆今不墜者，韶、寂二師之力也。開寶四年六月二十八日，順寂于華頂峯。是夜星隕于地，天降大雪。師之涅槃異相，難以盡紀，具如燈禪師行業等記。

智者顗禪師示衆曰：「同學照禪師在南岳衆中，苦行禪定，最爲第一，輒用衆一撮鹽作齋飲用，所侵無幾，不以爲事。後行方等，忽見相起，計三年增之至数十斛，急令陪備，仍賣衣資買鹽償衆。此事非久，亦非僧傳聞【二】，宜以爲規，莫令後悔。吾雖寡德行，遠近頗相追尋，而隔剡嶺，難爲徒步，老病出入，多以衆驢迎送。若是吾客，私計功疇，直令彼此無咎。吾是衆主，驢亦我得，既捨入衆，非復我有。我不合用，非我何言？」舉此一條，餘事皆爾。《國清百録》

兜率梧律師從學普寧律師，持己精嚴，日中一食，禮誦不輟。後住兜率，嘗問道徑山

【二】亦非僧傳聞 「僧」原脱，據五山版本補。

琳禪師。琳見其著心持戒，不通理道，因戲謂曰：「公被律縛，無氣急乎？」梧曰：「根識暗鈍，不得不縛。望師憫而示之。」琳舉婆修盤頭嘗一食不卧，六時禮佛，清淨無染，爲衆所歸。二十祖闍夜多將欲度之，問其徒曰：「此頭陀精修梵行，可得佛乎？」其徒曰：「精進如此，何故不可？」夜多曰：「汝師與道遠矣！縱經塵劫，皆虚妄之本。」其徒不憤，謂夜多曰：「尊者藴何德行而譏我師？」夜多曰：「我不求道，亦不顛倒；我不禮佛，亦不輕慢；我不長坐，亦不懈怠；我不一食，亦不雜食；我不知足，亦不貪慾。心無所之，名之曰道。」婆修聞已，獲無漏智。琳遂厲聲喝一喝云：「直饒與麽，猶是鈍漢！」梧於言下心意豁然，喜躍而拜曰：「不聞師誨，爭解知非？今當持而不持，持無作戒，更不消著心力也。」辭行，回至丈室，屏去舊習，獨一禪牀，講唱之外，默坐而已。俄一夕，召明靜法師至曰：「擇梧得徑山打破情執，至今無一點事在胸中。今夜欲入無聲三昧去也。」由是寂然，竟爾長寢。《通行録》

真宗嘗欲廢太平興國寺爲倉，詔下之日，有僧唐突以謂不可廢，上遣中使諭旨曰：「不聽廢寺即斬。」仍以劒示之，祝曰：「僧行劒怖懼即斬，不然即赦之。」中使如所誡。僧笑引頸曰：「爲佛法死，實甘餂之。」上悦，寺遂免。韓子蒼曰：「今時有如是僧，乃可稱衲子。」《石門集》

法昌遇禪師，臨漳高亭人。幼棄家，有大志，遊方名著叢席，浮山遠公指謂人曰：

「此後學行脚樣子，晚於分寧之北，千峯萬壑，古屋敗垣，遇安止之。衲子時有至者，皆苦其作勞，未嘗有一語委曲以示其徒，學者不能曉其意，又不能與之同澹泊辛苦，悉皆引去。以故單丁住山，而晨香夕燈、陞堂説法，至老不廢，叢林所服玩者無不備。」龍圖徐禧歎曰：「無衆如有衆，真本色住山。」將化前一日，遇作偈遺曰：「今年七十七，出行須擇日。昨夜報龜哥，報道明朝吉。」徐覽偈聳然，邀靈源同往，至彼已寂然矣。《汀江集》

法智尊者，諱知禮，年至四十，常坐不卧，足無外涉，修謁都遣。一日，謂諸徒曰：「半偈忘軀，一句投火，聖人之心，爲法如是。吾不能捐捨身命，以警發懈怠，胡足言哉？」於是結十僧修法華三昧，期滿三載，共焚其身。時翰林楊億致書確請住世，復以欣厭意而興難問。尊者答曰：「終日破相而諸法皆成，終日立法而纖塵必盡。」楊公復致問曰：「風吟寶樹，波動金蕖，是何人境界？」答曰：「只此見聞，更無道理。」公又問：「《法華》、《梵網》，皆魔王所説？」答曰：「佛之與魔相去幾何？」公知不可以義屈，亦不可以言留，乃致書慈雲，俾自杭至明，面沮其議。又委州將保護，無容以焚。是年公請師號於朝，真宗召楊問之，公因奏師遺身事，上嘉歎之，重諭楊曰：「但傳朕意，請留住世。」即賜「法智」之號，由是願行不得施矣。復修光明懺爲順寂之期，方五日，趺坐召衆曰：「人之生必有死，蓋常分爾，汝等當勤修道，勿令有間。從吾之訓，猶吾之生也。」言畢稱佛而逝。《教行録》等。

圓通訥禪師，梓州人。性端靖，涖衆有法，律己精嚴，夜必入定。初叉手自如，中夜漸昇至膺。侍者每眂此以候天明。仁宗聞其名，詔住淨因，訥以疾辭，舉璉以自代。召對大悦，賜「大覺禪師」。至英宗嘗賜手詔：「天下寺院任性住持。」璉不言，鮮有知者。及東坡制《宸奎閣記》，移書審之云：「《宸奎閣碑》謹已撰成，衰朽廢學，不知堪上石否？見參寥説禪師出京日，英廟賜手詔，其略曰『任性住持』者，不知果是否？切請録示全文，欲入此一節。」璉答云無，及寂，乃得於書笥中。坡聞云：「非得道之士，安得有此蘊藉？」坡《閣記》云：「師雖出世度人，而持律甚嚴【三】。」上賜龍腦鉢，師對使者焚之，曰：「吾法以壞色衣，以瓦鉢食，此鉢非法。」使者歸奏，上嘉歎久之。師居處服玩可以化寶坊也，而皆不爲，獨於都城之西爲精舍，容百許人而已。

梁武帝問誌公曰：「朕萬機之暇，修諸善事，還有功德也無？」誌曰：「有即有，非真功德。」帝曰：「何謂其真？」誌曰：「性淨明心，體自空寂，是真功德。」帝因有省。故先聖有言：「若能靜坐一須臾，勝造河沙七寶塔。寶塔畢竟化爲塵，一念淨心成正覺。」《通行録》

真人孫思邈，京兆人。幼聰慧，日誦萬言，善莊老，尤篤志釋典。年百五十歲，嘗隱終南山，不食飲食，唯服鉛汞。與宣律師友善，議論終日。嘗書《華嚴經》，時唐太宗欲讀佛經，問邈曰：「何經爲大？」答曰：「《華嚴經》佛所尊大。」帝曰：「近玄奘三藏譯《大般

【三】師雖……甚嚴　此二句蘇軾《宸奎閣碑》（《東坡前集》卷三十三）作：「璉雖以出世法度人，而持律嚴甚。」

若》六百卷，何不爲大，而八十卷者猶爲大乎？」答曰：「華嚴法界，具一切門，於一門中可演出大千經卷，《般若經》乃是華嚴一門耳。」帝悟，從是受持。《釋氏類説》

侍郎楊億書寄李維内翰，其略曰：「假守南昌，適會廣慧禪伯，齋中務簡，退食多暇，或坐邀而至，或命駕從之，請扣無方，蒙滯頓釋。半歲之後，曠然弗疑，如忘忽記，如睡忽覺，平昔硋膺之物曝然自落【四】，積劫未明之事燿爾見前，固亦決擇之洞分，應接之無塞矣。重念先德，率多參尋，如雪峯九度上洞山，三度上投子，遂嗣德山；臨濟得法於大愚，終承黄檗；雲巖多蒙道吾訓誘，乃爲藥山之子；丹霞親承馬祖印可，而作石頭之裔。在古多有，於理無嫌。病夫今繼紹之緣，實屬於廣慧；提激之白，良出於鼇峯也。」忻幸因僧談道，侍郎遂云：「大凡參學人十二時中長須照顧，不見説禪道時便有箇照帶底道理【五】，日用作務時不可便無也。如鷄抱卵，若是抛離起去，暖氣不接，便不成種子。如今萬境森羅，六根煩動，略失照顧，便喪身命，不是小事。今来受此缘生，被生死繫縛，蓋爲塵劫已来，順生滅心，隨他流轉，以至如今。諸人等且道：若會喪失，何以得至？如今要識露地白牛麼？試把鼻孔拽看。」又云：「釋迦老子於靈山會上，目顧迦葉，謂大衆曰：『吾有正法眼，分付摩訶迦葉。』」又道：「我於四十九年中不會説一字，此是什麽道理？若是諸人分上著一字脚不得，爲諸人各各有奇特事在，喚作奇特早是不中也。我道釋迦是敗軍之將，迦葉是喪身失命底人，汝等且怎生會？不見道涅槃生死俱是夢言，佛

【四】平昔硋膺之物曝然自落　「硋」，原作「礙」，據五山版改。

【五】不見説禪道時便有箇照帶底道理　「見」，原作「可」，據五山版改。

與衆生竝爲增語。直須恁麼會取，不要向外馳求；若也於此未明，敢道諸人乖張不少。」侍郎臨終前一日，親寫一偈與家人，令來日送達李駙馬處，偈曰：「漚生與漚滅，二法本來齊。欲識真歸處，趙州東院西。」駙馬接得偈云：「泰山廟裏賣紙錢。」《天聖廣燈》

張文定公，前身爲琅邪知藏僧，書《楞伽》未終而卒，誓云來生當再書。後知滁州，遊琅邪山，周行廊廡，殊不忍去，氏藏院，忽感悟，指梁間經函云：「此吾前身事也。」令取而眂之，乃《楞伽經》，與今生所書筆畫無異。嘗讀至「世間離生滅，猶如虚空華。智不得有無，而興大悲心」，遂明己見，偈曰：「一念存生滅，千機縛有無。神鋒輕舉處，透出走盤珠。」暮年出此經示東坡居士，仍以其事語之。坡題其後，刻石金山。

頎禪師，秦之龍城人。初得法於天聖泰和尚，晚依黄龍南禪師，南見其所得諦當，甚遇之，令住全之興國開堂，遂爲南之嗣。至夜夢神告曰：「師遇惡疾，即是緣盡。」言畢而隱。閲十三日，果患大風。屏院事，歸龍城之西，爲小庵，庵成，養病其中。頎有小師名克慈，久依楊岐，亦禪林秀出者，歸以侍病，奉禮主孝，乞食村落，風雨寒暑，盡師一世而後已。頎一日謂慈曰：「吾之所得，實在天聖和尚，晚見黄龍道行兼重，心所敬慕，故爲嗣之。豈謂半生感此惡疾，今幸償足。昔神仙多因惡疾而得仙道，蓋其割棄塵累，懷潁陽之風，所以因禍而致福也。吾不因此，爭得有今日事？如今把住也由我，放行也由我，把住放行總得自在。」遂嘘一聲，良久而逝。闍維異香徧野，舍利無数。《舟峯録》

希顔首坐，字聖徒。性剛果，通内外學，以風節自持，遊歷罷，歸隱故廬。跡不入俗，常閉門宴坐，非行誼高潔者莫與友也。名公貴人累以諸刹招之，堅不答。時有童行名参己，欲爲僧侍左右。顔識其非器，作《釋難文》以却之曰：「知子莫若父，知父莫若子。若予之參己，非爲僧器。蓋出家爲僧，豈細事乎？非求安逸也，非求温飽也，非求蝸角利名也，爲生死也，爲衆生也，爲斷煩惱，出三界海、續佛慧命也。去聖時遥，佛法大壞，汝敢妄爲爾？《寶梁經》曰：『比丘不修比丘法，大千無唾處。』《通慧録》曰：『爲僧不預十科，事佛徒勞，百載爲之不難得乎？』以是觀之，予濫厠僧倫，有詒於佛，況汝爲之邪？然出家爲僧，苟不知三乘十二分教，周公、孔子之道，不明因果，不達己性，不知稼穡艱難，不念信施難消，徒飲酒食肉，破齋犯戒，行商坐賈、偷姦博弈、覬覦院舍、車蓋出入，奉養一己而已。悲夫！有六尺之身而無智慧，佛謂之癡僧；有三寸舌而不能説法，佛謂之啞羊；似僧非僧，似俗非俗，佛謂之鳥鼠僧，亦曰秃居士。《楞嚴經》曰【六】：『云何賊人，假我衣服，裨販如来，造種種業。』非濟世舟航也，地獄種子爾。縱饒彌勒下生，出得頭来，身已陷鐵圍百刑之痛，非一朝一夕也。若今爲之者，或百或千，至于萬計，形服而已，篤論其中何有哉？所謂鶩翰而鳳鳴也。碌碌之石非玉也，蕭敷艾榮非雪山忍草也。國家度僧，本爲祈福，今反責以丁錢，示民於僧。不然，使吾徒不足待之之至也。只如前日育王璉、永安嵩、龍井淨，靈芝照，一狐之翼，自餘千羊之皮，何足道哉？於戲，佛海穢滓，未有今日

【六】楞嚴經曰　「經」原作「故」，據五山版改。

之甚也！可與智者道，難與俗人言。」

梵法主，嘉禾人，棄家謁神悟法師。梵解行兼備，爲法檀度，晚住北禪。嘗乞食於市，或告止之。梵曰：「先佛遺規，末世當行，非謬事也。」梵持身御衆，悉有律度，故其法席典刑冠於西浙。嘗訓其徒曰：「十二時中，四威儀内，皆有受用法門。若不研心體究，如説而行，舉動皆成魔業。且展鉢時，曠野鬼神嘗受飢虚，聞比丘擊鉢聲，益增飢火，其苦愈重。故佛有誡：『須令身心寂靜，然後受食施之。』故清規有棄鉢水祝，祝曰：『唵摩休羅細娑訶。』百丈單傳心印者，猶徇細行，況吾祖兼善毗尼之教者乎？汝澡浴時尤不可忽。昔有比丘，因浴戲笑，不修正念，後感沸湯相潑之報。故先聖令系心觀察，常發願語：『我今澡浴身禮，當願衆生身心無垢，内外光潔。』舉此二條，餘事皆爾。汝等日用得不競競業業？退步省思，善用心矣。」《通行録》

慈雲式法師云：「予與四明法智爲友四十餘年，及終，不得一哭於寢門之下，嗟嘆之不足乃詠歌之，句云：『天上無雙月，人間只一僧。』覽者無謂吾厚於所知，薄於所不知，但見其解行有卓卓出人之異，寄極言以暢所懷異者，何也？一家教部，毗陵師所未記者悉記之；四三昧，人所難行者悉行之，雖寒暑相代，脅不至席，六十有九而終。其疾且頓，而行道講訓無所間然，門徒請宴，不從，及死，舍利莫知其幾。噫！非知之艱，行之爲艱也。」

龍湖聞禪師，唐僖宗太子，眉目風骨，清真如畫，僖宗鍾愛之，然以其無經世意，百計陶寫終不回，唯慕霜華之風，夢寐想見。中和元年，天下大亂，遂斷髮逸遊，人無知者。造石霜諸禪師，諸與語，嘆曰：「汝乘願力，生帝王家，脱身從我，真火中芙蕖。」至夜，聞入室懇曰：「祖師別傳事，肯以相付乎？」諸曰：「勿謗祖師。」聞曰：「天下宗旨盛大，豈妄爲之邪？」諸曰：「待按山點頭，即向汝道。」聞即日辭去。至邵武城外，見山鬱然深秀，遂撥草而進，見一苦行隱其中，欣然讓其廬曰：「上人當興此。」長揖而去，不知所之。聞遂憩止十餘年。一日，有老人謁曰：「我非人，龍也，以行雨不職，上天有罰，賴道力可脱。」於是化爲小蛇，緣入袖中。至夜風雷挾坐榻，山岳震摇，而聞危坐自若，平明開霽，蛇墮地而去。頃有老人謝曰：「非大士之力，爲血腥穢此山矣。念無以報厚德，當穴巖下爲泉，他日衆多乏水，今所以延師也。」泉今爲湖，因以名焉。《寺記碑》

仗錫己禪師與浮山遠公遊，嘗卓庵廬山佛手巖，後至四明山心，獨居十餘載。虎豹在前，以定力故，曾無懼色。嘗曰：「羊腸鳥道無人到，寂寞雲中一箇人。」爾後道俗聞風而慕。住山四十餘年，翛然無毫髮之儲，冬夏一布衲，唯以創業爲任。經營積累，作成禪林，凡衆之宜有者大備之，獨不營丈室而與衆共處，蓋師不以私室宴安爲意也。有知事蘊躬，伺師遠出，潛爲建之。達觀穎禪師時主雪竇，聞之嘆曰：「若非本色宗匠，不能有其良輔；非良輔無以尊道，師之德爾。」《仗錫達觀碑》

辯才淨法師，杭之於潛人。生而左肩肉起如袈裟條，八十一日乃滅，父嘆曰：「是宿世沙門，無奪其願，長當事佛。」及師之終，實八十有一，殆其筭也。出家後，凡見法坐，嘆曰：「吾願登此說法度人。」首謁慈雲，日夜勤力，學與行進。不数年，齒其高第，慈雲没，復事明智韶。韶講止觀至方便五緣曰：「《淨名》所謂以一食施一切，供養諸佛及衆賢聖，然後可食。」師聞之，悟曰：「今日乃知色聲香味，本具第一義諦，由此遇物，中無疑矣。」時沈公叔才治杭，以謂觀音道場講懺爲佛事，非禪那所居，乃命師以教易禪。師至吴越，人歸之如佛出世，事之如養父母，金帛之施，不求而至。居天竺二十四年，有利其富者，迫而逐之，師欣然舍去，不以爲恨。天竺之衆，分散四去。事聞於朝，明年俾復其舊。師黽勉而還，如不得已，衆復大集。清獻趙公，與師爲世外友，見之而讚曰：「師去天竺，山空鬼哭。天竺師歸，道場光輝。」復留二年。一日，告衆曰：「吾祖智者，聖人也，猶以急於化人，害於己行，位本鐵輪而證止五品，況吾凡夫也哉！」謝去。老於南山龍井之上，以茅竹自覆，閉門宴坐，寂然終日。葉落根榮，如冬枯木；風正波定，如古澗水：故人以訥名之。師嚴於持律，講說不擇晝夜，嘗曰：「鬼神威德不具，畏人，晝說或不得至，此夜人靜，庶幾能聽。」嘗焚指供佛，左三右二，僅能以執，其徒有欲効者，輒禁之曰：「如我乃可。」東坡一日謂曰：「北山如師道行者有幾？」師曰：「僧人密行者多，非元淨所能測之。」《龍井雜碑》

芙蓉楷禪師示衆曰：「山僧行業無取，忝主山門，今欲略効古人，爲住持體例，共報佛恩。與諸人議定：更不下山，不赴齋，不發化主，唯將本院莊課一歲所得，均作三百六十分，日取一分用之，更不隨人增減，可以備飯則作飯，作飯不足則作粥，作粥不足則作米湯，新到相見：茶湯而已，務要省緣，專一辦道。雖然如是，更在諸人從長相度。山僧也强教爾不得，諸仁者還見古人偈麽？『山田脱粟飯，野菜淡黄齏。喫則從君喫，不喫任東西。』」語録。

知者顗禪師示衆，舉古德住山，每令執爨者煑粥。一日，爨者觀火燒薪，念念就盡，無常遷逝，復速於是，即於竈前寂然入定，数日方起，往上坐所，具陳所證，敘法轉深。上坐曰：「汝前所言，皆我境界。今所説者，非我所知，勿復言也。」遂問：「汝得宿命否？」答曰：「薄知。」又問：「何罪爲賤？何福致悟？」答曰：「往世曾住此山，因有客至，侵衆少菜，由此譴責。今爲衆奴，前習未忘，故易悟爾。」《國清百録》

大智律師比丘正名曰：「梵語苾蒭，華言乞士，内則乞法以沾性，外則乞食以資身。父母人之至親，最先割捨；鬚髪人之所重，盡以削除。富溢七珍，棄之尤同草芥；貴尊一品，眡之何啻煙雲？極厭無常，深窮有本，欲高其志，必降其身。執錫有類於枯藜，擎鉢何殊於破器？肩披壞服，即是弊袍，肘串絡囊，便同席袋。清淨活命，已沾八正道中【七】；儉約修身，即類四依行内。九州四海，都爲遊處之方；樹下冢間，悉是栖遲

【七】已沾八正道中　「沾」，原作「沽」，據五山版改。

之處。攀三乘之逸駕，蹈諸佛之遺蹤。禀聖教以無違，真佛弟子；遇世緣而不易，實大丈夫。可以戰退魔軍，揮開塵網。受萬金之勝供，諒亦堪銷；爲四生之福田，信非虛託。乞士之義，斯之謂歟。」《芝園集》

靈源清禪師門牓，其略曰：「惟清名曰住持，實同客寄，但以領徒弘法，仰助教風爲職事爾。若其常住所管財物，既非己有，理不得專，一委知事僧徒，分局主執。明依公私，合用支破。惟清止同衆僧，齋襯隨身鉼鉢，任緣去住而已。伏想四方君子，来有所須顧，寢食祇接之，餘别難供應。蓋以彼所管者，世法則屬官物，佛教則爲衆財，偷衆財，盜官物，以買悦人情而取安己有，實非素志之所敢當。預具白聞，冀垂恕察。」石刻在天童。

侍郎張九成居士，蚤業進士之暇，篤志釋典，謁靈隱明禪師扣宗要，明曰：「正當磨礱器業，奮發功名，詎能究死生事乎？」公曰：「先儒有言：『朝聞道，夕死可矣。』然世出世之法，初無有二，先朝名公由禪門得道者不知其幾，曾何儒釋之異？師既爲斯道主盟，安用設詞拒我邪？」明嘉其誠，勉應之曰：「此事須念念不捨，久久緣熟，時節到来，自然契悟。」復令看僧問趙州「如何是祖師西来意」，州云「庭前柏樹子」，久無所入。謁胡文定公，咨盡心行己之道，胡告以「將《語》《孟》談仁義處類作一處看，則要在其中」。公禀受其語，造次不忘。一夕，如厠，諦思「惻隱之心，仁之端也」，正沉默間，忽聞蛙鳴，不覺舉「庭前柏樹子」，驀有省，頌曰：「春天夜月一聲蛙，撞破虛空共一家。正恁麼時誰曾得，嶺頭脚痛有玄沙。」公偶見妙喜題像云：「黑漆纙竹篦，佛来也一棒。」由是願見甚力。公尋還朝，遷至禮部侍郎，聞妙喜入城，謁之不值，妙喜報謁，寒温外無別言，歸謂參徒曰：「張侍郎有箇得處。」其徒曰：「聞相見不曾説著禪字，胡爲知之？」妙喜曰：「要我眼作甚麽？」公奉祠得請，詣徑山，問格物之旨，妙喜曰：「公只知有格物，而不知物格。」公罔措，徐曰：「豈無方便？」妙喜曰：「不見小説載唐人與安禄謀爲叛者？其人先爲閬守，有畫像在焉，明皇幸蜀見之，怒，令侍臣以劒擊其首，其人在陝西，首忽墮地。」公聞之，恍如夢覺，題于壁曰：「子韶格物，妙喜物格。欲識一貫，兩箇五百。」公從是參道，得法自在，曠然無惑，嘗感歎曰：「凡聞徑山老人所舉因緣，無不豁然四達，如千門萬户，不消一踏而開。或與之聯輿接席，登高山之上；或緩步徐行深水之中，非出常情之流，莫能知吾二人落處，九成了末後大事，實出徑山老人，而此瓣香不敢孤負。」公貶南安一十四年，繙釋典，解儒書，至有衲子經過，必勘驗，爲禪悦之樂，未嘗以得失芥蔕，而識者莫不高其風，服其達。公有書答中丞何伯壽，略曰：「九成與徑山往還太熟，抑亦有由，按諸故事，裴公休之師黄檗【八】，韓退之之師大顛，李習之之師藥山，白樂天之師鳥窠，楊大年之師廣惠，李和文之師慈照，東坡之師照覺，山谷之師晦堂，無盡之師兜率，抑豈與夫老嫗頭陀念南無、洗厠籌等邪？徑山心地，一死生，窮物理，至於倜儻好義，有士夫難及者。天日在上，安可誣也？若好交名士，欲以吾儕取重於世者，此盗賊之所爲爾，而謂斯人爲之

【八】裴公休之師黄檗　「之」，原作「乎」，據五山版改。

乎？既蒙警誨，自當稟承，蓄凝于心，非平昔受知門下，輒倒胷中，盡布左右，惟高明察之！」公北還至贛州，妙喜亦從梅陽来，聯舟東下，妙喜日提宗要，公退謂諸參徒曰：「今日不是九成，老和尚安肯傾倒禪河，使諸公得與聞乎？」公鎮永嘉，虚光孝禪席，以函翰至福唐西禪淨禪師曰：「佛法離披久矣，自徑山老人移嶺外，學徒無歸。今朝廷清明，老人比還，是有興隆之期，而九成於此道實會撞著，故於此間欲求一二明公大家舉倡，以警昏翳，正欲吾師慧然當吾之請。或以謂西禪厚，光孝薄，淨必不来，爲此説者，是以俗情待左右矣。然吾以此卜佛法興替，如吾師有意興之，大家出半臂力，不勝幸甚！」公之推誠衛法，備見於此。《聞道傳》

和庵主，姑蘇人也。性高潔，與世邈然，嘗遊湖湘，夜宿旦過。時交禪師亦預席，和見其沉厚不語，終夜危坐，心奇之。和顧問曰：「子萬里殊途，何孤飛邪？」交曰：「昔有一二，今絶之。」和曰：「何爲絶之？」交曰：「一者以捨遺之金施於衆，予曰：『學道人眡此當如糞土，則可予，雖捨以施人是未忘利。』二者有母貧病，棄之而學道，予曰：『學道雖超過佛祖，不孝亦奚爲哉？』不孝爲利者，皆非吾友也。」和敬其賢，遂與之遊。和誓曰：「我二人効隱山輩，向孤峯頂上盤結草庵，目視雲漢，爲世外之人，毋墮流俗。」交遂爽盟住天童，往訪之，和不顧，正言：「陳叔異闢書堂爲庵，獨居二十年，翛然無長物，唯二虎侍右，嘗有言曰：『竹筧二三升野水，牕間七五片閑雲。道人活計只如此，留與人間作見

聞。』」《雪牕記》

曹山章禪師，泉州人。得祕旨於洞山价和尚。初受請，止撫之曹山，道法大振，學者雲委。僧問：「國内按劒者是誰？」山云：「曹山。」僧云：「擬殺何人？」山曰：「但有一切總殺。」曰：「忽逢本父母作麽生？」山曰：「揀甚麽？」曰：「爭奈自己何？」山曰：「誰奈我何？」曰：「爲什麽不殺？」曰：「勿下手處。」復有紙衣道者自洞山来，章問：「如何是紙衣下事？」曰：「一裘才挂體，萬事悉皆如。」章曰：「如何是紙衣下用？」道者近前叉手脱去。章笑曰：「汝只解恁麽去，且不解恁麽来。」僧忽開眼曰：「一靈真性，不假胞胎時如何？」章曰：「未是妙。」僧曰：「如何是妙？」曰：「不借借。」其僧下堂中而化。時洪州鍾氏屢請不起，但書《大梅山居》一首答之。天復辛酉季夏，夜問知事：「今日是幾？」對曰：「六月十五。」章曰：「平生行脚只管九十日爲一夏，明日辰時，吾行脚矣。」及時焚香告寂。《僧寶傳》

法雲秀禪師，秦州人。前生與魯和尚厚善，一日謂曰：「我死後相尋我於竹鋪坡前。」其家生兒，魯往視之，兒爲一笑。三歲，願隨魯出家。生有異相，軒昂萬僧中，凛然如畫。嘗以怒罵爲佛事。時司馬温公方登庸，以吾法太盛，欲經營之，秀曰：「相公聰明，人類英傑，非從佛法中来，何由致此？而一旦遽忘佛囑乎？」公意回。又李伯時工畫馬，不減韓幹，秀呵之曰：「汝士大夫，以畫名，況畫馬乎？期人誇以爲得妙，他日，妙入馬腹中矣。」伯時於是絶筆。又魯直好作艷詞，人爭傳之，秀曰：「翰墨之妙，甘施於此？」魯直笑曰：「又當置我於馬腹中邪？」秀曰：「汝以艷語淫動天下人心，不止馬腹，正恐墮泥犁中。」語録。

孤山圓法師，以奇才奥學，翼贊經論，盈於千萬，高卧西湖之濱，權勢不得屈，貴驕不得傲，世俗不得友。是時文穆王公至錢塘郡，僧悉迎關外。慈雲遣邀孤山同往，圓以疾辭，笑謂使者曰：「爲我致意慈雲，錢塘駐却一僧子。」聞者歎美。圓每多脾疾，牀上敷筆硯，半起半卧，著述不倦。一日，告衆曰：「吾年四十有九，已知住世不久。若死，毋擇地厚葬，以加罪我也。汝宜陶器合而葬之。」及終，自屬祭語云：「謹以湖山雲月之奠，祭于中庸子之靈。汝本法界之元常兮，寶圓之妙性兮，尚無動静之朕兮，豈有去来之跡兮？洎乎七竅鑿而混沌死兮，六根分而精明散兮，遂使汝見自心而與外境異兮，執生存與死滅兩兮，擾擾乎不可止也，昏昏乎不可照也。吾嘗欲復混沌歸精明兮，乃於非幻法中假作幻説。且非幻尚無，幻法豈有哉？汝中庸子亦以微領其旨。汝既受於幻生，必當受於幻死，故吾託幻軀，有幻病，口占幻詞，使幻弟子，執幻筆，成幻文，以預祭汝幻中庸子，且欲令無窮人知諸法如幻也。夫如是，則如幻三昧在焉。嗚呼！三昧亦幻也。尚享！」趺坐而逝。《閑居編》

東坡曰：「先妣方娠，夢僧至門，瘠而眇。軾十餘歲，時時夢身是僧。又子由與真淨文壽、聖聰二師在高安，夜間同敘見戒禪師之夢，則戒之後身無疑。坡與真淨書曰：「前生既是法契，願痛加磨勵，使還舊觀。」坡往金山，值佛印入室，印云：「者裏無端明坐處。」坡云：「借師四大作禪牀。」印云：「老僧有一問，若答得，即與四大爲禪牀；若答不得，請留下玉帶。」坡即解腰間玉帶置案上，云請師問。印云：「老僧四大本空，五陰非有，端明向甚處坐？」坡無語。印召侍者留下玉帶永鎮山門。印以衲裙酬之。坡賦二絶句云：「病骨難堪玉帶圍，鈍根仍落箭鋒機。會當乞食歌姬院【九】，裴相國衣衲裙乞食圍房中。換得雲山舊衲衣。」又曰：「此帶閲人如傳舍，流傳到我亦悠哉。錦袍錯落渾相稱，乞與佯狂老萬回。」唐則天賜錦袍玉帶與萬回和尚，出注坡詩。

奘三藏法師，年二十七往西域求法，自秦、蘭、涼三州而行，至瓜州出玉門關，關外有候望者居之。漸至沙河，惡鬼異類不可勝数，始念觀音，猶未遠去，及誦《心經》，發聲皆散。至兢伽河畔遇群賊，賊相謂曰：「此沙門形皃端美，若以祭神，得非吉也？」令上壇欲揮刀。法師語曰：「吾已知不免，願待少時，令我安心取滅。」師乃想念慈氏，願得生彼，聞諸妙法，成就通慧，還来下生，先度此人，令修勝行。想念未畢，驚雷掣電，飄風折木。賊大懼，謝罪而散。本傳。

相國裴休，河東人。守新安日，屬運禪師初於黄檗山捨衆入大安精舍，混迹勞侶。公入寺，因觀壁畫，乃問主事：「是何圖相？」答曰：「高僧真儀。」公曰：「真儀可觀，高僧

【九】會當乞食歌姬院　「姬」，原作「婢」，據五山版改。

何在？」主事無對。公曰：「此間有禪人否？」答曰：「近有一僧投寺執役，頗似禪者。」公命至，覩之欣然，曰：「休適有一問，諸德吝詞，今請上人代酬一語。」運曰：「請相公問。」遂舉前問，運朗聲曰：「裴休。」公應諾。運曰：「在甚麼處？」公當下知旨，如獲髻珠。公曰：「吾師真善知識，示人剋的若是，何汩没於此邪？」自是申弟子禮，復請住黄檗。公既通徹祖心，復博綜教相，諸方禪學咸謂裴相不浪出黄檗之門。《傳燈》

劉遺民，名程之，彭城人，漢楚元王之後，祖考爲晉顯官，事母以孝聞。丞相桓玄、太尉謝安嘉其賢，欲薦於朝，公辭之。謁廬山遠公，厥後雷次宗、周續之同来栖遠，遠曰：「諸公之来，盍爲淨土之遊乎？」遂命公作誓辭以識盛事。社賢百餘人，十八人爲最，公又拔乎其萃者。公凡念佛時，見彌陀佛身紫金色，以臨其室，公愧幸悲泣曰：「安得如来爲我手摩其頭，衣覆其體乎？」俄而佛爲摩頂，且引袈裟以覆之。他日，又見身入七寶大池，其池蓮華，青白相間，其水澄澈，無有畔岸，中有一人，指池水曰：「八功德水，汝可飲之。」公飲水甘美。及寤，猶覺異香發於毛孔。公曰：「此吾淨土之緣至矣，誰爲六和之衆與我證邪？」少頃，緇徒咸集。公對尊像爇香再拜，祝曰：「我以釋迦遺教，故能知有阿彌陀佛。此香先當供養釋迦如来，次供阿彌陀佛，至於十方佛菩薩衆，願令一切有情，俱生淨土！」願畢乃三扣齒，長跪而卒。《廬山集》

王日休居士，龍舒人。性行端靖，少補國學。俄歎曰：「西方之歸，爲究竟爾。」從是布衣蔬食，日課千拜，以嚴淨報。或曰：「公既志念純一，復何事苦行邪？」答曰：「經不云乎，非少福德因緣得生彼國，若不專心苦到，安能決定往生？」居士在家持戒甚嚴，坐必宴寂，卧必冠帶，面目奕奕有光，望之者信其爲有道之士也。居士將順世，徧別親故，且勉進淨業。至夜，厲聲稱佛名，倡言「佛来接我」，屹然立化。怡雲并聶允迪記。

静上坐，初参玄沙得旨，後居天台，三十餘年不下山。博綜三學，操行孤立。禪者問曰：「坐時心念紛飛，願師示誨。」静曰：「汝當心念紛飛時，却將紛飛之心以究紛飛之處，究之無處，則紛飛之念何存？返究究心，則能究之心安在？又能照之智本空，所緣之境亦寂。寂而非寂者，蓋無能寂之人也；照而非照者，蓋無所照之境也。境智俱寂，心慮安然，此乃還源之要道也。」

道士吴契初，號之朱陽人。爲河清令，以部使者所劾，隱于嵩山。尋遇石泰先生，吴問曰：「虚無之道，可得聞乎？」石曰：「先覺有五無漏法：眼不視，魂在肝；耳不聞，精在腎；舌不聲，神在心；鼻不香，魄在肺；四肢不動，意在脾。五者相與混融，化爲一氣，聚于三關，名曰鉛汞。但身中求之，不必求於他也。」吴禀受訣，久之功成。偶遊西岳，邂逅紫陽先生，謂曰：「子之所得，固可佳，若不明性道，徒勞無益。」吴曰：「予能追二氣於黄道，會三性於元宫，對境無心，如如不動，復何性道之説邪？」紫陽以《圓覺經》示之曰：「此是釋氏心宗，宜熟味之，他日知所趨嚮，信吾不食言也。」吴乃信受。一日，誦至「由寂靜故，十方世界，諸如来心，於中顯現，如鏡中像」，俄感歎曰：「從前閉門作活，今日掉臂行大道。」由是偏歷禪會咨決。之後謁單州東禪悰和尚，吴問曰：「佛性堂堂，顯見住相，有情難見。若悟本来無我，我面何如佛面？學人悟則悟己，爲甚不見佛面？」東禪拈拄杖打出，吴方開門，豁然有契，頌曰：「驀然覷破祖師機，開眼還同合眼時。從此聖凡俱喪盡，大千元不隔毫釐。」《仙苑遺事》

大隋真禪師，梓州鹽亭王氏子。族本簪纓，妙齡夙悟，決志尋師，遂南下見藥山道吾，次謁大潙，服勤衆務，食不至充，卧不求暖，清苦鍊行，履操不羣。大潙常器之。潙一日問曰：「子在此不曾問一轉話。」真曰：「教某甲向甚麽處下口？」潙云：「何不道如何是佛？」真便作手掩潙山口勢，潙歎曰：「子真得其髓矣！」爾後聿旋西蜀，嘗於要涂煎茶普施三年，偶遊後山，見一古院號「大隋」，山中有一樹圍四丈餘，南開一門，不假斤斧，宛成一庵，師乃居之，時人且曰「木禪庵」。獨居十餘年，聲聞遐著，蜀王三召不從，慕師孤風，無由一見，遣内侍賫師號、寺額等賜，師不受，凡三度送至，師確意却之。王再遣使出勑云：「此回禪師準前不受，當誅卿也。」使者再往懇拜云：「禪師若更不受，某必受戮。」師乃受之。師示衆曰：「老僧不爲名利来此，須要得箇人，不可青山白雲中趁爾是非，將来之世，捨一報身，草也無喫。諸禪德，老僧行脚，時到諸方，多是一千，少是三百，衆在其中，經冬過夏，未省時中空過，向潙山會裏做飯七年，洞山會中做柴頭三年，重處即便先去，只是了得自己時中，干他人甚麽事？ 如諸佛菩薩，皆是積劫勤苦，方得成就，似諸闍梨，還會捨得甚麽身命？ 作得甚麽勤苦？ 便道我會出世間法，世間法尚不會遇些子境界，便自張眉努目，消容不得，説什解脱法？ 長連牀上坐，不摇十指，喫他信施了。合眼合口，道我修行感果，如是非獨謾自己，亦謾諸聖。 既在三衣下，直須親近知識，了辦大事，不可又入輪回六趣去也。 若是得自在底人，論甚麽鑊湯爐炭，驢胎馬腹，於中如喫美食相似。 若未得如是，便實受此報。 一失人身，再求欲似，今日萬中無一。 不見古德問僧：『何者爲最苦？』僧云：『受地獄者爲最苦。』古德云：『此未是苦，出家不明理爲最苦爾。』古人恁麽説話，血滴滴地，當自銘心，時時警策，莫令後悔。」語録。

廣慧璉禪師示衆，多勸人疎財利、薄口體。 又云：「若欲學道，先須貧苦鍊行； 若不爾者，欲得道成，無有是處。」及璉示寂，召衆曰：「老僧尋常只教爾疎財利、薄口體，道業無有不辦，何故？ 一切罪業，皆因財寶所生； 一切垢染，皆因口體而起。 老僧一生不蓄財，不别衆食，非是老僧分外底事，乃佛有戒。 辭親出家，識心達本，解無爲法，去世資財，乞求取足，日中一食，樹下一宿，此是佛之明訓，安可背違？ 我若要足衣食，覓自在，何不爲俗，隨所任運？ 又何須假佛形服，破滅法門作甚麽？ 既爲釋子，當行釋行，不可道我有福有緣，縱意造業，帶累師僧父母同入地獄。 今時有般知識，自眼不正，開口欲斷人命根，觸著便懷毒蛇心行，見利見名，如蠅子見血一般，永無放捨，者般底也，道我會禪

會道，行棒行喝，苦哉！汝輩行脚，切須著眼，珍重！」言訖而逝。《舟峯録》

光孝安禪師，永嘉人，翁氏。少莊重，不喜喧囂。父異之，令出家。往台之雲峯，結茅而居，長坐不卧，一食終日，不衣繒纊，唯壞衲以度寒暑。尋謁韶國師，師問曰：「三界無法，何處求心？四大本空，佛依何住？爾向甚處見老僧？」安曰：「今日捉敗和尚。」師曰：「是甚麽？」安掀倒香臺而出，師器之。安一日閲《華嚴》，至「於身無所取，於修無所著，於法無所住。過去已滅，未来未至，見在空寂」，到此豁然入定，經旬餘方從定起，身心爽利，頓發玄秘。安以華嚴李長者釋論旨趣宏奥，因將合經，成一百二十卷，盛行於世。忠懿王嚮師道望，命住越之清泰，安不樂從，務唯宴坐丈室，如入大定。一日，定中見二僧倚殿檻語話，有天神擁衛傾聽。久之，俄有惡鬼唾駡，復掃脚跡，及詢倚檻僧所以，乃初論佛法，後談世諦。安曰：「閑論尚爾，況主法者擊鼓陞堂，説無益事邪？」自是終身未嘗談世故。安死闍維，舌根不壞，柔軟如紅蓮華葉。傳燈通行。

明教嵩禪師，藤州人。得度後嘗戴觀音像，誦其號日十萬聲，於是世間經書不學而能，得法洞山聰公。慶曆間，至錢塘，樂湖山，税駕焉。所居一室，翛然無長物，清坐終日，非修潔行誼者不可造也。師之道妙，學者器近，不能曉悟，師亦不少低其韻，撫徇其機，歎曰：「安能圓鑿以就方枘？聞之聖賢所爲，得志則行其道，否則言而已。言之行由，是爲萬世法，使天下學者識度修明，遠邪林，游正涂，奚必目擊受之，謂己之出邪？」即閉關著書，書成携之京，因内翰王公素獻之仁宗，又爲書先焉。上讀至「臣爲道不爲名，爲法不爲身」，歎愛其誠，旌以明教大師，賜其書入藏。既送中書，時韓魏公琦覽之，示歐陽文忠公，公方以文章自任，以師表天下，又以護宗不喜吾道，見其文謂魏公曰：「不意僧中有此郎，黎明當一識之。」魏公同往見，文忠與語終日，遂大喜。自韓丞相而下莫不延見尊重之，由是名振海内。遂買舟東下，大覺璉公賦《白雲謡》以將師之行：「白雲人間来，不染飛埃色。遥爍太陽輝，萬態情可極。嗟嗟輕肥子，見擬垂天翼。圖南誠有機，去當六月息。寧知絪緼采，無心任吾適？天宇一何寥，舒卷非留跡。」歸老於永安精舍，示化荼毗，得六根不壞者三，頂骨出舍利，紅白晶潔，狀若大菽。嗚呼！使其與奪之不公，辯説之不契乎道，則何以臻於是矣？石門行業。

終南山宣律師，初生齊朝，名僧護，居越之剡，鐫彌勒像。次生梁，名僧祐；後生隋，名道宣。其祖湖州人，父爲陳吏部尚書，隨駕入長安，生于京兆。母氏夢月貫懷而娠，又梵僧語其母曰：「仁所懷者即梁祐律師，宜令出家，弘宣佛教。」及下髮，剋苦勵志，唯求聖法。嘗戴寶函繞塔行道，願求舍利降於函中，七日果獲感應，由是益精其志。日唯一食，長坐不睡，樂入禪定。貞觀四年，在清官寺行般舟定，感天龍給侍，乏水示以白泉。於安居日，嘗發誠禱，若坐夏有功，願垂異相。後庭中果生芝草。師因勞苦發疾，天王授以補心藥方，因告師曰：「今當像末，諸惡比丘，廣造伽藍，不修禪慧，亦不讀誦，縱有智者，千有一二。」後在西明寺，深夜行道，足跌前階，聖者扶足，師問是誰，答曰：「北天王之子，勑令侍衛。」師曰：「貧道修行，無煩太子。」太子威力自在，天竺有可作佛事者，却願致之。」太子曰：「我有佛牙，長三寸，闊一寸，寶之久矣，密授與師，宜加保護。」師乃晝藏地穴，夜捧行道，人莫得知，唯弟子綱律師密見其蹤，欲揚之，師曰：「信根淺薄，謂吾妖妄，唯我與子乃可知耳！」師與天神往来甚衆，喜問靈蹤聖軌，隨問隨録，集爲《感通傳記》。乾封二年春二月，有神告曰：「師將報盡，當生彌勒内宫。」并留香一囊，此天上棘林之香，帝釋所焚者。是年冬十月有三日，空中天樂花香，迎請而逝。別傳等記。

智者顗禪師，姓陳，潁川人。生有重瞳，年十五於長沙像前誓求出家，於禮佛時恍然如夢，見山臨海，山頂有僧招手曰：「汝當居此，汝當終此。」既寤，精誠愈至。年十八，投湘州果願寺法緒出家，逮受具戒，精通律藏，兼修禪定。時慧思禪師，武津人，名行高重，遥飡風德，不啻飢渴。其地乃陳、齊兵刃所衝，重法輕生，涉險而去。思曰：「昔日靈山會上同聽《法華》，宿緣所追，今復来矣。」即示普賢道場，説四安樂行，於是昏曉苦到，如教研心。于時勇於求法，貧於資供，切柏代香，捲簾進月，月没則燎之以松柏，盡則繼之以栗。經二七日，誦《法華》，至《藥王品》「諸佛同讚，是真精進，是名真法，供養如来」，到此一句，身心豁然入定，持因靜發。照了《法華》，若高暉之臨幽谷；達諸法相，似清風之遊太虚。將證白師，師更開演自心所悟，及從師受，四夜進功，功逾百年，思歎曰：「非爾莫證，非我莫識，所入定者，《法華》三昧前方便也，所發持者，《法華》旋陀羅尼也。縱令文字之師，千羣萬衆，尋汝之辯，不可窮矣。」於說法人中最爲第一。後爲儀同沈君理請住瓦官，未幾謝，遺門人曰：「昔南岳輪下及始濟江東，法鏡屢明，心絃数應。初瓦官四十人共坐，二十人得法；次年百餘人共坐，二十人得法；又次二百餘人共坐，十人得法。其後徒衆轉多，得法轉少，妨我自行，化道可知。吾聞天台地記，稱有仙宮，若息緣茲嶺，啄峯飲澗，展平生之願。」陳太建七年秋入天台，有一老僧引之而進曰：「師欲造寺山下，有基捨以仰給。」師曰：「正如今日，草舍尚難，況辦寺乎？」僧曰：「今非其時，三國成一，有大勢力人當起此寺。寺若成，國即清，當呼爲國清。」有定光禪師，異人也，居山三十載，迹晦道明，易狎難識，有所懸記，多皆顯驗。其夕宿定光草庵，光曰：「還憶招手時否？」及觀所住之處，宛如昔夢。因煬帝遣使詔師至石城，乃曰：「吾知命在此，不須進前，輟斤絕絃於今日矣。」聽倡《無量壽》竟，曰：「四十八願，莊嚴淨土，華池寶樹，易往無人。火車相見，能改悔者，尚復往生，況戒慧熏修行道力故，實不唐捐，梵音聲相，實不誑人。」智朗請云：「不審何位？歿此何生？誰可宗仰？」師曰：「吾不領衆，必淨六根，爲他損己，只是五品位爾。汝問何生者，吾諸師友侍從觀音，皆来迎我。問誰可宗仰者，豈不聞波羅提木叉是汝之師，四種三昧是汝明導，教汝捨重擔，教汝降三毒，教汝治四大，教汝解業縛，教汝破魔軍，教汝調禪味，教汝折慢幢，教汝遠邪濟，教汝出無爲阬，教汝離大悲難，唯此大師可作依止。我與汝等，因法相遇，以法爲親，傳習佛燈，是爲眷屬；若不爾者，非吾徒也。」言訖如入禪定。別傳。

廬山遠法師，生于鴈門賈氏，嘗請法道安法師，因聽講《般若》有契。師與大尹張秘友善，一日，謂曰：「逆境易打，順境難打。逆我意者，只消一箇忍字，不片時便過；若遇順境，則諸事順適我意，如磁石見鐵，不覺不知，合爲一處。無情之物尚爾，況全身在塵境中邪？」後遊廬阜，以山水清勝，遂安止之。刺史桓伊創東林以居焉，從爾影不出山幾三十年，唯以淨土克念于勤。初十餘年，澄心系觀，三覩聖相，而師沉厚不言。後二十年，於般若臺從禪定中見彌陀佛身滿虚空。又聞告言：「我以本願力，故来安慰汝。汝後七日，當生我國。」師始告其徒曰：「吾自居此，幸得三覩聖相，今復再見，吾之往生決矣，汝當自勉！」塔銘。

潙山祐禪師，福州人。薙髮後往天台國清受戒，寒、拾預修路曰：「不久有肉身大士来此求戒。」師至，二人隱於路傍深草中，待師過，跳出作虎勢，哮吼而接，師罔措，寒云：「自靈山别後，五生作人主来，今忘之。」後參百丈。一日，侍立次，丈云：「汝撥爐中有火否？」師撥云：「無火。」百丈躬起，深撥得少火，舉示之，師發悟，禮謝，陳所解。丈曰：「此乃暫時岐路。經曰：『欲見佛性，當觀時節因緣；時節既至，如迷忽悟，如忘忽憶，方省己物不從他得。』」令充典座。時司馬頭陀自湖南来，謂百丈曰：「長沙西北絶頂，乃奇勝之地，可容千衆。」丈曰：「老僧去之可乎？」頭陀曰：「和尚骨人，彼是肉山，非所宜也。」丈曰：「第一坐可乎？」曰：「非也。」丈曰：「典坐可乎？」曰：「真潙原主人。」往彼十餘年，衆方集，師遂往結庵。橡栗爲食，猿鳥爲侶；影不出山，宴坐終日。如是九年，偶念曰：「吾居久矣，竟無人到，本圖利物，獨居何益？」欲棄庵而去，至谷口，虎豹蛇蟒横於道路，師曰：「吾若於此有緣，汝各散去，不然從汝啖之。」言訖而散。於是復回，有神見曰：「此山乃迦葉佛時曾爲蘭若，今當復成，常護此山，蓋受佛記爾。」明年大安領衆，輔成法社。寺碑

淨因臻禪師，生福之古田，得旨訣於浮山遠公，後謁淨因璉公。公命首衆，及璉歸吴，以臻嗣席。神宗嘗詔至慶壽宫，設高坐，恣人問答，左右上下，得未曾有。臻爲人純厚，渠渠靖退，似不能言者，及其辯説，縱横無硋，奉身至約，一布裙二十年不易。魯直太史題其像曰：「老虎無齒，卧龍不吟，千林月黑，六合雲陰。遠山作眉紅杏顋，嫁與春風不用媒。老婆三五少年日，也解東塗西抹來。」《隱山集》

證悟智法師，台之林氏子。少聰敏，書過目成誦，雖醫方卜筮，亦皆通曉。一日，遊講舍，聞説觀經，傾聽良久，歎曰：「落日之處，吾有故鄉。今聞此若得家書。」於是祝髪，誓勤祖教，依白蓮僊法師，問具變之道，僊指燈籠曰：「離性絶非，本自空寂，理則具矣；六凡四聖，所見不同，變則在焉。」智不契，後因掃地誦《法華》至「知法常無性，佛種從緣

起」，意遂豁然契悟。僊見之，曰：「且喜大事決了。法華止觀，此爲喉襟，汝能省悟，誠造微入妙。」自是游心昭曠，多以此示人。每涉五日始一寢，餘則涵泳道要，惟恐不及，一坐東山二十四年，兩山學徒與之論辯，無敢當者。師嘗患後進囿名相、膠筆録，或者至以一宗之傳爲文字之學，異宗鄙之殊不領略，因勉其徒曰：「豈不思吾佛云：是真精進，只者一句，便有向上機緣，何不覿面激揚斯事乎？」後被命上竺。時丞相秦公問：「止觀一法邪，二法邪？」師曰：「一法也。譬之於水，湛而清者止也；可鑑鬚髮者，觀也：水則一耳。又猶兵也，不得已而用之，以衆生重昏巨散之病，用止觀之藥救其心性，歸爲全一之體。俾法界寂然名止，寂而常照名觀。若專其所止【一〇】，則何所觀？如公垂紳正笏，燕坐廟堂，不動干戈，中興海宇，亦若是而已。」公喜曰：「非師，安知佛法之妙？」塔銘。

東山能行人，教觀明白，以熏修爲志，一入懺室，寒暑不變者四十年。由是行人之名聞于江浙。能未嘗自謂修行者，則曰：「智者六時禮佛，四時坐禪，云修行之常儀，況我何有焉？」草庵因法師嘗與同修，接膝而坐，見其端謹，不委不倚。或有疾，唯數日不食，亦不廢禪誦，而疾自愈。能爲人剛潔，惡聞名利，凡得施物，即散於衆，毫髮不留，所存者唯破衲壞絮而已，夏則以篾束之梁梠，冬則取以禦寒。每入山飼虎，虎無害意。或風雨昏夜宴坐丘冢，身心安靜，無有怖畏。院有山神，靈化一方，常所交接，或香積不給，知事必告於能，能即禱之，來日施者實門而至。僧問其故，施者曰：「昨夜巡門報云常住空虛，

【一〇】若專其所止　「止」，原作「上」，據五山版改。

特奉供爾。」行狀。

汾陽昭禪師，太原人。器識沉邃，少緣飾，有大志，於一切文字，不由師訓，自然通曉。幼孤，厭世出家，參名宿七十餘人，皆妙得其家風。所至少留，不喜觀覽，或譏其不韻，昭歎曰：「先德行脚，正以聖心未通，驅馳決擇，豈緣山水之翫乎？」後參首山，問百丈卷席意旨如何【一一】，山曰：「龍袖拂開全體見。」昭曰：「師意如何？」「象王行處絶狐蹤。」昭遂大悟，曰：「萬古碧潭空界月，再三撈漉始應知。」禮拜歸衆。時葉縣省和尚作首座，問曰：「見何道理，便爾自肯？」昭曰：「正是我放身命處。」後長沙太守張公以四名刹請昭擇居，昭曰：「我長行粥飯僧爾，傳佛心宗，非細職也。」前後八請，堅不答。後以太子院迎之，閉關高卧，石門聰禪師排闥而入，讓之曰：「佛法大事，靖退小節，汝有力荷擔大法者，今何時而欲安眠哉？」昭矍然起，曰：「非公不聞此語，趣辦嚴，吾行矣。」既至，宴坐一榻，影不出山者三十年。師以汾州苦寒，欲罷夜參，感異比丘請法。龍德府尹李公以承天迎之，使三返，不赴。使者當受罰，復至曰：「必欲得師俱往，不然有罰，師當念之。」昭曰：「當先後之，何必俱邪？」昭令備饌，且促裝曰：「吾行矣。」停箸而化。《僧寶傳》

真人張平叔，雅好清虚，在丹丘之廛遇頂汝貧子，出龍馬所負之數，遂領厥旨。久之功成，且曰：「吾形雖固，而本覺之性曾未之究。」邃探内典，至《楞嚴》有省。著《悟真篇》，又作《禪宗歌頌》，叙中引《楞嚴》十種「仙壽千萬歲，不修正覺，報盡還生，散入諸

【一一】問百丈卷席意旨如何　「丈」，原作「文」，據五山版改。

趣」之語。又曰：「爲此道者，當心體太虛，内外如一。若立一塵，即成滲漏，此不可言傳之妙。曉得《金剛》、《圓覺》二經，則金丹之義自明，何必分别老釋之異同哉？」則知平叔乃求出離生死之法，必歸仗於佛爲究竟爾。《群仙珠玉》

真人吕洞賓，河陽蒲故人【一二】。生於唐天寶間，世爲顯官，累舉進士不第，因遊華山，遇鍾離權，乃晉之郎將，避亂學養命法，將度吕公，首以財試之，一日，吕侍行，鍾拾一塊石，以藥塗之，即成黄金。鍾遺之曰：「前塗將粥之【一三】。」吕問曰：「此仍壞乎？」鍾曰：「五百年壞。」吕擲之，曰：「他日誤人去。」鍾復試之以色，命吕入山採藥，化一小廬，有美婦懽迎之，曰：「夫故久矣，今遇君子，願不我棄。」婦欲執手而近，吕以手托開云：「毋以革囊穢於我矣！」言訖，其婦不見，即鍾離也。於是授以金丹之術，及天仙劒法，遂得遊行自在。詩曰：「朝遊南越暮蒼梧，袖裏青蛇膽氣麤。三日岳陽人不識，朗吟飛過洞庭湖。」謁龍牙和尚，問佛法大意，牙與偈曰：「何事朝愁與暮愁，少年不學老還羞。明珠不是驪龍惜，自是時人不解求。」因過鄂州黄龍山，見紫氣盤旋，疑有異人所止，遂入，值機禪師上堂。師知有異人潛跡坐下，即厲聲曰：「衆有竊法者。」吕毅然問曰：「一粒粟中藏世界，半升鐺内煮山川【一四】。且道此旨如何？」師曰：「守屍鬼。」吕曰：「爭奈囊中有長生不死藥何？」師曰：「饒經八萬劫，終是落空亡。」吕不憤而去。至夜飛劒脅之，師已前知，以法衣蒙頭，坐于方丈。劒遶数帀，師以手指之，劒即墮地，吕謝罪，師因詰

【一二】河陽蒲故人　「蒲」，原作「满」，據五山版改。

【一三】前塗將粥之　「粥」、「鬻」古通用。

【一四】半升鐺内煮山川　「川」，原作「州」，據五山版改。

曰：「半升鐺内即不問，如何是一粒粟中藏世界？」呂於言下有省，乃述偈曰：「拗却瓢兒碎却琴，如今不戀水中金。自從一見黃龍後，始覺從前錯用心。」《仙苑遺事》

給事馮楫居士，少游上庠。一日，公試，以《生者德之光論》中魁選，其文用《圓覺經》意發明之，雖在仕涂，不忘佛學。徧參名宿，居龍門，從佛眼經行次，偶童子趨庭吟曰：「萬象之中獨露身。」佛眼拊公背曰【一五】：「好聻。」公於是契入。後帥瀘南，嘗宴坐，有「公事之餘喜坐禪，少會將脅到牀眠」之句，尤篤意淨業，所至作繫念勝會，勸發道俗。兵興來，教藏煨燼，不自厚養，所得俸給，專施藏經。有偈略曰：「我賦躭痂癖，有財貯空虛。不作子孫計，不爲車馬逋。不充玩好用，不買聲色娛。置錐無南畝，片瓦無屋廬。所得月俸給，唯將贖梵書。庶使披閱者，咸得入無餘。古佛爲半偈，尚乃捨全軀。是以不惜財，開示諸迷徒。借問惜財人，終日較錙銖。無常忽到地，寧免生死無？」紹興二十三年，公帥長沙，俄報親知，期以七月三日報終。至日，令後廳設高坐，見客如平時，降階望闕肅拜，請漕使攝郡事，著僧衣履，踞高坐，囑諸官史及道俗，各宜進道，扶護教門，遂拈拄杖按膝而化。蒲大聘誌【一六】。

趙清獻公，年四十餘，去聲色，系心祖道，會佛慧泉禪師来居衢之南禪，公日親之，泉未嘗容措一詞。後典青州，政事之餘，多務禪宴，忽大雷震驚，豁然有契，頌曰：「默坐公堂虛隱几，心源不動湛如水。一聲霹靂頂門開，喚起從前自家底。」泉聞之曰：「趙悅道

【一五】佛眼拊公背曰　「拊」，原作「捬」，據五山版改。

【一六】蒲大聘誌　「蒲」，原作「滿」，據五山版改。

撞彩爾。」《梅溪集》

仰山寂禪師，韶州葉氏子，薙髮後夢獲一大珠，光彩射人，覺曰：「此是無上心寶，我得之當明心地。」即遊方，謁躭源，已契玄旨。後參潙山，遂升堂奧。寂問：「如何是真佛住處？」潙曰：「以思無思之妙，返思靈燄之無窮。思盡還源，性相常住，事理不二，真佛如如。」寂言下頓悟。暨受密印，領衆住王莽山，化緣未契。至袁州訪仰山，沿流而上，有二神迎問曰：「深山絶險，師自何来？」師曰：「吾欲尋一庵地。」神曰：「弟子福慶相遇，願施此山與師居止。」師曰：「君既施我，須具廣大心，不見僧過，則吾受君施矣。」神曰：「諾。」神遂指集雲峰下，曰：「莫吉於此。」師乃結茅而居，木食澗飲，危坐終日。未幾，二神見曰：「徒衆將盛，弟子住處不便，當易之。」至夜，風雷暴作，移廟于堵田三十里，古樣神像、巨松皆往，乃會昌三年夏四月也。感異僧乘空而至曰：「特来東土禮文殊，今日却遇小釋迦。」自是潙仰宗風大振於世。師將順寂，神求緒言，師曰：「吾幻泡之身，隨緣興謝。来時無物，去更何求？」神曰：「諸佛滅時，天龍請囑，願毋違我。」師以得法之師潙山祐禪師正月八日忌齋爲囑，殆今民人莫敢違。寺記。

道法師，西京順昌人，宣和詔改德士。師與林靈素抗辯邪正，愬于朝廷，忤旨流道州監，防卒曰：「此去萬里，宜茹葷酒，以助色力。」師曰：「死乃天命，佛禁不可。」犯卒乃敬服。師未氏竄所前一日，郡守夜夢佛像荷枷入城，僚屬亦有同夢者。翌早師至，太守語人曰【一七】：「被罪之僧必異人也。」未逾月，郡人患疾者太半，師鑿池祝水，飲者咸愈。於是一方尊事，不啻父師。尋令逐便，道由長沙，邂逅寂音，音以詩遺曰：「道公膽大過身軀，敢逆龍鱗上諫書。只欲祖肩擔佛法，故甘引頸受誅鋤。三年竄逐心無愧，萬里歸来皃不枯。他日教門綱紀者，近聞靴笏趁朝趨。」時公卿大夫謂師有文武才略，請加冠冕，補官序，分領兵權，恢復故疆。師力辭，朝賢知志不可奪，奏請賜「寶覺圓通法濟」之號。紹興改元，宣入。上曰：「先帝爲妖術所惑，廢卿形服，朕與卿去其黥涅可乎？」師曰：「臣雖感聖恩，先皇墨寶不忍毀除。」上曰：「者僧到老倔强。」許自便。紹興三年，師與道士劉若謙詣朝廷，正祈禱道場所班次，其劄略曰：「緣崇寧間林靈素等，叨冒資品，紊亂朝綱，由是道壓佛班。自建炎之来，所有道士官資已行追毁，既無官蔭，當遵祖宗舊制。伏望朝廷明降指揮，特賜改正，頒行天下，以正風俗。」時國政多故，仍寢其説。至十三年，再行整會，僧左道右，永爲定制。後因旱魃爲虐，奉旨宣入祈禱。師即登坐聲祝，且乞四金鉼，各置鮮鯽魚，噀水密祝，即遣四急足，放諸江沼。急足未回，雨已霈然。天顔大悦。

塔銘。

晦庵光禪師，閩之長樂人。出嶺謁圓悟、佛心諸名宿，會大慧寓廣因，光往從之。光一日侍行，問曰：「某到者裏不能得徹，病在甚處？」慧曰：「汝病最癖，世醫拱手，何也？別人死了活不得，汝今活了未曾死。要到大安樂田地，須是死一回始得。」光益疑

【一七】太守語人曰 「太」，原作「大」，據五山版改。

之，入室問曰：「喫粥了也，洗鉢盂了也，去却藥忌，道將一句來。」光曰：「裂破。」慧震威喝云：「爾又來説禪。」光大悟。慧撾鼓告衆曰：「兔毛拈得笑哈哈【一八】，一擊萬重關鏁開。慶快平生在今日，孰云千里賺吾来。」光以頌呈曰：「一拶當機怒雷吼，驚起須彌藏北斗。洪波浩渺浪滔天，拈得鼻孔失却口。」語録等。

沙門波若，高麗人。開皇間詣佛隴，求智者禪法。未幾，即有所證。智者謂曰：「汝於此有緣，宜須閑居靜處，成辦妙行。今天台華頂去寺六七里，是吾昔日頭陀之所，汝可往彼，學道進行，必有深益，勿慮衣食。」波若遵訓往彼，曉夜行道，不曾睡臥，影不出山十有六年。一日，忽下山告諸友，曰：「波若知命將盡，特出山與大衆別爾。」即回華頂而卒。天台石刻。

正言陳了翁，南劍州人。妙年登上第，性閑雅，與物無競，見人之短，未嘗面折，但微示意警之而已。公初尚雜華，頗有所詣，及會明智法師，扣天台宗旨，明智示以止觀上根不思議境，以性奪修成無作行，忽有契悟。晚年謫居海上，未嘗有不滿意，唯剋念西歸。嘗作《延慶淨土院記》，其略曰：「如来之叙九品，以至誠爲上上；智者之造十論，破疑心之具縛。縛解情忘，識散智見，則彌陀淨境，不假他求；若臨明鏡，自見面像。」又曰：「譬如清淨滿月，影見諸水，月體無二。攝流散而等所歸，會十方而總于一；亦如十鏡環繞，中然一燈，燈體交參，東西莫辨，而方有定位，西不自西，各隨相融，境將誰執？

【一八】兔毛拈得笑哈哈　「哈哈」，原作「哈哈」，據五山版改。

安以在屢執方之見，測度如来無硋之境乎？」因法師曰：「了翁言淨土，可謂深賾佛祖之壼奥矣。」《草庵録》

石壁寺去杭越二十里，走龍山而西，窅然入幽谷，有溪流巖石之美，雖其氣象清淑，而世未始知之。自紹大德、靖法師居之，而其名方播，亦地以人而著也。靖、紹皆錢塘人，同依壽禪師出家，通練律部。時韶國師其道大振，靖、紹往從之，國師見且器之，即使往學三觀法於螺溪寂法師，於是偕往事寂，講求大義。居未幾，所學已就，靖、紹復回石壁，以會講衆，前後五十年，守其山林之操，未始苟游鄉墅閭里，處身修潔，吴中宿學名僧，皆推其高人明教，曰：「出家於壽公，學法於寂公，見知於韶公，三皆奇節異行，不測人也，天下豈可多得？二師皆遇而親炙之。假令得一見，已自甚善，況因人而得法，二師之美多矣。」塔表。

海月辯都師，雲間人。生有異，父母令入普照出家，得法明智。智老命代講八年，遂領寺事。翰林沈時卿以威猛治杭，僧徒見者多懼，師獨從容如平日。公異之，俾涖僧職，遷至都僧正。時東坡作倅，喜其道行高峻，發言璀璨，嘗序之曰：「錢塘佛僧之盛，蓋甲天下，道德才智之士與夫妄庸巧僞之人，雜處其間，號爲難齊，故僧職正副之外，别補都僧正一員，簿帳案牒，奔走將迎之勞，專責正副已下【一九】，而都師總領要略，實以行解表衆而已。」師容止端靖，不畜長物。有盜夜入其室，脱衣與之，使從支徑遁去。居無何，倦於

【一九】正副　原作「副正」，據蘇軾《海月辯公真贊》(《東坡後集》卷二十)改。

酬酢，歸隱草堂，但六身隨身而已。將順寂，先遺言：須東坡至，方可闔棺。四日，東坡始氏山中，見其端坐如生，頂尚温，遂作三絶哭之云：「欲尋遺跡强沾裳，本自無生可得亡？今夜生公講堂月，滿庭依舊冷如霜。」「生死猶如臂屈伸，情鍾我輩一酸辛。樂天不是蓬萊客，憑仗西方作主人。」「欲訪浮雲起滅因，無緣却見夢中身。安心好住王文度，此理何須更問人！」塔銘。

高麗僧統義天，棄王位出家，問法中國。首至四明，郡將命延慶明智、三學法隣二師爲館伴。至杭州謁照律師，願從律學，照爲説戒法，令習儀範，授以三衣、盂鉢、錫杖，仍有偈曰：「爲汝裁成應法衣，更將盂錫助威儀。君看宿覺歌中道，不是標形虚事持。」朝廷復詔楊次公館伴，所經諸刹，迎餞如王臣禮。至金山，獨佛印牀坐，納其大展次。公驚問其故，印曰：「義天亦一異國僧爾，衆姓出家，同名釋子，安問貴種？若屈道隨俗，先失一隻眼，何以示華夏師法乎？」朝廷以元爲知大體。僧傳等。

天竺悟法師，錢塘人。每誦呪時身出舍利，所供像亦如之。天聖三年，慈雲欲以智者教觀求入大藏，文穆王公擬達天聽，悟曰：「此非常之事，小子將助之。」乃繪千手像，誦大悲密語，誓曰：「事果遂，當焚此軀。」未幾公薨，悟益加精勵，晝夜不廢，越歲乃克如志，悟遂答前誓，新畫屍在，袈裟覆體，儼然如生。衆咸異之，慈雲再積香木焚乃方壞，舍利無數，三歲之後，信者尚獲。慈雲作讚，刻石曰：「悟也吾徒，荷法捐軀，其餤赫赫，其樂愉愉。逮火將滅，儼如跏趺。逮骨後碎，璨若圓珠。信古應有，今也則無。芳年三十，真哉丈夫！」金園。

晦堂心禪師，初承南禪師遺命，領住山緣，十有三白，於法席正盛時，毅然謝事。居西園，以晦命其堂，且曰：「吾所辭者世務爾，今欲專行佛法。」於是牓其門曰：「告諸禪學，要窮此道，切須自看，無人替代。時中或是看得因緣，自有歡喜入處，却来入室吐露，待爲品評是非深淺。如未發明，但且歇去，道自見前，苦苦馳求，轉增迷悶。此是離言之道，要在自肯，不由他悟。如此發明，方名了達無量劫来生死根本。若見得離言之道，即見一切聲色言語是非，更無別法；若不見離言之道，便將類會目前差別因緣以爲所得，只恐誤認門庭。目前光影，自不覺知，方成剩法，到頭只是自謾，枉費心力，宜乎晝夜剋己精誠，行住觀察，微細審思，別無用心，自然有箇入路，非是朝夕學成事業。若也不能如是參詳，不如看經禮拜，度此殘生，亦自勝如亂生謗法。若送老之時，敢保成箇無事人，更無他累，其餘入室，今去朔望兩度，却請訪及。」汀江。

孝宗皇帝詔徑山主僧寶印於選德殿，上曰：「三教聖人本同者箇道理。」印奏曰：「譬如虛空，東西南北初無二也。」上曰：「但聖人所立門户各別爾，孔子以中庸設教。」印曰：「非中庸之教，何以安立世間？故《華嚴》云：『不壞世間相，而成出世間法。』《法華》云：『治世語言，資生產業，皆與實相不相違背。』」上曰：「今之士夫學孔氏者多只攻文字，不見夫子之道，不識夫子之心。唯釋迦、老子不以文字教人，但直指心源，開示衆生，各令悟入，此爲殊勝。」印曰：「非獨今之學者不見夫子之道，當時十哲如顏子，號爲具體，盡其平生力量，只道得箇『瞻之在前，忽然在後，如有所立卓爾』，竟捉摸未著。而夫子分明八字打開，與諸弟子曰：『二三子以我爲隱乎？吾無隱乎爾，吾無行而不與二三子者，是丘也。』以此而觀，夫子未嘗回避諸弟子，而諸弟子自蹉過也。昔張商英丞相云：『唯吾學佛，然後能知儒。』」上曰：「朕意亦謂如此。」上又問曰：「莊老何如人？」印云：「只作得佛門中小乘聲聞人，蓋小乘厭身如桎梏，棄智如雜毒，化火焚身，入無爲界。正如莊子所謂『形固可使槁木，心固可如死灰』。」於是稱旨。《奏對録》

可久高僧，錢塘人。徧游講肆，深得天台旨趣。後居祥符，喜爲古律，造於平惔清苦，東坡以「詩老」呼之，坡因元宵同僚屬觀燈，坡獨往謁之，見其寂然宴坐，作絶句云：「門前歌鼓鬬紛崩，一室蕭然冷欲冰。不把琉璃閑照物，始知無盡本非燈。」久律己甚嚴，長坐一食，四威儀中法眼未嘗去體；儉約自持，一布衲終身不易，或絶粮辟穀，宴坐而已。晚居西湖之濱，翛然一榻，不留餘物，牕外唯紅蕉数本，翠竹数百竿，自號「蕭蕭堂」。將卒，語人曰：「吾死，蕉竹亦死。」後如其言。《怡雲集》

楊次公云：「大願聖人從淨土来，来實無来；深心凡夫從淨土去，去實無去。彼不来此，此不往彼，而其聖凡會遇，兩得交際。彌陀光明，如大圓月，徧照法界，念佛衆生，攝取不捨。諸佛心内，衆生塵塵極樂；衆生心中，淨土念念彌陀。若能發心念彼佛號，即得往生。河沙諸佛有同舌之讚，十方菩薩有同往之心。佛言不信，何言可信？不生淨土，何土可生？自棄己靈，是誰之咎？」公臨終時，見金臺從空而至，即説偈而逝，偈曰：「生亦無可戀，死亦無可捨。太虚空中，之乎者也，將錯就錯，西方極樂。」《輔道集》等。

玄沙備禪師，福州人，姓謝。少漁於南臺江上，忽棄舟從釋，芒鞋布衲，食才接氣，宴坐終日。雪峯呼爲「頭陀」。「備頭陀，再來人也，何不徧參去【二〇】？」備曰：「達磨不來東土，二祖不往西天。」峯然之。備縛屋玄沙，衆相尋而至，遂成叢林。説法與經契合【二一】，諸方有要義未明者，皆從決之。示衆曰：「佛道閑曠，無有途程，不在三際，豈有昇沉？建立乖張，不屬造作。動即涉塵勞之境，靜即沉昏醉之鄉；動靜雙泯，即落空亡，動靜雙收，即漫汙佛性。何必對其塵境如枯木寒灰？但臨機應用，不失其宜。如鏡照像，不亂光輝；如鳥飛空，不雜空色。所以道十方無影像，三界絶行蹤，不墮往来機，不住中間相。譬由壯士展臂，不由他力；師子遊行，豈求伴侣？九霄絶翳，何用穿通？一段光明，未曾昏昧。到者裏，體寂寂，常皎皎，赤赫爓，無邊表。圓覺光中不動摇，吞爍乾坤迥然照。」《傳燈》

文潞公居洛陽，嘗致齋往龍安寺瞻禮聖像。一日，像忽朽墮，公見之，略不加敬，但瞪視而出。傍有僧曰：「何不作禮？」公曰：「像既壞，吾將何禮？」僧曰：「先聖道：『譬

【二〇】雪峯呼爲……徧參去　據《景德傳燈録》卷十八，此數句顛倒錯亂，姑仍其舊，加以標點。「呼爲頭陀」中「頭陀」二字據《景德傳燈録》補。

【二一】與經契合　原作「與契經合」，據文意改。

如官路土，私人掘爲像。智者知路土，凡愚謂像生。後時官欲行，還將像填路。像本不生滅，路亦無新故。』」公聞之有省，由是慕道甚力。年九十餘，晨香夜坐，未嘗少廢，每日願曰：「願我常精進，勤修一切善。願我了心宗，廣度諸含識。」《梅溪雜録》

普首坐，自號性空，得旨於死心，久居華亭，好吹鐵笛，放曠自樂，人莫測之。喜爲偈句，開導於世，偈曰：「學道尤如守禁城，晝防六賊夜醒醒。將軍主將能行令，不動干戈致太平。」又曰：「不耕而食不蠶衣，物外清閑過聖時。未透祖師關棙子，也須存意著便宜。」一日，告衆曰：「坐脱立亡，不如水葬。一省柴燒，二免開壙。撒手便行，不妨快暢。誰是知音？舡子和尚。高風難繼百千年，一曲漁歌少人唱。」遂向青龍江上，乘木盆，張布帆，泛遠而没。《普燈》

愚法師，嘉禾人。棄儒從釋，精苦自勵，凡三十年，加功進行，未嘗一日輒廢。嘗與道潛、則章二師爲友。潛能詩近名，而章與師韜光鏟彩，不求人知，唯務己行。而章先卒，及愚將順世，告衆曰：「吾夢神人告云：『汝同學僧則章得普賢願行三昧，已生淨土，彼待汝久，曷可遲留？』」於是淨土聖相及諸花樂悉見在前。愚即説偈而逝，偈曰：「空裏千花羅網，夢中七寶蓮池。踏得西歸路穩，更無一點狐疑。」《行業記》

東坡曰：「已饑方食，未飽先止。散步逍遥，務令腹空。當腹空時，即入靜室。端坐默念，數出入息。從一數至十，從十數至百。數至數百，此身兀然，此心寂然，與虚空等，不煩禁制。如是久之，一息自住，不出不入時，覺此息從毛竅中，八萬四千雲烝霧起，無始已来，諸病自除，諸障消滅，自然明悟。譬如盲人，忽然有眼，爾時不用尋人指路也。」《大全》

靈芝照律師，錢塘人。幼有夙成，年十八，以通經得度，在沙彌中已爲衆講解，習毗尼，每悵然興恨，無所師承。時處謙法師深得天台之道，師見之曰：「真吾師矣。」請居坐下，風雨寒暑，日行數里，謙每講必待師至。或少後衆，以過時爲請，謙必曰：「聽講人未至。」其愛之若此。師欲棄所習而從之，謙曰：「近世律教中微，汝他日必爲宗匠。當明《法華》以弘四分，吾道不在茲乎？」師乃博究群宗，以律爲本，非苟言之，實允蹈之。嘗依南山，六時致禮，晝夜行道，持盂乞食，衣唯大布。食不過中，一鉢三衣，囊無長物。凡有祈禬，誠達穹昊，祈蝗而蝗出境，祈雨而雨成霖。述古龐公命師禱雨，懺未絕口，震雷大霆，公曰：「吾家數世不事佛矣，今遇吾師，不得不歸向也。」太師史越王題其碑陰曰：「儒以儒縛，律以律縛，學者之大病，唯師三千威儀，八萬細行，具足無玷，而每蟬蛻於定慧之表，毗尼藏中真法主子，故能奮數百歲後，直與南山比肩，功實倍之。嚮使師身不披緇，必爲儒宗特立超詣。惜哉！師沒後二十六年，遺馨不泯，朝廷錫號『大智律師』，塔曰『戒光』，以賜謚之寵不及載劉公之文，因書于後。」塔銘。

大慧禪師謁湛堂準和尚，指以入道捷徑。慧橫機無讓，準訶之曰：「汝不悟者，病在意識領會，是爲所知障矣。」時逸士李商老參道於準，適有言曰：「道須神悟，妙在心空。

【二二】圓悟　據蘇淵雷點校本《五燈會元》卷十九，圓悟即川勤。

【二三】熏風自南來　「風」，原作「鳳」，據五山版改。

【二四】却坐在淨裸裸處　「坐」原無，據《五燈會元》補。「裸裸」原作「顆顆」，據《五燈會元》改。

【二五】師纔開口悟便道不是　原作「開口便道不是」，據《五燈會元》補。

【二六】又問……相隨來也　據《五燈會元》，此二句仍爲圓悟回憶與五祖之對話，故「又問」之主語爲圓悟，非大慧。今仍其舊。

【二七】慧不繩以清規　「不」下原衍一「不」字，删。

體之不假於聰明，得之頓超於聞見。」李擊節曰：「何必讀四庫書，然後爲學哉？」以故結爲方外友。準示寂，慧謁丞相無盡居士，請準塔銘。公雅以禪學自許，非具大知見，無敢登其門。慧承顔接詞，綽有餘裕，公稱之曰：「子禪逸格矣。」慧曰：「奈自未肯邪？」公曰：「若爾見川勤可也。」於是謁圓悟京之天寧【二二】，因陞坐次，舉：「僧問雲門：『如何是諸佛出身處？』雲門：『東山水上行。』若有人問天寧，即向他道：『熏風自南來【二三】，殿閣生微涼。』」慧忽然前後際斷，雖然動相不生，却坐在淨裸裸處【二四】。每入室，悟曰：「也不易，爾得到者箇田地，可惜死了不能得活。不疑語句，是爲大病，不見道，懸崖撒手，自肯承當，末後再蘇，欺君不得。須信有者箇道理始得。」悟室中嘗問「有句無句，如藤倚樹」，師纔開口，悟便道「不是」【二五】。慧一日同客藥石，把筯在手，忘了喫食，悟笑謂客曰：「者漢參得黄楊木禪也。」慧憤然問曰：「和尚嘗問五祖和尚『有句無句，如藤倚樹』，祖如何答？」悟曰：「描也描不成，畫也畫不就。」又問：「『樹倒藤枯』句歸何處？」祖曰：「相隨來也【二六】。」慧抗聲曰：「我會也。」從是豁然，無有凝碍。未幾取道江西，邂逅待制韓子蒼，劇談儒釋，深嘆服之。館于書齋半年，晨興相揖外，非時不許講。行不讓先後，坐不問賓主，相忘爾汝，傾倒緒餘，無日無法喜樂也。後以丞相張魏公挽住徑山，天下衲子靡然景從，衆將二萬指，慧不繩以清規【二七】，容其自律。每有禪者徵詰要義，或氣論不合，諍於大慧之前，慧不決巨細，例送堂司趁出。時維那紹真，蜀之義士，大慧凡有令下，寢而不行，甚則令遊山。後聞于慧，慧大稱之曰：「非妙喜龍象窟中，安得有此悦衆？」瑩仲温曰：「蓋師倜儻好義，越識高明，性雖急，量實寬，雖怒罵，中實慈，衆中有不徇律者，一時據令而行，未嘗有傷人害物之意。」師所以稱之者，深有旨矣，後人可不爲鑑？《正續傳》

冶父川禪師，蘇之弓級也，以宿種故，喜聽禪法，常參景德謙禪師，謙示以趙州狗子無佛性因緣，早夜參究，從爾廢職，尉怒笞之，忽於杖下大悟玄要，謙爲改名曰：「汝舊呼狄三，爾名道川，此去能竪起脊梁，益加奮勵，則其道如川之增，苟其放怠，無足言矣。」川佩服其訓，志願弗移，嘗頌《金剛經》，今行於世。開法冶父，冬至示衆曰：「羣陰銷盡一陽生，草木園林盡發萌。唯有衲僧無底鉢，依前盛飯又盛羹。」《舟峯集》

德山密禪師，會下有一禪者，用工甚鋭，看狗子無佛性話，久無所入。一日，忽見狗頭如日輪之大，張口欲食之。禪者畏，避席而走，鄰人問其故，禪者具陳，遂白德山，山曰：「不必怖矣。但痛加精彩，待渠開口，撞入裏許便了。」禪者依教，坐至中夜，狗復見前，禪者以頭極力一撞，則在函櫃中，於是爠然契悟。後出世文殊，道法大振，即真禪師也。《梅溪筆録》

神照如法師問法智尊者曰：「如何是經王？」尊者曰：「汝爲我主三年庫事，却向汝道。」如敬承其命，三年畢，如再請曰：「今當説矣。」尊者大喚「本如」一聲，忽然契悟。頌

曰：「處處逢歸路，頭頭是故鄉。本来成見事，何必待思量？」《教行録》

樝庵嚴法師，試經得度，依東山神照，照器之曰：「吾宗得人，益不墜矣。」擢居上首。師不特以講説爲尚，凡出處語默，必與其法相應而後已。時法真問止觀不思議境，師曰：「萬法唯一心，心外無別法。心法不可得，是名妙三千。」未幾法真移東掖，及謝事，命師繼踵，師曰：「昔智者年未五十，已散徒衆，四明年至四十，長坐不卧。吾老矣，又何人，詎暇住山乎？」竟不受。隱居靈鷲之東峯，有樝木一本，結庵於傍，名曰「樝庵」，其文曰：「予年六十，歸卜草庵，庵成養病其中，且不以矯激流俗爲意。庵之左有樝一樹，因名焉。夫樝，非名果珍也，比之于梨栗，豈無愧色？然梨以爽故致刻，栗以甘故見啖。儻使梨栗有識性，而自求於無用之地，且不可得。彼樝者與梓爲類，雖香而澁，强啖之，香不可使腹實，澁不可使口爽，縱三尺豎子，亦希採焉。磊磊在枝，有自得之狀，是可佳爾。於戲！人以智故勞其骨，樝以澁故安其身。智乎？澁乎？何者爲真？予之不智，得與樝鄰。」師奉身之具，止一小鉢，晨晝之飡唯三白，如是獨居二十年，閉門宴坐，世不可親。毗尼條章，輕重等護，便用之物，細至於扊扅，悉有潔觸，寂寥自得，專以安養爲所期。一夕，夢池中生大蓮華，天樂四列，師曰：「此吾淨土相也。」七日果逝。行業等記。

昔有一尊宿，以道學爲宗教所重，晚年被旨住山，雅爲聖君賞遇。臨終，上震悼，詔令宣葬，侍臣奏曰：「此僧衣鉢太富，見訟有司。」上不悦，眷禮遂衰。少雲曰：「惜哉！世

利能蔽名喪德，今豐儲厚斂者，烏可不戒？」《少雲雜編》

古德浴室示衆偈曰：「從本腥臊假合成，皮毛津膩逐時生。直饒傾海終朝洗，洗到驢年不解清。身惹塵埃沾尚淺【二八】，心隨欲境染尤深。堪憐舉世忘源者，只洗皮膚不洗心。滿斛盛湯大杓澆，檀那更望利相饒。後生若不知來處，福似須彌立見銷。」湖心石刻。

分庵主，爲道猛裂，無食息暇。一日，倚石闌看狗子話，雨来不覺，良久衣濕，知是雨爾。後因行江干，聞階司喝「侍郎來」，忽然大悟。偈云：「幾年箇事挂胸懷，問盡諸方眼不開。肝膽此時俱裂破，一聲江上侍郎來。」從是不規所寓，庵居劒門，化被嶺表，偈語走筆而成。自題像曰：「面目兜搜，語言薄惡，癡癡酣酣，磊磊落落。罵風罵雨當慈悲，是聖是凡難摸索。每日橋頭橋尾等箇人。世無王良，伯樂一生空過却。」隱山。

靈源清禪師，南州武寧人。風神瑩徹，好學不倦，黄太史曰：「清兄好學，若飢渴者之嗜飲食。」依晦堂，晝夜參決，至忘寢饍。一日，晦堂與客語話次，清侍立，客去久之，清只在舊處立，堂呼之曰：「清兄死了也！」於是有省。清與佛鑑書曰：「某兩處住持，凡接東山師兄書，未嘗有一句言及世諦。其叮嚀委囑在忘軀，弘示此道而已。」到黄龍，得書云：「今年諸莊皆旱損，我總不憂，只憂禪家無眼，一夏百餘人入室，舉箇趙州狗子話，無一人透得。此爲可憂。」至哉斯言！與憂院門不辦，怕官人嫌責，慮聲名不揚，恐徒屬不盛者，實相遠矣。《汀江筆語》等。

【二八】身惹塵埃沾尚淺 「沾」，原作「沽」，據五山版改。

佛燈珣禪師，雲川人。久依佛鑑和尚，隨衆咨請，邈無所入，俄歎曰：「此生若不徹證，誓不展被！」於是，四十九日只靠露柱立地，如喪考妣相似。偶佛鑑上堂曰：「森羅及萬象，一法之所印。」珣即頓悟，往見佛鑑，鑑曰：「可惜一顆明珠，被者風顛漢拾得！」圓悟聞得，疑其未然，乃曰：「我須勘過始得。」悟令人召至，因遊山，偶到一水潭，悟推入水，遽問曰：「牛頭未見四祖時如何？」珣狼忙應曰：「潭深魚聚。」又問：「見後如何？」「樹高招風。」又問：「見與未見時如何？」曰：「伸脚在縮脚裏。」悟大稱之。《舟峯語録》等。

秀州暹禪師，方五歲，秀氣藹然，母異之，令往資聖出家，徧歷禪會乃還，而秀郡未有禪居待來者，亦有所闕，師乃一更其院，如十方禪規主之。時吴中僧坐法失序，輒以勢高下，不復以戒德論，師慨然嘗以書求理於官，得正其事。師語明教嵩曰：「吾不能以道大惠於物，德行復不足觀，以媿於先聖人。苟忍視其亂法，是益媿也。」明教曰：「不必謙也，宗門道妙罕至，十二頭陀出世至行也，吾徒之所難，能爲法而奮不顧身，亦人之難能，師皆得而行之，又何愧乎？」《影堂記》

圓照本禪師，常州人。天質粹美，不事緣飾，依天衣懷和尚，弊衣垢面，探井臼，典炊爨，晝則驅馳僧事，夜則坐禪達旦，精勤苦到，略不少怠。或謂之曰：「頭陀荷衆良勞。」本曰：「若捨一法，不名滿足，菩提決欲，此生身證，敢言勞乎？」瑞光虚席，命師主之。

既至，擊鼓集衆，鼓忽墮地，圓轉震響。有僧呼之曰：「此和尚法雷震地之祥也。」俄失僧所在，從是法席大盛。後以諸刹爭迎之，晚主淨慈，與靈芝照律師友善，照授師法衣，師終身陞坐，必爲衣之。東都曦法師定中見淨土蓮華大書金字云：「杭州永明寺比丘宗本坐。」曦異其事，特往瞻禮，而問曰：「師是别傳之宗，何得淨土有位邪？」曰：「雖在禪門，常以淨土兼修爾。」行業等記。

仰山圓禪師，盱江人。稟戒後爲道勇決，聞妙喜居梅陽，往依之。服勤炊爨，精苦自勵。妙喜見其器識精敏，嘗異之。因小參，聞舉修山主「具足凡夫法，凡夫不知；具足聖人法，聖人不會。聖人若會，即是凡夫；凡夫若知，即是聖人」，忽然有契。後主衢之祥符，遷袁之仰山，視事閲七日，講禪門告香之禮，首坐領衆羅拜，咨以「生死事大，無常迅速，伏望慈悲開示因緣」，圓徐曰：「若欲究明生死事，直須於行住坐卧處覷看，生從何來，死從何處，畢竟生死，作何面目？」良久不起于坐，泊然蟬蜕。行狀。

大慧曰：「近代主法者，莫若真如喆；善輔叢林者，莫若楊岐會。慈明真率，作事忽略，殊無避忌；楊岐忘身，事之惟恐不周，惟慮不辦，雖衝寒冒暑，未嘗急己。惰容自南源終于興化三十年，總柄綱律，盡慈明一世而後已。真如者，始自東包行脚，逮于應世領徒，爲法忘軀，不啻飢渴；造次顛沛，無遽色，無疾言。」一室翛然，安靜自怡，嘗曰：「衲子内無高明遠見，外乏嚴師良友，鮮克有成器者。」嗟于二老，實千載後昆之美範也。

與西善書。

石牕恭禪師，道行孤峻，才刃有餘，久依天童宏智禪師，細大職務，靡不歷試。一日，歸省母，母曰：「汝行脚，本爲了死生、度父母，而長爲人主事，苟不明因果，將累我於地下。」恭曰：「某於常住，毫髮不欺，雖一炬之燈，亦分彼此之用。無足慮我！」母曰：「然過水得不脚濕？」《怡雲録》

泰華可夷也，飲食可無也，而孝不可忘也，故大孝同天地、竝日月，而健行不息。大戒曰：「孝順父母師僧，孝名爲戒，則孝可忘乎？吾儕祝髮預三寶数者，無問貧富貴賤，唯尚以道，唯尚以孝。間有父母無親屬供養者【二九】，佛許減衣鉢一分以奉之。若不躬父母之養者，非吾釋之子也。」《叢林分論》

牧庵朋法師，婺之金華人。見車溪卿公，發明大事，累尸大刹，學徒奔萃，惟恐其後。師臨講不預看讀疏文，俾侍者簽出起止，以樂説辯，流瀉不竭。嘗謂衆曰：「自領徒已来，七番講《摩訶止觀》，於正修中未嘗舉口道著一字。」又曰：「我於大部中欲作箇小難，如片紙大亦作不成。所謂文字性離，皆解脱也。」晚主明之延慶。一日，登坐講調御丈夫次，忽数士夫至，聽師舉唱，師曰：「若在儒教論丈夫事，如忠臣不畏死，勇士不顧生，故能立天下之大事，成億代之顯名，乃至不爲名利聲色所惑溺者，皆名丈夫。若在吾教，則以一心三觀爲舟航，六時五悔爲櫓棹，降伏諸魔，制諸外道，是名大丈夫爾。」士夫嘆美而去。行業。

【二九】間有父母無親屬供養　「供養」，原作「共億」，據五山版改。

無畏久法師，餘姚人。依慧覺璧公得旨，後徧歷禪會，嘗入徑山佛日之室，佛日夜坐，必召師至，命説天台旨趣，及《楞嚴》大意，深遇之。出世清修，學者雲集，師患後生單寮縱恣，闢屋爲衆堂，淨几明牕，蒲褥禪板，洒然有古叢社之風，講次見學者膠文，相鼓異説，歎曰：「天台之道由四明而興，亦由四明而廢，非聖人復生，孰能扶持哉？」識者謂師知言。師天資慧利，辯説如流，舉止委蛇，與物無忤，終身與之游處者，未嘗見有喜愠之色。日課七經，夜則宴坐，率以爲常。創無畏庵，歸老焉。塔銘。

紹興癸亥冬，大慧禪師蒙恩北還，時育王虚席，宏智和尚舉大慧主之。宏智前知其來多衆，必匱食，智預告知事曰：「汝急爲我多辦歲計，應香積合用者悉倍置之。」知事如所誡。明年大慧果至，衆盈萬餘指，未幾香積告匱，衆皆皇皇，大慧莫能錯。宏智遂以所積之物盡發助之，由是一衆咸受其濟。慧詣謝曰：「非古佛，安能有此力量？」慧一日執智手曰：「吾二人偕老矣，爾唱我和，我唱爾和，一旦有先溘然者，則存者爲主其事。」越歲宏智告寂，大慧竟爲主喪，不逾盟也。《雪牕雜記》

圓覺慈法師，解行兼備，學者宗之。東掖虚席，能、文二師然指請師主之，慈至，法席鼎盛，盛暑講罷，歸方丈偃息，而文適至，謂師曰：「東掖道場，世世皆有道者主之，講罷不在懺室，即在禪堂，未有偃卧自恣者也。」慈聞曰：「敢不敬命？」自後祁寒溽暑，殊不少怠。《草庵録》

南岳讓和尚參六祖，有般若多羅讖云：「汝一枝佛法從汝邊去，向後出一馬駒，蹋殺天下人在。」即馬祖是也。祖出八十四人善知識，世人謂之觀音應化，凡住持皆王臣供給，有院主二十年管執常住，不置文曆，一日，有司磨勘，囚禁在獄，乃自惟曰：「我此和尚不知是凡是聖，二十年佐助伊，今日得此苦毒之報。」馬祖於寺中覺知，令侍者裝香，端然入定，院主於獄中忽爾心開，二十年用過錢物，一時記得，令書司口授筆寫，計筭無遺。《通明集》

雪堂行和尚云：「高庵爲人端勁，動靜有法，處己雖儉，與人甚豐。聞人有疾，如出諸己；至於蒼頭廝役，躬往候問，聽其所須。及死，不問囊篋有無，盡禮津送，其深慈愛物，真末世之良軌。」《怡雲録》

黄太史與胡少汲書曰：「公學道頗得力，治病之方當深求禪悦，照破生死之根，則喜怒憂患，無處安脚，疾既無根，枝葉無能爲害，投子聰、海會演，皆道行高重，不愧古人。若從文章之士學妄言綺語，只增長知見，何益於己事？」《梅溪集》

簡堂機禪師，台之仙居楊氏子。風姿挺異，才壓儒林。年二十五，棄妻孥學出世法，晚見此庵元禪師，密有契證。出應莞山，刀耕火種，單丁者一十七年。偈云：「地爐無火客囊空，雪似楊花落歲窮。拾得斷麻穿壞衲，不知身在寂寥中。」每謂人曰：「某猶未穩在，豈以住山落吾事邪？」而念道不減，在衆之日，晝夜參究，殊不少廢。一日，偶看斫樹倒地，忽然大悟。平昔硋膺之物，泮然冰釋。未幾，有江州圓通之命，師曰：「吾道將行。」即欣然曳杖而去，登坐說法云：「圓通不開生藥鋪，單單只賣死貓頭。不知那箇無思筭，喫著通身冷汗流。」《大同拾遺》

隱山與靈空書曰：「沙門高尚大聖慈蔭之力，後世紛紛者自卑賤之。三三兩兩出沒於泉石間，其氣象與天台巖洞無異。頻頻傴僂王公之前，得不爲識者掩口？年来糞火煨芋，不起謝恩之風，固不復見。覓一人如政黃牛志庵主，大似掘地覓天。」

紹興十三年，左修職郎詹叔義上《財賦表》，乞住賣度牒，朝廷依。至三十二年，侍郎吴子才上表陳請，仍許頒賣。尋被論，以爲佞佛邀福，罷歸巖谷，宴坐一榻，味經禪以自飫，弄雲泉以自娱。仍製一棺，夜則偃卧其中，才至分夜，令二三童子擊棺而呼曰：「吴子才，歸去來，三界無安不可住，西方淨土有蓮胎。」吴聞即起禪誦，如是精進者数年。及終，命家人曰：「汝聞乎？」家人曰：「不聞。」吴曰：「汝當斂念而聽，悉聞空中隱然有天樂之音。」吴曰：「清淨界中，失念來此；金臺既至，則予行矣。」言訖而逝。《雪牕記》

寂室光禪師住靈隱日，兄往訪之，茶湯而退，兄意不悅。知事延至庫堂，備食待之。光聞曰：「無故受食，他日累我在。」令兄填還而去。《汀江筆語》

長靈卓禪師命無示立僧，法席嚴肅，不事堂廚，唯安禪以當佳供，夜參以當藥石，其間衲子有不任者，無示告卓曰：「人以食爲先。若是，則衆將安乎？」卓愠之曰：「表率安

可爲此？」無示云：「某不爭堂厨，教誰爭邪？」《慈航小參》

孝宗賜佛照禪師手詔曰：「禪師所奏菩薩十地，乃是修行漸次，從凡入聖，夫復何疑？方知脚踏實處，十二時中曾無間斷，以至圓熟，雜染純淨，俱成障礙。作止任滅，脱此禪病，當如禪師之言，常揮劒刃，卓起脊梁，發心精進，猶恐退墮，每思到此，兢兢業業，未嘗敢忽。今俗人乃以禪爲虚空，以語爲戲論，其不知道也如此。兹事至大，豈在筆下可窮？聊叙所得爾。」

慈航朴禪師，福州人。生于世家，忽厭浮幻，脱身從釋。師納戒時，身心輕安，如在空際，戒師曰：「子真得上品妙戒矣。」由是終身持戒嚴甚。主天童二十年，未有一日輒背衆食，雖病不違，奉己甚約，待衆至豐。有小師知庫畢，歸拜師曰：「某竭力營轉，增一倍贏，不敢自與，納之常住。」師怒曰：「汝所贏者，從巧取不義得之，常住物乃淨財也，豈容汝不義物乎？」終不納，其僧逐之。師凡童行剃染，令入沙彌寮，習登壇受戒儀軌，及誦《遺教經》，方令受具戒。受具畢，入新戒寮，受持三衣一鉢，夜則展坐具，披五條而睡，復請一精誦戒經者，與之教授，誦至通利，方許參堂。越二三夏，山門方督掌務，願遊方者，師必欣然動于眉睫，贈道具促其行。嘗誡其徒曰：「古者爲僧，朝廷以試經得度，故發心從釋者，皆英特上行，誓求佛果之士也。爾時佛法淡薄，名存實忘，多資者服方袍，資不贍者，裨販爲利，貪僞捷出，無所不至。一朝得預緇流，自謂畢生了辦，更不克己進修，便乃撥無因果，虛喪光陰，徒消信施。皆由不知出家正因，不明佛法罪淨，不解三乘十二分教，不達一切諸法本空，未得謂得，未證謂證，諂奉貴權，干求應世。且無爲法，身心一味，貪嗔造過，如斯之徒入我法内，傷敗壞亂，爲害滋多。佛言譬如師子身中蟲，自食師子身中肉，非外道天魔能破汝。既正因出家，正因爲僧，須當遠離魔道，遵持佛戒。若是達道人，總不消恁麽，奈汝積劫至今，心識昏倒。爲僧之初，不以三衣一鉢、種種禁戒制御其心，安可入？道譬如象馬，儱㑳不調，加諸楚毒，方乃調伏。若不如是，異時三塗苦，重悔將無及。我在無示會中，凡遇五夜，必參誡行者，我須往聽，聞他苦口爲人，不覺涕淚俱下。凡登無示之門，聽其舉揚，觀其行事，雖老於叢林者，亦皆汗下心死。蓋者老和尚生平真實，行説俱到，四十餘年不食非時，不畜衣鉢。至於持己細行，悉徇律制。以故所至住山，不動聲氣，自然法席雍肅，諸方目曰『鐵面』。汝爲釋子，當抗志慕古，依言立行，毋墮庸俗，無示嘗曰：『我爲主法者，若不方便教汝，攝心爲道，汝他日無知造罪，老僧未免同汝受苦。今不可使汝無聞，聞而不行，非我之咎。』」不見良禪師，靖州人，楊岐會下尊宿。有小師犯戒律，臨終入惡道，其母夢其子銜恨於師曰：「皆父師不能導我爲善，致受是苦。」其母以是夢告於良，良未之信。龍圖徐禧德占，是時爲布衣，嘗參扣於良。德占俄夢入一官府，兵吏斧鉞，森列左右，熟視之，乃良禪師坐於庭下，鬼卒以杵撞其背，號叫震裂。復見其小師枷鏁杻械，蹲踞其側。德占問守閽吏曰：「二僧何罪？」吏曰：「老者乃少之師，以其師平時不能訓導，縱令破戒，故師之罪特重爾。此猶生報，後七日與子同墜無間，斯爲大苦。」德占夢覺，遂詢良之所以，乃云：「数日来，背痛如擊撞，藥不可療。」七日果卒。德占嘗擘窠大書于分寧諸剎之壁。紹熙間，光孝超禪師榜于天童行堂壁。

法智尊者，學行高妙，凡所著作，莫不立宗旨，闢邪説，開奬人心，到真實地。指要書成，雪竇顯禪師持出山，羞齋爲慶，仍有茶榜，具美其事。則知在昔，禪教一體，氣味相尚，至有如此，與今暗禪奪教者，非同日語也。《草庵録》

黄龍心禪師，南雄人。爲儒生有聲，年十九目盲，父母許以出家，忽復見物。遊方，謁南禪師，雖深信此事，而不大發明。辭往雲峰，會峰謝世，就止石霜，因閲《傳燈》，至「僧問多福：『如何是多福一叢竹？』福曰：『一莖兩莖斜。』僧云：『不會。』福曰：『三莖四莖曲。』」，此時頓見二師。歸禮南公，方展坐具，南曰：「汝入吾室矣！」師亦踴躍自喜，即應曰：「大事本来如是，和尚何用教人看話下語？」南曰：「若不令汝究尋到無用心處，自見自肯，吾則埋没汝也。」會南入滅，道俗請師繼踵，四方歸仰，不減南公時。然師雅尚真率，不樂從務，五求解去，乃得謝事。未幾，謝師直守潭州，虚大潙以致師，三辭不往；又屬江西轉運彭器資請所以不應長沙之意，師曰：「馬祖百丈以前無住持事，道人相尋於空閑寂寞之濱而已。其後雖有住持，而王臣尊禮爲天人師。今則不然，挂名官府，直遣伍伯追呼，此豈可復爲也？」器資以斯言及命，師直復致書曰：「願得一見，不敢以住持相屈。」師與四方公卿，意合，千里應之；不合，雖数舍不往。師以内外書徵詰開示，使人因所服習，克己自觀，悟則同歸，歸則無教。諸方訾師不當以外書糅佛説，師曰：「若不見性，則祖佛密語盡成外書；若見性，則魔説狐禪皆成密語。」故四十年間，士大夫聞其風而開發者衆矣。庭堅宿承記莂，堪任大法，道眼未圓，來瞻窣堵，實深安仰之嘆。乃勒堅珉，敬頌遺美。塔銘

宏智覺禪師，隰州人。未遊方時，預夢天童之境，嘗紀之曰：「松徑森森窈窕門，到時微月正黄昏。」建炎間，謝事長蘆，訪真歇寶陀巖，及到天童，宛如昔夢，尋爲州府敦請住山，師固辭。後爲衲子，肩至法坐，由是黽勉而受。居山三十年，傳法之外，百具鼎新。常安千餘衆，而齋厨豐衍，甲於諸刹，衲子得以安然辦道。師嘗爲衆行乞，吴越人篤信其化，金帛之施，不求而至，師謂諸檀曰：「化汝布施，令破慳心，毋專施於我。」後有小寺僧來，却願施之。或見廢寺窘乏，及窮民老弱輩，即出衣資，施令歡喜。師未嘗儲積，用盡爲度爾。有隰州僧哲魁者，孤硬人也，潛跡坐下，不言鄉所，經十餘載始知宏智鄉人。宏智聞，欣然訪曰：「父母之邦，何太絶物乎？」智欲招至方丈，魁謝曰：「已事尚未辦，豈暇講鄉禮邪？」即曳杖而去，人莫能挽，徑往寶陀真歇故居禪，宴月餘日。臨終，召衆説法而逝，闍維舍利無数。雪牕誌其事。

歐陽文忠公遊嵩山，放意而往，至一古寺，風物蕭然，有老僧閲經自若。公與語，不甚

顧，公問曰：「古之高僧臨死生之際，類皆談笑脱去，何道致之？」僧曰：「定慧力。」公曰：「今寂寞無有，何哉？」僧曰：「古人念念在定，臨終那得散？今人念念在散，臨終安得定？」文忠嘆服之。《林間録》

馮濟川居士施藏經願文，其略曰：「予之施經，一事而具二施。何故？以財贖經是謂財施，以經傳法是謂法施。按佛所説，財施，後世當得天上人間福德之報；法施，當得世智辯聰蓋衆之報。當知此二報，皆是輪回之因，苦報之本。我今發願，願回此二報，臨命終時，莊嚴往生極樂世界，蓮華爲胎。見佛聞法，悟無生忍，登不退階，入菩薩位，還来十方界内，五濁世中，普見其身而作佛事。以今日財法二施之因，如觀音大士具大慈悲，游戲五道，隨類化形，説諸妙法，永離苦道，令得智慧，普與衆生，悉得成佛，乃予施經之願也。」《舍經碑》

北峯印法師戒睡曰：「佛法欲滅而調養幻身，然此臭身終爲灰土。苟因樹立以致死，不亦大丈夫？」又曰：「説得過人，不濟得事，須是行得過人。若自己分上一點用不著，雖記得千經萬論如阿難，亦何足貴？」又曰：「嘗與見識人論住持與顯寺門法，曰：『不出勤奉香火，常住潔白，將衆人爲事。』予深喜此説盡理。若無識人論，則汙下趨俗，失本色人體矣。」《自行録》

資壽總禪師，蘇氏，元祐間丞相孫女，年十五懵不知禪之所謂，唯疑人之處世，生則不知來處，死則不知去相，於是斂念，忽有所省，自不以爲異，意其爲最靈者，靡不如是，亦未嘗以語人。及勉從庭闈之命，歸西徐許壽源，無幾何而深厭世相，齋潔自如，且欲高蹈方外，抗志慕古，遂謁薦嚴圓禪師。圓曰：「閨門淑質，何預大丈夫事邪？」總曰：「佛法分男女等相乎？」圓詰之曰：「如何是佛？即心是佛，汝作麽生？」總曰：「久響老師，猶作者箇語話？」圓曰：「德山入門便棒聻。」總曰：「老師若行此令，不虛受人天供養。」圓曰：「未在。」總以手拍香臺一下。圓曰：「有香臺，從汝拍，無則如何？」總便出。圓呼曰：「汝見甚麽道理便與麽？」總回首曰：「了了見無一物。」圓曰：「者箇是永嘉底。」總曰：「借他出氣又何不可？」圓曰：「真師子兒。」時真歇禪師庵於宜興，師徑造焉。真歇端坐繩牀，總才入門，真歇曰：「是凡是聖？」總曰：「頂門眼何在？」曰：「覿面相呈事若何？」總提起坐具。歇曰：「不問者箇。」總曰：「蹉過了也。」歇便喝，總亦喝。總於江浙諸名宿參扣殆徧，從壽源守官嘉禾，唯未見妙喜爲念。適妙喜俱馮濟川舟御氏城，總聞之往禮敬而已。妙喜謂濟川曰：「適來道人却曾見神見鬼？來但未遇鑪鞴煅煉，恰如萬斛舟在絶潢斷港中，未能轉動爾。」馮軒渠曰：「談何容易邪！」妙喜曰：「他若回頭定須別。」翌日，壽源命喜説法，喜顧衆曰：「今此間却有箇有見處人，山僧驗人如掌關吏，才見其來，便知有無税物。」及下坐，總遂求道號，喜以無著名之。明年聞徑山法席盛，即往度夏。一夕宴坐，忽有契悟，頌曰：「驀然撞著鼻頭，伎倆冰消瓦解。達磨何必西來？二祖枉施三拜。更問如何若何？一隊草賊大敗。」喜復之曰：「汝既悟活祖師意，一刀兩斷直下了。臨機一一任天真，世出世間無剩少。我作此偈爲證明，四聖六凡盡驚擾。休驚擾，碧眼胡兒猶未曉。」總因入室，喜問曰：「適来者僧祇對，汝且道老僧何故不肯他？」曰：「爭怪得妙總？」喜舉竹篦云：「汝唤者箇作甚麽？」總曰：「蒼天！蒼天！」喜便打。總曰：「和尚他後錯打人去在。」喜曰：「打得著便休，管甚錯不錯！」總曰：「專爲流通。」總一日禮辭旋里，喜曰：「汝下山去，有人問此間法道，如何祇對？」總曰：「未到徑山，不妨疑著。」喜曰：「到後如何？」總曰：「依舊孟春猶寒。」喜曰：「恁麽祇對，豈不鈍置徑山？」總掩耳而出，由是一衆歆艷。無著之名大著于世，晦藏既久，遂服方袍。師年德雖重，持律甚嚴，苦節自礪，有前輩典刑。太守張安國以師道望，命「出世資壽」，未幾求謝事，歸老家墅焉。《投機傳》

道曇法師，常州人。於禪定中得慈忍三昧，有猿鳥常供花果，乃爲受戒説法而去。至夜施鬼神食時，祝之曰：「食吾食，受吾法，同爲法侶。」年九十餘而四方師事，受法者皆新學少年。師凡閲經，炷香九禮，趺坐良久，然後開帙。常訓諸徒曰：「夫窺聖教，意在明宗。若不端己虚心，爭到如来境界？誠匪小緣，莫生容易。」《孫仲益碑》

郭道人，世爲鐵工，嘗參景德忠禪師，忠曰：「汝但去其所重，扣己而參，無有不辦。」忠一日上堂，舉「善惡如浮雲，起滅俱無處」，郭於言下忽然心開，自是出語異常。及卒，

別親故，趺坐說偈曰：「六十三年打鐵，日夜扇韛不歇。今朝放下鐵鎚，紅爐變成白雪。」《類說》

伊庵權禪師，臨安昌化祁氏子。幼莊重，嶷然如成人。十四得度，通內外學，依無庵全禪師，用工甚銳，至晚必垂淚曰：「今日又只麼空過，未知来日工夫如何？」師在衆，不與人交一詞，毅然自處，人莫能親疏之。嘗夜坐達旦，行粥者至，忘展鉢，隣人以手觸之，師感悟，爲偈曰：「黑漆崑崙把釣竿，古帆高挂下驚湍。蘆花影裏弄明月，引得盲龜上釣舡。」無庵喜，以爲類己。乾道間，出應萬年。宿學老師見其威儀，聽其舉揚，皆拱手心醉，內外萬指，井井然如入官府。師所至行道，與衆同其勞，尚書尤公袤曰：「住持者安坐演法，何至躬頭陀行邪？」師曰：「不然。末法比丘增上驕慢，未得謂得，便欲自恣。我以身帥，尚恐不從，況敢自逸乎？」近世言禪林標準者，必以師爲稱首也。行狀。

東山淵禪師，業履端潔，聞于叢林。自東山遷至五峯，見火箸與東山所用者無異，遂詰其奴曰：「莫是東山方丈物乎？」奴曰：「然。彼此常住，無利害，故將至之。」淵誡之曰：「汝輩無知，安識因果？有互用之罪。」急令送還。《怡雲録》

別峯印禪師住雪竇日，有小師訴頭首之過，峯厲聲怒曰：「汝是我小師，包含上下則可，反来說人過惡邪？置之左右，必敗吾事。」遂杖逐之。聞者歎曰：「何其明也！」《少雲雜記》

淳禪師，劒州人，出世丹霞，宏智爲侍者，在寮中與僧徵詰公案，宏智不覺大笑。適丹霞過門，至夜參問云：「汝早来大笑，何謂？」答曰：「因詰僧話，渠答太麤生，所以發笑。」淳曰：「是即是，汝笑者一聲，失了多少好事。不見道，暫時不在，如同死人。」宏智敬拜服膺，後雖在暗室，未嘗敢忽。雪牎記。

成都昭覺祖首坐，久參圓悟，因入室問即心是佛，從此有省，圓悟命分坐。一日，爲衆入室問：「禪者曰生死到来，如何回避？」僧無對。祖擲下拂子，奄然而逝。衆皆愕眙，亟以聞悟，悟至呼曰：「祖首坐！」祖復開目。悟曰：「抖擻精神透關去。」祖復點頭，竟爾長寢。東林顔屯庵記其事。

韓退之曰：「且愈不助釋氏而排之者，其亦有説。」至於歐陽永叔曰：「佛法爲中國患千餘歲，世之卓然不惑而有力者，莫不欲去之，已嘗去矣，而復大集，攻之暫破而愈堅，撲之未滅而愈熾，遂至於無可奈何。」二皆欲壯其儒道，雖排之破之，實激揚吾釋氏之道，何害之有？公論。

舒王問佛慧泉禪師曰：「禪家所謂世尊拈花，出自何典？」泉云：「藏經所不載。」王云：「頃在翰苑，偶見《大梵王問佛決疑經》三卷，因閲之。經中所載甚詳：梵王至靈山會上，以金色波羅花獻佛，捨身爲牀坐，請佛爲羣生説法。世尊登坐，拈花示衆，人天百萬，悉皆罔措，獨迦葉破顔微笑。世尊云：『吾有正法眼藏，涅槃妙心，分付摩訶迦葉。』」

泉嘆其博究。《梅溪集》

秦國夫人計氏法真，因寡處，屏去紛華，蔬食弊衣，習有爲法，於禪宗未有趨嚮。因徑山大慧遣謙禪者致問其子魏公、浚公，留謙以祖道誘其母。真一日問謙曰：「徑山和尚尋常如何爲人？」謙曰：「和尚只教人看狗子無佛性，只是不得下語，不得思量卜度。只舉狗子還有佛性也無，州云無【三〇】。只恁麼教人看。」真遂諦信，以狗子話晝夜參究，坐至中夜，俄有契，連作數偈，呈於大慧。其後云：「終日看經文，如逢舊識人。莫言頻有礙，一舉一回新。」語録。

神光者，磁州人，曠達之士也。居伊洛，博覽羣書，善談玄理，每歎曰：「孔、老之教，禮術風規，經論之詮，未盡妙理。近聞達磨大士住止少林，至人不遥，當造玄境。」光乃往彼，晨夕參承，大士唯端坐面墻，莫聞師誨，光自惟曰：「昔人求道，敲骨取髓，捨身求偈。古尚若此，我又何人？」其年十二月九日，夜大雪，光立于庭中，遲明積雪過膝。師憫而問曰：「汝立雪中，當求何事？」光悲涙曰：「惟願慈悲，開甘露門，廣度羣品。」師曰：「諸佛無上妙道，積劫勤求，難行能行，難忍能忍。汝豈以小德小智，輕心慢心，欲覬真乘乎？」光聞師誨，潛取利刀，自斷左臂，置于師前。師知是法器，乃曰：「諸佛最初求道，爲法忘軀。汝今斷臂吾前，求亦可在。」因與易名曰「慧可」。光曰：「諸佛法印，可得聞乎？」師曰：「諸佛法印，匪從人得。」光曰：「我心未安，乞師安心。」師曰：「將心來，與

【三〇】只舉狗子……州云無 案：《五燈會元》卷二十《秦國夫人計氏》作：「狗子還有佛性也無？無。」此處「州云」所指不明。

汝安。」光曰：「覓心了不可得。」師曰：「與汝安心竟。」光即契悟。《傳燈》

永明壽禪師，先丹陽人。父王氏，因縻兵寇，歸吴越爲先鋒，遂居錢塘。師生有異才，及周，父母有諍，人諫不從，輒於高榻奮身于地，二親驚懼，抱泣而息諍。長爲儒生，年三十四，往龍册寺出家受具。後苦行自礪，唯一食，朝供衆僧，夜習禪法。尋往台之天柱峯，九旬習定，有尺鷃巢于衣裓。暨謁韶國師，一見深器之，密授玄旨，仍謂師曰：「汝與元師有緣，他日大興佛事。」初住明之資聖，至建隆元年忠懿王請居靈隱新寺，爲第一世；明年請居永明道場，衆盈二千，皆頭陀上行願爲僧者。師即奏王，與度牒剃染，因僧問「如何是永明旨」，師示偈曰：「欲識永明旨，西湖一湖水。日出光明生，風来波浪起。」又僧問：「學人久在永明，爲甚不會永明家風？」師曰：「不會處會取。」僧云：「不會處如何會？」師曰：「牛胎生象子，碧海起紅塵。」開寳七年謝事歸華頂峯，頌曰：「渴飲半掬水，飢飡一口松。胷中無一事，高卧白雲峯。」偶讀《華嚴》至「若諸菩薩不發大願是菩薩魔事」，遂撰《大乘悲智願文》，代爲羣迷日發一偏。在國清修懺，至中夜旋繞次，見普賢像前供養蓮華忽然在手，從是一生散華供養，感觀音大士以甘露灌口，獲大辯才。著《宗鏡》一百卷，寂音曰：「切嘗深觀之，其出入馳騖於《方等契經》者六十本，參錯通貫。此方異域聖賢之論者三百家，領略天台賢首，而深談唯識，率折三宗之異義，而要歸於一源。故其横生疑難，則鈎深賾遠；剖發幽翳，則揮掃偏邪。其文光明玲瓏，縱横放肆，所以開曉自心，成佛之宗，而明告西来無傳之的意也。」禪師既寂，叢林多不知名。熙寧中，圓照禪師始出之，普告大衆曰：「昔菩薩晦無師智、自然智，而專用衆智，命諸宗講師自相攻難，獨持心宗之權衡，以準平其義，使之折中。精妙之至，可以鏡心。」於是衲子爭傳誦之。元祐間，寶覺禪師年臘雖高，猶手不釋卷，曰：「吾恨見此書晚矣。平生所未見之文，功力所不及之義，備聚其中。」因撮其要，處爲三卷，謂之《冥樞會要》，世盛傳焉。後世無是二大老，叢林無所宗尚，舊學者日以慵墮，絶口不言；晚至者日以窒塞，游談無根而已。何從知其書，講味其義哉？脱有知之者，亦不以爲意，不過以謂祖師教外别傳，不立文字之法，豈當復刺首文字中耶？彼獨不思達磨已前，馬鳴、龍樹亦祖師也，而造論則兼百本契經之義，泛觀則借讀龍宫之書。後達磨而興者，觀音、大寂、百丈、黄檗，亦祖師也。然皆三藏精微，該練諸宗。今其語具在，可取而觀之，何獨達磨之言乎？聖世逾遠，衆生根劣，趣慮褊短，道學苟簡，其所從事，欲安坐而成，譬如農夫墮於耕耘，垂涎仰食，爲可笑也。師嘗願曰：「普願十方學士、一切後賢，道富身貧，情疏智密，闡揚佛祖心宗，開鑿人天眼目。」實録等。

跋

古之人以修心爲要，心之正，行毋越思，言斯鳴道，使夫後進其可師模，有何禪教律、儒釋道之異也？蓋至公則天下共之。四明禪者秀公，篤志于此，履歷叢林，玄機綜覽，隨所聞見，集成此書，闢人天眼目，因以「寶監」名焉。走大圓覺，求之刊行，非獨發明先輩幽德潛光，將與同志力追此道。予嘉其説，遂跋其後云。時紹定庚寅自恣前一日，古岑比丘師贇書于萬壽歸雲堂。

秀書記集古成書，曰《人天寶鑒》，請著語，遂下一轉云：「先德情知已厚顔，那堪落井更攀欄？本来一點明如日，胡漢何曾自照看！」紹定庚寅中秋住靈隱妙堪書。

林文節元祐日記

◎林　希撰

黃寶華　整理

點校説明

《林文節元祐日記》，林希撰。林希（一〇三五—一一〇一），字子中，號醒老，福州福清人。嘉祐二年進士，神宗朝知太常禮院，哲宗元祐初爲秘書少監，進中書舍人，歷知蘇、宣、湖、潤、杭、亳諸州。紹聖初出知成都府，道闕下，時章惇用事，遂留行，復爲中書舍人，修《神宗實録》兼侍讀。時行紹述之政，黜元祐群臣，希皆密豫其議，司馬光等數十人之制皆出其手，爲士論所恥。徽宗立，徙大名府，奪職知揚州，徙舒州。卒於建中靖國元年，年六十七，謚文節。

林希日記未見諸家著録，理宗紹定初年，岳珂得其手書日記殘帖三卷，收入其《寶真齋法書贊》卷十七，《元祐日記》即其中之一。每帖後各附贊文一首。《元祐日記》殘帖記十日事，所録有朝中事務及人際交往，其中記新拜相之司馬光神氣宛然，蓋林希於元祐初任中書舍人時所撰。

《寶真齋法書贊》二十八卷收入《四庫全書・子部藝術類》，後又刊入武英殿聚珍版書，《叢書集成初編・藝術類》收入此書，即據武英殿聚珍版排印。今次整理以文淵閣《四庫全書》本爲底本，校以武英殿聚珍本。原書所附岳珂之贊，則保留其序文以資參考。

《林文節紹聖日記》，林希撰。林希生平簡介已見《林文節元祐日記》整理説明。此日記包括前帖與後帖兩殘卷，爲岳珂收入其《寶真齋法書贊》卷十七。據岳珂所附之贊序，前帖記施珣獄事，事載李燾《續資治通鑒長編》「紹聖二年八月癸未」；後帖記杏子河事，事在紹聖四年。檢今本《續資治通鑒長編》及清黄以周等輯《續資治通鑒長編拾補》，此二事均失載，故此二帖彌足珍貴。

今據文淵閣《四庫全書》本作底本，參校武英殿聚珍本而加以整理，保留原書所附岳珂之贊序，以供參考。

林文節元祐日記帖

晚與開、育詣右相，則閽者遠已見拒，云今日不見客，深疑其有謂也。與二君至寶勝，火氣滿面，寺居既迫狹，帷帳亦蕭索，惟鄧、陸及余三人者至。又訪鄧、陸而歸。季謙得告，鄧方據几揮筆，如屬藁者。是夕鏁院。庚辰，垂箔。崇政朔班起居畢，移班常起居文德。吕左丞押麻，蔡揆以本官罷爲觀文大學士、判陳州，不遷官，不加食邑。司馬門下遷左僕射。宣制畢，微雨，閭巷翕然【一】，云司馬雨。邦直云：典午密薦持國代己，恐除作門侍，降詔諭右相，以異省無嫌。辛巳，惠卿揚州，景温，竇直太原，唐埛濠州，陳師錫無爲倅，霍翔太平觀。熱，舒、范二丞入。晚同開、育見新相，司馬公頂光帽而坐，氣潔清而瑩，精神康安，云足腫，瘡面大如手掌，黄水出未止，足弱無力，未知何時可出，更聞新命。戊子，昭憲淑德忌，西閤東門慰退，景靈行香，當設食。訪杜訢、孔宗翰、鄭穆，劉邠卧内云，兩脚脱去兩皮襪，卧而言，皆名理之談也。己丑，聞於進邸追取蔣之奇告【二】。内批，夜大風雨。庚寅，中伏。早出西城凝真觀，同次中别舜卿於長慶。長慶，楊太后父母墳寺也。初斸地得龜蛇，因於寺東建小觀，設真武像，今俗以寺爲龜兒寺，觀爲黑殺觀。觀後以水，移在寺西南隅，隔一垣爾。季謙解舟。辛卯，六參潞公乞面，退至都堂。晚見厚卿。壬辰，天貺節假。晚晤謝子敦、劉兖州、葉祖

校勘記

【一】閭巷　「巷」原作「卷」，據武英殿聚珍本（以下簡稱「聚珍本」）改。

【二】蔣之奇告　「告」原作「古」，據聚珍本改。

洽等。癸巳，批問王存因何除樞密直學士。璪甚撓，引惠卿向除大資政，以服未受，後再除爲對。甲午，垂箔，潞公、司馬公、呂公皆門謝封贈及加俸。潞公初特班，升殿同奏事，奏事少頃，三省、樞密先下，潞公獨留身，出一劄子奏對。

右林文節《元祐日記帖》真蹟一卷。元祐之際盛矣！公道肆啓，羣賢彙征，肖翹翾蠕，熏和茹粹，以躋登於太平【三】，震古盪今，前無唐虞。攷之一卷之書，藹然德馨，尚可挹也。帖以廢紙，後有鄧文約中丞簡尺，字甚楷正，不類其爲人。紹定之元五月，得之蘇門士人王之德。

【三】以躋登於太平　「躋」原作「濟」，據聚珍本改。

◎林　希撰

林文節紹聖日記

黄寶華　整理

林文節紹聖日記前帖

等搆陷，乞置獄例興獄。朴助云：「頻頻興獄，不是好事，陛下且與含容。今若再勘，即是以斷張商英俱爲不當。」上云：「羣小結搆，傾陷宰相，不是好事，自與張商英事不干涉。」宣云：「臣從初便奏開封獄事，不爲無意。章某既有所陳，莫須與他明辨。」上曰：「差何人勘得？」宣即探上意云：「常安民如何？」上搖頭曰「不可」。宣曰：「莫是此人不平穩否？」上曰：「然。」宣曰：案此篇凡稱「宣」者指曾布，蓋因布字子宣。稱「朴」者指韓忠彥，猶曾布《日録》稱章惇爲夔、李清臣爲彥也。「孫諤如何？」上曰：「諤得莫又道是章某所引薦人否？」宣曰：「諤乃衆人共稱之，非獨章某也。」上以爲然。又云：「見説全是吏人酈保者爲之。」字酈保，李燾《長編》作酈賓。蓋酈本賤吏，當時隨手記載，不復詳攷也。是夜批出，與路昌衡同勘，閤子内同坐。相云：「適來上前，諤所奏皆有實跡，王誼、李祉莫要付獄推究，盡有來歷。」安、李默然。安徐曰：「相公有許多機智，又要興獄，真有鄉風也。」謂福建子。答云：「某雖是建人云。」

右林文節《紹聖日記前帖》真蹟一卷，首尾糜爛，僅存一幅，蓋記施珣獄事。按李氏《續通鑑長編》，紹聖二年八月癸未，宰臣章惇奏：「臣嚮聞開封府司勘蓋漸公事，户曹施珣初言干涉臣子弟，緣臣舊曾薦舉，欲乞迴避。兼士曹王謹術嘗與人言府官本意，欲從蓋漸及僧本召求張商英之罪，復從此數人推及臣與蔡京。又司録陳厚亦言蔡京受漸錢百千，并言事連貴要近臣，不可不治。乃至稱説王震親得聖語，傳言吏人鄺實使人窮究，物論騰播，駭於衆聞。今來蓋漸等案内並不見有上件事節，未曉所以。若臣之子弟果於漸事有所干預，則法自貴者始，所當先治，豈以臣故爲之隱諱撓法？審或無之，未委施珣，何故輒欲迴避？恐出於陳厚等。陳厚初時脅致囚語，有中傷臣之心。臣備位宰臣，而爲羣小結架如此，若不根治，恐小人陰相交通，愈肆姦險，傾摇國事，無所不至。欲望特賜選官，依公盡理，根究施行。」御批：「可差路昌衡同孫諤置司根治。」尋又批：「應干連人，特不以赦原，仍令路昌衡等依公盡理根究，不得滅裂。」先是，開封鞫蓋漸假貸行賂事，事連主管府司檢校庫王厚，并及宰相章惇。厚者，韶子也，訴於惇云：「府司録陳厚承王震意，鞫獄不實。」故惇亟自列，乞别推。上以諭布等，忠彦曰：「如此，即須并張商英重勘。商英已貶，恐不可更行。」上曰：「惇但爲衆人因商英事譖害己，無預商英事。」布曰：「此事虛實曲直，自繫惇舉措，朝廷爲之别推，亦不妨。然又須起獄。」上曰：「起獄固非好事，然惇既有文字，殆不可已。此事虛實，卻在王厚。」忠彦曰：「數起獄不便。」布曰：「此事更在聖意裁處。」忠彥亦云然。翼日，上又諭忠彥等：「惇堅乞別推，而安燾以爲無此例。」忠彥曰：「別推即前日責商英及陛下從初行蓋漸事都非是。」上曰：「不爲此，惇言燾等架造事，欲傾己。」布曰：「如此則事體愈大，燾何可沮止？」上曰：「不治此，但治其下耳。惇云吏酈實者具知本末，但治實則其他情實皆可見。王厚所指，證佐甚多，如王謹術、施珣、陸長倩及一同監檢校庫宋侍禁者俱是。兼所聞皆陳厚之語。」又云：「陳厚言連元台及其子弟，以此珣言欲迴避。蓋惇曾舉薦珣。」又云：「蔡京亦受百千。」忠彥曰：「此等事案中有否？」上曰：「只爲陳厚言罪人有此語，卻不曾取狀，後來案中亦無。」忠彥曰：「如此起獄，乃只是理會閑言語。若且隱忍寢罷，甚善。」上曰：「羣小交結，中傷宰臣，不是好事。兼惇有劄子，豈可已？」布曰：「臣向曾申請，以爲小人在下，架造事端，動搖執政，不可滋長。兼王震於此事不得謂之無心。百姓理索債負，若非人有導之，其語言豈敢便及宰相？兼震親詣府司臨問，自來府尹未嘗如此，所以驚駭衆聽。今日陛下爲之推治，亦不妨，但恐獄官難得人。」上曰：「只爲難得人。」布曰：「必得於彼此不觀望向背者乃可。」上曰：「安得如此可信者？」因遍問從官曰：「許將如何？」布與忠彥曰：「前執政差難。」上曰：「蔡京又妨礙，黃履如何？」又曰：「蔣之奇、孫覽亦不可，豐稷乃燾門人，王古又不可。」忠彥曰：「虞策近勘公事。」上又恐與前勘妨礙。布曰：「臺諫官可差否？常安民如何？」上摇首，布曰：「不平穩否？」上曰：「然。」布曰：「郭知章或可使。」上曰：「謬人。」於是命昌衡及諤。後七日，忠彦等再對，忠彦奏曰：「尚書省關到昌衡奏獄事，事體已不小。又聞昌衡獨詣都堂稟旨。」上曰：「無他，上殿自爲衛尉事耳。」忠彦默然。布曰：「陛下選差昌衡，副以諤，可謂得人矣。」上曰：「然。」陳厚繼亦訟王厚，詔送御史臺，仍令常安民勿預【一】，蓋惇疑安民黨燾，已謀逐之。御史臺訖不受陳厚獄。惇等每相與爭辯於上前，上意頗右惇。惇嘗有劄子自論，李清臣寢之，已而上批令行出，及究治所乞追攝官員。中書吏匿不呈惇，惇詰之，乃曰：「門下侍郎令檢條。」門下侍郎謂燾也。他日，惇謂布曰：「惇在此，何敢如是？」遂以白上，上對忠彦及布言之，且曰：「文字安可不呈宰相？」布退，即語惇，惇方與清臣相詈也。大抵清臣及燾皆惡惇，欲去之。忠彦亦素與惇異，布獨助惇云。安民尋罷御史，震等皆作附會欺罔降黜，燾遂去位。予攷此帖所書略同，而其間如安燾等語則無之。蓋《長編》以曾布《日録》爲正，不復見他書也。還攷公之升右府在四年閏月壬寅，是時尚未登政地，閣子内同坐殆非公目擊【二】，似是紀他人所傳者。然是年東府則章惇左僕射，安燾門下侍郎，李清臣中書侍郎，鄭雍尚書左丞；西府則韓忠彦知樞密院，曾布同知院：共政者只此六人耳。今帖中謂惇爲相，忠彦爲朴，布爲宣，安、李各以姓著，而獨無雍名。雍至十月甲子始罷，是殆雍所記而公從而筆

【一】仍令　「仍」原作「常」，據武英殿聚珍本改。

【二】目擊　「擊」原作「繫」，據聚珍本改。

之者。南渡前記録多矣，史氏網羅，獨於雍未聞，而今見諸此。孰謂殘編斷簡無補於史之闕文耶？帖之得與《元祐日記》同時。

林文節紹聖日記後帖

崇政、文德呈利珣申：八月二日，已杏子河破土。二十七日，連夜出甲，倉猝便行，王愍等不預知，亦不敢申禀。上以星變多由邊事，深患惠卿此舉，衆皆以爲非，恐且以破土示有興築之名，誘致賊兵，未必便興築。上曰：「更速戒約。」因諭：「邊兵且休妄動，如杏子河未進築，有何闕事？」布遂言：「鍾傳又有卓囉之舉，尤爲未便，陸行則無水草，相云有草而無水。水則黄河不通舟。旋令釘椿橛挽舟而上，運致軍儲及板築之具【三】。平夏趨鎮戎四十里，而用車七千，日夜般運，水行勞費，艱難百倍於此。斫龍又是青唐之地，青唐未免有疑，臣未見其可。俟賊兵不犯涇原，且令共謀南牟，會通涇原之路，即此數路相應，邊事有涯。自元豐三年至今十有七年，經營邊事，未有如今日之形勢。今鄜延輕於進築，鍾傳又謀卓囉，一有敗事，前功頓棄。」

右林文節《紹聖日記後帖》真蹟一卷。杏子河事在紹聖四年，本末詳悉，具載國史【四】。泰陵之仁聖畏天，其足以對越而無媿矣。此帖出於當時者也，又與前帖同得，顧不可因是以表聖德耶！國史書破土以九月二日，城圍一千七百餘步，得工十二萬有奇，十二日而成。是月二十二日，賜名平戎寨。而此帖則以爲八月，殆筆誤云。

校勘記

【三】運致　「致」原作「至」，據聚珍本改。

【四】具載國史　「載」原誤作「戰」，據聚珍本改。

◉張舜民撰

郴行録

黄寶華　整理

點校説明

《郴行録》二卷，張舜民撰。張舜民，字芸叟，自號浮休居士，邠州（今陝西彬縣）人。英宗治平二年（一〇六五）進士，爲襄樂令。其生平已見《畫墁録》點校説明。舜民爲人意氣豪邁，論事慷慨，晁公武稱「其文豪重有理致，而最刻意於詩」（《郡齋讀書志》），嗜畫而精於題品，著有《畫墁集》百卷，已佚，《畫墁録》一卷。《宋史》卷三四七有傳。

此書所記乃舜民於元豐六年（一〇八三）貶郴州途中所歷之行程事跡，由拜謁汴河邊之張巡、許遠雙廟敘起，歷述其出汴入淮，經運河入長江，渡洞庭湖而循湘江抵郴州之旅程，於所經州郡之山川地理、名勝古跡記述甚詳，文筆生動，其中對江寧府、岳陽樓、青草廟、潭州、衡岳諸地之記敘尤詳，且多述及相關之傳説及詩文，足資考證。文中敘及與徐積、蘇軾、蔣之奇等名士的交往，彌顯珍貴。有些條目還綴有作者所賦之詩歌，是爲其特色。

本書最早見於《宋史》卷二〇三《藝文志》著録，然未見單行本傳世，僅收載於其《畫墁集》中。史志均載録《畫墁集》一百卷，南宋紹興間臨川刻其全集，但至明初已殘缺，後散佚。今所傳本乃四庫館臣從《永樂大典》中輯出之八卷本，《郴行録》即爲其卷七與卷八。此輯本後刊入《知不足齋叢書》，其後《關隴叢書》、《叢書集成初編》皆據《知不足齋叢書》本刊行。今次整理即以

《知不足齋叢書》本爲底本，校以文淵閣《四庫全書》本。

卷上

丁丑，拜雙廟，即張巡、許遠祠也，宋人謂之五王廟，兼南霽雲、姚闇、雷萬春而爲五也。《五王廟詩》：「清汴河邊五君子，身遏横流同日死。火炎曾是及池魚，世變安能顧妻子！百尺高城不足憑，日月所照惟孤誠。當其殺身際，肯念身後名？嗚呼！伯夷既死，孔子不復生，身後是非誰與評！」

乙酉，率建安進士葉浮遊北郭劉氏園，園多奇石，乃符離土産，有丈餘者，紺潤詭怪，非京師者所擬也。

辛卯，次洪澤口，過龜山寺，辛奉議繼至，同遊久之。寺臨淮水，負小山，規制壯麗，自京師以南寺觀皆不及也。乃真廟所建，佛殿三榜，石曼卿書，筆力勁健。老僧清悠可語，出畫佛一幀，自云王維筆，制作古妙，雖非摩詰，亦奇手所爲也。寺後山脚有石穴，以磚塞其户，俗云「無支祈所宅也」。少南有長源公祠，祠下臨水，石色紺碧，出没春激可愛。《龜山寺詩》：「白塔揺揺波浪間，幾多舟檝望禪關。天邊幡影因心動，堂上潮音到海還。我拔一毛猶自苦，師除雙臂信如聞。祥符中斷臂道者所居。中流莫怪頻回首，直到江南始見山。」

壬辰，次虹縣，「虹」當爲「紅」。《漢書》所謂「紅陽侯立」是也，訛而不改，遂謂之虹。城北有湖水，廣袤十里，蒲魚之饒，周給鄰境，煬帝幸江都，賜名萬安湖。比晚，與辛大觀以小舟遊定林寺，後遥絶湖心可十里，至小洲，有民居兩三家，雞犬籬落，四面渺茫。過江渚，既歸，候都監蘇育供奉問郴州土風云。

乙未，次泗州，同年吴立禮承議相候。

丙申，見發運副使蔣之奇、知州朝奉劉士彦、通判奉議王純中。午間，蔣之奇與通判見候。申後，大聖見塔上，始見香烟如霧，籠閉四周，少頃，有物如拳許在相輪上，或坐或作，往來周旋不止，每至東南角上竚立，至暮不滅。又自塔下，烟霧如甑氣上騰，少間雨作。

丁酉，早霽。以家詣塔下寺，號普照王，塔在一偏。大聖面西座，開鑰，諦觀久之。或云所見喜愠大小各異，亦有竟不覩者。塔間貨貝山積，謁禮自遠至者，常如市閧貝。泗州劉士彦先自睦州通判替還京，艤舟宿淮泗間岸次，忽遇乞者，年十七八，目瑩而唇朱，光彩可掬。劉怪而問之，異人曰：「吾賣豆，每粒一貫二百文足。」劉曰：「吾適無錢，止有所衣棉襖，聊以當之，如何？」乞曰：「固可也，容取豆。」即以紙一幅於兩乳間擦摩之【一】，轉有烏豆數粒出，取一粒與劉，其餘擲汴水中。劉欲吞之，乞曰：「未也。」又以紙擦摩胸腋間，復有菉豆數粒出，又取一粒與劉，其餘擲汴水中。劉即吞二粒畢，與所許物，乞人笑

【一】擦摩之　「之」原作「三」，據文淵閣《四庫全書》本（以下簡稱「四庫本」）改。

而不取。劉始病蠱，不能下食，即食如初而益多。今劉面色如丹，然一歲一發渴，飲水數斗，覺二豆腹中如棗大。乞人曰：「後某年復相見於淮西。」不知如何也。是日登寺閣，眺望淮山，有如圖畫。閣之西南隅，有塔影倒垂，長可尺許，以扇承之，影在扇上。僧云：「有時見二塔影也。」

庚子，晚霽，與辛大觀涉淮南，登山寺會景亭，乃見臨淮形勝類蒲關。寺後因山嵌爲方丈，天然奇制，盛夏凛然，南北遊人刊誌殆遍。凡久居京師，厭倦塵土，乍爾登舟沿流，已覺意思軒豁。然汴岸荒疎，無可觀覽，未有超然清思。及出汴入淮，始見山水之勝，歷目稍曠而適口鮮繁，竟日之間，遂忘遷流之懷也。

甲辰入運河，艤舟洪澤間，下見比目魚，高柳清渠，寂無暑氣，魚鰕蟹蛤，日厭盤飡。自是行運河矣，辛大觀先行，以此走寄：「同下龜山時，舟行篙參差。夜投洪澤口，訪問失所之。不應一日力，解至淮陰祠。長淮自風浪，竟夕起憂疑。旦日坐閘中，聽水朝忘飢。清泠見雜詠，蓊密聞羣咿。就柳喜高蔭，避橋嫌窄卑。涼風吹水面，襟袖不假披。新鳌與老鮭，登俎輒無遺。飽食却思睡，睡起復何爲？稍厭理文字，惟思弄孫兒。尚有數舟酒，獨酌非所宜。好話不得吐，兩日舌如茨。舟行雖云樂，先後不可期。爭如鞍馬間，吟嘯長追隨。」

己酉，至太平興國觀，即唐九天採訪使者廟，熙寧中册封應元保運真君。開元十九年兆夢明皇，即此立祠，規制宏敞，連亘谿谷，階廡厨湢，水流周環，晝夜淙淙有聲。玄宗手篆殿榜，漆牌黑字，金銅等身御容。元豐所賜殿榜金字，又爲髹塗金扉以秘之，常不得見，又有賜泥金仙衣，共三事，至爲華爛。殿外階下有石一株，曰劉仙石，扣之即開，劉仙自此出入。監宫劉延式朝奉，齊州人，斷房十九年，辟穀九年，方六十一，恬和自處，裕如也，言人未來事，數驗。

辛亥，同辛大觀遊楊氏園、紫極宫，皆山陽之勝。是日見徐積先輩。積，山陽人，爲學志古，養母盡力，不置僕妾。年四十不婚、不仕，食飲、洗浣、力役之事，皆身爲之。不婚，恐異姓不能盡心於母也；不求仕，恐一日去其親也。久之，鄉人敦迫使之就舉，及應貢入京師，以雙輪載母，躬自行推，葛衫草屨，行道之人不能辨也。治平四年許安世榜下及第，未調官，母亡，遂不復仕，窮居山陽，衣食不給，凡市買，楚人不肯受其直，積亦不取，至有信宿不食者。淮南學者宗之，至路振通判楚州，始爲娶妻，生子小名路兒云。

丁巳，次召伯埭。召伯爲揚州，爲民築堰，去後思之，方之召公甘棠焉，亦謂之棠堰，祠宇存焉。

甲子，同陳舅遊甘露寺。寺俯大江，踞崇崗，金山、焦山皆在指掌，東眺海門，北見揚州，天下絶致也。李衛公在浙西，再加繕葺，有文饒畫像，手植柏。佛殿兩牖門，菩薩六軀，世傳張僧繇筆；菩薩二，神一，師子一，世傳陸探微筆，與予家所藏天王筆小異。庭間有大鐵鑊，僧堂下有小鐵鑊二，梁天監中所作。砌下有石如蹲羊，即狠石也。世傳孫權、劉備據此石以謀曹操，前朝題記，歷歷皆在。主僧道敷頗淳固，有理學。題狠石詩：「江北江南一道兵，匆匆據石各論情。功成與爾遊滄海，此語當初是至誠。」是日同陳舅遊延慶寺。延慶即劉裕故宅【二】。有丹井、壽丘在焉，形勢盤固，真異境也！

乙丑，晚離潤州，趨金山寺，自南岸登小舟，風雨暴作，大浪如屋，出没於其中，比達寺下，已見燈矣。

丙寅，大雨，食罷登山頂，江中風浪如萬羊齊奔，寺在江心島上，樓殿周匝，可數百楹，松竹疎翠，望之如浮動，南朝人謂之浮玉山。其下即水府也，大浪舂簸，夜晴晝雨，初若不安。東望海門、焦山，出没皆在海中也。主僧了元者頗嫻外學，文寶燦然【三】，圖畫尺牘、好玩之物，莫不畢具。又蓄孔雀、能言之鳥數種。因遍索古今題詠，了不可得，惟於化城閣棟間揭介甫兄弟兩詩而已。又榜客位云：「官非文侍中，才非李太白，不請留題。」過者莫不大罵。北人望南方宗門請方，必謂人人了達方敢住院。匡種既習其爲人，往往市廛之不若也。晚渡瓜洲，夜泊運河，旦至舟次金山，貽了元詩：「何年靈鷲鳥，飛落大江心？石壁雖難轉，風波不易禁。樓臺分左右，日月見浮沉。便欲歸休庇，長嗟世累深。」

己巳，徐瓘承議、丘朝奉、辛大觀游建隆寺九曲池，登大明寺塔摘星樓故基，望江南山水，烟雨隱顯如圖畫，酌水試茶，井在《茶經》爲第五品。建隆寺即太祖濯征之地，有御容

【二】延慶　原作「延慶寺」，據四庫本删「寺」。

【三】文寶　四庫本作「文室」。

香火殿，九曲、摘星皆前朝故迹。大率今之所謂揚州者，視故地東南一角，無慮四分之一爾。其唐室故地皆榛莽也。胥浦河在揚州揚子縣，一水縈迴，南入大江，名曰胥浦河，一曰三潮，俗曰伍子胥渡江解劍之所。旁有子胥廟，觀記之所載，使者以像置舟，潮水忽至，日景方午，至今此水有午潮也。

己丑，立秋，是夜風雨。

辛卯，羣會食於後園。

丁酉，陸彦回同年如金陵，徐瓘承議至。

戊戌，同徐承議游儀真觀，因過法雲寺、伍子胥廟，俯瞰江山，尤爲爽塏，俗云此縣布寨地也，至今耕者多得箭鏃。徐見松上有鶴巢，乃言：昔李倕學士知晉州，重葺堯廟，俾尉者監督役事。廟多古松，上有鶴巢及宿枝，喬然可愛。李視事後，每置酒其傍【四】，及府寮并尉仰玩竟日。一日尉獨念府公威重【五】，每置酒相勞，顧鶴巢危綴，苟爲風吹墮，無乃狼籍杯盤？又標枝芽蘗不茂，何足取觀？乃命工以斧悉除之。居無何，李又至，方銜盃仰首，則無是二物，怪而問尉，具以情告，嗟嘆久之，爲不懌而罷。長蘆崇福院乃章憲太后爲真宗所營，制度宏麗，甲冠江淮，雖京師諸寺有所不及。常安五百衆，又僮僕數百，日食千人。主僧法秀，秦州人，語論精確，持戒嚴整，寺之内外未始見僧行往還，盡日闃然，如無人者，實南方尊宿所推尚也。

【四】李視事後每置酒其傍　原作「李每視事後則置酒其傍」，據四庫本改。

【五】威重　四庫本作「之重」。

庚戌，發長蘆，始循北岸行五里許，即絶江至南岸，下漾口，循南岸行數里，入新河口，王介甫時爲江寧所開新河，其南有卑麓，正類解梁南山。稍稍南趣馬鞍山口，有居民巡檢司。復出大江，少南循石頭城，過清涼寺，宛轉入秦淮北。晚次江寧府，始將離真州，人多以涉江爲戒，比至長蘆，南望渺溟，誠可爲懼。及放舟乘風，不踰食頃，已達南岸。介甫開新河，以避欒家磯數十里風水，甚爲行舟之利，然夾口土山屢崩，歲勤補葺，方可經久。石頭城者，天生石壁，有如城隅，起夾口直至清涼寺。金陵之爲國，大畧自孫權城石頭，謂之建業，即今之覆舟山上也。晉宋以來，其臺城稍遷而南，以就平坦，尚在今之城北數里之内，梁陳因之。及李氏即營今之江寧【六】，跨踞淮水，形勢始全，夢得所謂「山圍故國周遭在」，此不刊之句也。兵火之迹宛然，登覽之間，使人悽愴不已。鐵塔寺在城内，天慶觀相連，庭中有二鐵塔，甚奇制也。

辛亥，見知府待制陳繹、通判何壽昌奉議、提刑高復大夫、通判杜偉奉議、范公共會於清心亭。

壬子，六同年食于府園，同年張琬與焉。歷遍李氏後苑，登高齋，望蔣山、覆舟、幕府諸山，盡見金陵形勝，大率今之衙城乃故内也，府園即禁苑。蔣山遇王安上，同觀上方鍾山，誌公塔在鍾山之頂，四面皆不相連屬，自爲一山，形如覆鐘。蔣山包懷在外，迫近方見。舊有誌公刀尺箒，李氏歸國，太宗取致宫中，既而出付啟聖院。塔之所奉者非本

【六】即營　「即」原作「所」，據四庫本改。

物也。

乙卯，遇劉顗宫苑，遂遊長干寺，登雨花臺、高座寺、越王臺、周處臺及昇元寺、保寧院。長干寺在南門外，東枕崇崗，北瞰城邑，自陳梁以來久廢，李氏爲散從官營。本朝天禧中，其地數有光怪，真廟後營葺之。寺後皆修竹長林，下上凡數百步，有高亭四望。又有靈濟夫人祠，潭水湛然，祈雨數應。昔高魁得銅像冶城，張係網得金蓮座於江上，董城獲大額珠於合浦，三物並致於長干寺，大小適當。後有梵僧自天竺至鄴都，失銅像，中原擾亂，因渡江至長干，見銅像，泣涕禮謁，即有光異，因言：「此阿育王第四女所制，坐下有誌。」驗之果然。大業滅陳，至武德中遷其像於上京光宅寺，靈異極多。唐末兵火，不知所終。高座寺在長干之南，迤邐登陟，岡嶺蘭若甚幽，大松修竹夾道而起，超然出羣崗之上，俯瞰都城，人物可數。西望江渚，雲水杳然，乃金陵絶勝之景。吴仲庶作記，案《高僧傳》，西域帛尸黎蜜多羅，晉永嘉中始至中國，值亂渡江，居金陵。建初中，王導、庾亮咸敬信之，江左人呼爲「高座」，所居曰「高座寺」。至咸康中葬於石子岡。昇元寺即瓦官寺，在城内西南隅，後據崇岡，前瞰江西，城最爲古跡，然累朝兵火，略無彷彿。李氏時，昇元閣猶在，乃梁朝故物，高二百四十尺，李白有詩云「日月隱簷楹」者是也。

丙辰，雨，同劉宫苑遊清涼寺，在府城之北，石頭之上，下臨大江，後附山麓，規制宏敞，山勢回合，擁抱殿閣，盛暑清涼，因以名之。寺自李氏歸朝之後，金陵仍大火，宫室民廬焚毁皆盡，唯有小廳乃當時玉燭殿也，與廳後修令閣二物獨存。後苑養中堂即舊澄心堂故基。

戊午，率董謀父登賞心亭。賞心、白鷺二亭相連，南北對偶，以扼淮口，憑望烟渚，杳無邊際，白鷺、蔡州皆在其下，亦金陵設險之地也。丁晉公登賞心亭，以家藏《袁安卧雪圖》張挂之於屏風【七】，晉公既去，未幾，遂亡其圖，繼來者又以布衣鄧淑所畫《寒蘆野鴨圖》充之，今蘆鴨亦無有，但紙糊粉堊而已。

甲子，府中早食。晚，張琬同年飲于龍興寺，所居詩云：「臺城風物已凄凄，牢落行人邂逅齊。秉燭相看如夢寐，片帆回首又東西。依依團扇秋仍好，脈脈青娥恨却低。一曲琵琶無限意，時時間客思都迷。」

丙寅，同劉宮苑游臺城寺，觀辱井、三品石、三閣遺址。晚就鐵塔寺具食。臺城寺在府城内北附城堙，隳圮殆不堪處，即東宮故地也。辱井在佛殿前，深可尋丈，上加石檻，紅痕點染若胭脂，俗云：「後主拉孔張二妃入井，泣涕所沾也。」石檻上刻後主事，八分小字，極其精古，乃大歷七年張署文，頗詳，爲近年俗人題記刊刻所掩，甚可惜也！又有太和四年篆書，可見者數字耳。舊聞臺城辱井石上有胭脂淚痕，久未之信，今見之，似是淋漓塗抹之迹，失笑不已，因成此句：「平居已無奈，倉卒故難任。井上痕猶淺，水中痕更深。問鼇何至此，下石爾甘心？不及馬嵬韈，猶能致萬金。」三品石在寺門外榛莽間，即

【七】於屏風　「於」四庫本作「為」。

今園苑中怪石，磊落奇詭，各有尋丈，亦爲鄉中人鑿取之以焚灰【八】，剜缺爲甚。

辛未，發江寧，出秦淮西南行，順風循東南行小夾中，左面卑麓，勢如石頭，比比有人煙。十里過板橋店，地形平曠，行蘆葦可三十里，出夾，瀕大江，過三山。及十里至烈山祠，即烈州也，王濬、庾亮泊舟之所。五里過白土磯，烈山下有響石，擊之聲聞數里。

壬申，旦出大江，南岸小山甚秀。五里許入慈湖夾，東望山原，高下極類京口。有巡檢司，以西皆小山臨水，可三十里出夾，行大江，趣東岸，北夾極濶，無異大江。過采石磯、望夫山，其下即中水府也。采石即牛渚磯也，乃温嶠然犀照水怪、袁宏月夜艤舟之所。北對和州，江岸極狹，本朝下南唐，樊若水假爲僧徒，於此築庵，鑿石穴、度量水面，及大軍臨江，用以爲橋，不差尺寸，軍事獲濟焉。至今石鑿穴尚存。

丁丑，登大信口，出十許里，過碙石磯，風逆水急，舟行極力。循東岸數里，過磯即平。行十許里，斥岸皆卑麓，如壞城臨水。可二十里過薙葉磯。過光寧，姑孰堂臨溪上，制作宏麗，江表諸郡無此亭，後著李白畫像并《十詠詩》，乃李白平生遊詠之地也。西梁山，《前漢·地理志》所謂梁博望山，亦謂之天門山，李白有銘鐫于江亭。宋沈慶之破臧質于此，置梁山軍。至李建中立雙廟於上，南北岸各有巡檢司。

己卯，發蕪湖，循東岸而行數里，拋西岸，中有羣石拱起，林樾蒼然，曰蝗磯，其上有若塔屋，俗云「有道人居其上」。過板子磯，磯上紅黄絲花俯照江面，花繁而石怪，間以翠

【八】亦爲　「亦」原作「一」，據四庫本改。

篠，正如徐熙所畫者。乃知藝之工者皆有本也。詩云：「石上紅花低照水，山頭翠篠細含烟。天生一本徐熙畫，祇欠鵁鶄相對眠。」

辛巳，發上口，行十里許，出大江，循東南岸淺水五里，入銅陵夾五里。銅陵縣隸池州，沿江牽行五里許上口，少轉西望，行過石人磯，磯臨江隱起，石理如側磚。有石拱立，遠望如人行，過此上流，坦然不見山阜。

壬午，發銅陵，逆風可五里許，出大江，南岸皆大山，十餘里拋北岸，少轉而西，牽行可四十里，復拋南岸，次梅根港，江流至此稍狹，西岸上下廣輪數十里，皆平陸良田，極類北地。東北望九華山，見峯嶺勝于池州所見也。

癸未，出大江，逆風循東岸，挽行可四十里，入峽口，又三四里入池州谿口。宛轉行陂澤中，可十餘里，次池州弄水亭，杜牧之所創，俯溪流，望齊山，景致清絶，人皆採爲圖畫，亭上石刻盡載小杜詩篇。詩云：「清溪望處思悠悠，不獨今人古亦愁。借爾碧波明似鏡，照予白髮瑩如鷗。江山自美騷人宅，鐃鼓長催過客舟。惟有角聲吹不斷，斜陽横起九峯樓。」

甲申，觀州宅，有蕭相樓、九華樓。蕭相謂復也，嘗爲池州刺史。裴度、竇潏皆守此土，各有記述。州宇前臨清溪，規制古壯，廳事頗雄，近歲吴仲庶、滕元發皆葺新之，江上諸郡皆不及也。梁昭明太子以産魚味爲可貴，名可貴池。在江邊洲島之上，城無垣壘，編竹爲防，井邑疎索，然江山之麗，下流諸郡皆不及也。物産豐賤，北人寄居甚多，亦生理之便也。

戊子，羣會於蕭相樓。是夕中秋，八月十五日夜，清溪舟次，詩云：「清溪水底月團圓，因見中秋憶去年。旱海五更霜透甲，郴州萬里桂隨船【九】。昔看故國光常滿，今望天涯勢似偏。只恐姮娥應笑我，還將隻影對嬋娟。」

己丑，與沈遼飲于齊山，觀理浮橋，謁余爲《齊山橋銘》并引：「齊山有徑坑，附寺之背，深可尋丈，濶倍之，有事于山者，越此乃可涉。木久朽腐，中間經游者病焉。元豐癸亥仲秋，沈遼施橋，張舜民爲之銘曰：『阻不在大歸於闔，利不在充志於通，措此以往嘉無窮。』」齊山在州城之南，隔清溪，可二里許，背溪之陽，不與大山相連，東西可數里，南北纔一里，高可百步，石色紺碧，稜角隱顯，百怪千狀，正似人家所畜太湖石也。竹木叢生其上，有如塑畫。寺居其陽，山有二十九洞，左史、石燕、白虎、七頂、觀音嵓、小九華、紫峯其著也，乃李白、杜牧及唐人素所遊息之地，刺史齊照日居其中，因以名焉。左史在山東首，自南麓緣山蹊可一里餘，越嶺北下，穿石罅，石頗奇怪，磬折入洞，十步許稍低，匍匐尋丈間又儻壯，丈餘乃出一穴，忽見天日，四壁削高，可二十丈，渾如甑形，石色如黛，女蘿樛葛遍其上，亦名小洞天。北嵓有刊志，會昌六年刺史杜牧，建安張祐書石。石燕，左史之西，越嶺少下北嵓，如覆盂，可容百人，有穴西出，晝日石燕飛翔，然捕者莫能得也。左史已爲

【九】郴州　「州」四庫本作「江」。

沈遼所購，石燕方鬻未售，遼曰：「不過三數十緡可得爾。」欲予售之。白虎洞有石如虎蹲，人不敢近也。

壬辰，移舟出清溪，次池口，有人煙，税場距城四里許，兩邊長松夾路，云九里松也。

乙未，微雨無風，牽行可五里，出夾入大江，循西岸二十里，至將軍堰，抛東岸，入鴈翅夾下口，次上口。是日逆風，可行六十里，雨至夜。北有小龍王廟，西對皖口，即舒州路也。

丁酉，行東岸，勢類石頭城，忽然天氣翳黑，自北而南，時頃開朗，可三十里，過祝家磯、東流縣，磯極爲險惡。是時秋深水落，在夏潦最爲難上。

己亥，行山夾，順風，夾合大江，東岸山小而近，尤爲秀拔，西岸淮南界，極望平曠。過烽火磯，山勢特然高茂，乃南朝於此置烽火以通上流征鎮也。

甲辰，羣會於庾公之樓，在衙城北，庾亮鎮潯陽，經始其事，廢興久矣。近歲祖無擇頗葺新之，俯瞰江溢，南望廬阜，北窮夢澤，乃江國勝絶之地，前人題之，繼韻甚多，罕見于今，但比歲數篇而已。

校勘記

卷下

丁巳，泊鎮岸，自入龍峯港，趣蘄州四十里，港口依山有寺，叢翠可愛。

戊午，發蘄口，順風，瀕東岸行，臨岸皆小山培塿，可二十里，拋西岸，可三十里，過新野夾上口，又五里，過道士磯、散花洲。舟過磯上，風勢方急，爲山所轉，帆或倒掩，船即回旋，久之方能整行。惟此與馬當山有風，乃山勢使然也。

辛酉，晴，風逆，循北岸牽行，可十餘里，過巴河口，北岸無山平曠，南岸培塿童禿。又十里至菜園步，以風止。此距黄州五里，南岸下江中有石如伏牛，曰節度石，舟人云：「或者重載而下，此石往往觸而覆之，謂節度者戒之也。」

壬戌，早次黄州，見知州大夫楊寀、通判承議孟震、團練副使蘇軾，會于子瞻所居，晚食于子瞻東坡雪堂。子瞻坐詩獄謫此已數年，黄之士人出錢於州之城東隅地築。磯乃周瑜敗曹操之所，州在大江之湄，北附黄崗，地形高下，公府居民極於蕭條，知州廳事湫陋，大不勝處。國朝王禹偁嘗謫此。

丙寅，招蘇子瞻遊武昌樊山，山之巔有郊天臺，即孫權即位郊天之處。食罷，移舟離黄州，泊對岸樊溪口，蘇子瞻以舟涉江，同詣武昌縣。縣在樊溪之東，隔樊山五里許，即吴之西都，有吴王城。同縣令李觀【一〇】，佐吴亮、嚴竑及子瞻諸人遊武昌樊山，步出西門，涉寒溪，迤邐步上，凡兩寺在山中，景致幽邃，下寺有觀音泉，澄澈可愛。

丁卯，會食李令宅，射于縣圃。蘇子瞻言，近獲一魚，似鮎而四足，能履地而行，不敢殺，復縱之江中，或曰此鯢魚也。鄂州城即孫權所創，與潤州子城、金陵覆舟山城、武昌吴王城制作一體，皆因山附險，止開二門，周環不過三二里。乃知古人爲城，欲牢不欲廣也。

丙子，羣會登石城【一一】，最西臨江，即黄鶴白雲，最東即頭陀寺，寺與樓下枕大江，對瞰漢陽，江中即鸚鵡洲，黄祖沉禰衡之所，上接湖湘，下臨沔漢，乃古今絶景也。白雲黄鶴樓者，取費褘上昇之地，仙洞尚存。褘始乘白雲而去，久之復乘黄鶴而歸也。自漢口少南，即故漢陽軍，軍今廢爲縣，軍西附城有山，渾然獨起，即大别山，《禹貢》所謂「過三澨至于大别」也。

戊寅，陰，早率檀宣義遊魏夫人閣，觀在廟之西南，山麓少上半里許，據大石作屋，規模頗狹，閣上爲二女人像，云麻姑、魏夫人也。夫人，晉魏舒之女，故嘗嫁爲王氏婦，生息男女，既而學道升仙，《列仙》自有傳。閣前有二石相重，上石如荷菌形，可半間屋，謂之乘雲化石；下石如棋盤，爲上石所壓而破分爲二，相著處才可數寸，下臨溪，望之如墜，至爲危險。以椀酌水，置之石上，一指微按之，水即動摇，以兩手極力推托，水復不動。傳云：魏夫人與麻姑自麻姑山乘此石飛空而至，又云乃所乘之雲及地而化爲石也。

【一〇】李觀　「李」四庫本作「季」。

【一一】羣會　原作「會羣」，據四庫本改。

乙卯，夜雨，至旦少霽，解舟順風西南行十餘里，過五家洲，江流兩山之間，勢尤偪狹而水急，非迅風不可上。又五里過雷家步，石岸有寺名兜率，云韋宙所建。

庚辰，雨雪，循岸牽行，宛轉二十餘里，過思塘鋪，有廟曰「思唐相公」，不知爲何神也。

癸未，循丁家洲北岸牽行，可二十里，過昭坎，爲正南行，少間風作西北來，勢横掩岸，吹使船側。可二十里，次茅州洑，居人云舊無此洑。昨六月内一夕無風，但水漲所成。昨夕丁家洲夜半水發，浪急崖崩【一二】，舟人云下有蛟蜃所作也，然自鄂以南，江無完岸。

丙戌，觀萬石船，船形制圓短，如三間大屋，户出其背，中甚華飾，登降以梯級，非甚大風不行，錢載二千萬貫，米載一萬二千石。次岳州日，方辰巳間，行一百二十餘里，見知州大夫黄休。晚登岳陽樓，即岳州之西門也，下臨湖水，北望荆江，自西北流東南，至岳州城下與湖水合而東流，始爲大江。凡絶湖而西南趨鼎澧，西北趨荆峽，一湖之間，分此四路也。每歲十月以後、四月以前，水落洲生，四江可辨，餘時彌漫，雲涯相浹，日月出没，皆在其中。望水中如覆斗者，即君山也。岳州西南山勢如覆舟，東連衆山而孤絶，山之南即石橋港，舟行緩急避風之地。

辛卯，登岳陽樓，樓有牌極大，乃前知州李觀所記吕洞賓事迹。李先知賀州日，有道士相訪，自言遇吕先生誦其過岳州詩云：「惟有城南老樹精，分明知道神仙過。」始亦不

【一二】浪急崖崩　四庫本作「浪崖崩弛」。

知其由，其後李爲岳州，有白鶴寺僧見過，道吕先生題老松詩，與道士之言相符。吕憩於寺前松下，有老人自松梢冉冉而下，致恭於吕，吕問之爲何，乃曰：「某松之精也，今見先生過，禮當候見。」因書二絶句於寺前壁間：「獨自行兮獨自坐，無限世人不識我。惟有城南老樹精，分明知道神仙過。」又云：「朝遊百越暮三吴，袖裏青蛇膽氣粗。三入岳陽人不識，醉吟飛過洞庭湖。」郡人於松下構亭【一三】，名曰吕仙亭云。據圖誌，岳陽樓經始於張燕公，終唐之世，屢圮皆完葺。慶曆中，滕宗諒謫守，始大加增飾，規制宏敞，甲冠上流，取宋梁以來所題詩記刻石于夾樓。

壬辰，羣食於岳陽樓，坐客有楊維承議者，乃鼎州人，能言武陵桃源之事。桃源前後上昇者凡六人。一洞天，二福地。桃源觀有二烏，自晉太康以來見之，馴擾山林中，中間改换，不可知也，然二烏如故，其餘烏雀服之。每有遊人貴客，未及數十里，烏已先報之。近歲爲人獵去其一，即時復有一烏充之。天慶觀木柱上有「謝仙火」三字，體兼篆隸，皆倒書，入木至寸，筆畫雄勁，非人力所能爲，然莫究其端。或云永州何仙姑能道幽隱事，因走人具事致問，既還，報云：「此雷部中火神也，兄弟三人，形質如墨，然其長各不過三尺，此用鐵筆倒書也。」既再使人就書驗之，一如所報。天慶觀西廡有石刻二詩，詞致清婉，其道人云：「至道中，有賣墨人，儀狀雄偉，嘗此遊息，一日于扉上題詩二絶句而去，或云吕洞賓所書也。」郡人爭刓之以治病，今字字刓痕深寸餘，而墨跡不滅。

【一三】於松下構亭　原作「因構亭」，據四庫本改。

癸巳，次晚洲，洲上平廣，土壤如北方，居人止一兩家。自朱洲之西，水中處處有三石，形如壞塚，土人謂之黄牛石，出没水中，頗爲舟船行旅之患，過者避之。行次晚洲，有詩云：「臘月遭霖雨，孤舟艤暮灘。數聲歸雁斷，半嶺野梅殘。無復論偕老，何時展急難？江湖卧周歲，此夕最難安。」

甲午，早發岳州，自東山，又五里許過閣子湖口，即灉湖也，《爾雅》所謂「春夏有水冬無水曰灉」也。張燕公及幕府題灉詩甚多，在岳陽樓上。順風放湖，是時冬深水落，港浦可辨，近東岸向西南行十里許，過靈妃廟，在東山下。水次極望甚遠，過扁擔山，勢如覆舟，東連衆山而孤絶，上有小塔，望之巋然，曰啞女塔。昔有士人女，生數歲而不能言，一日涉湖，女見塔即語，其父母故名曰啞女塔。巴陵以南漁者皆用連網罩水中，延袤可一二百步，有如城郭，謂之欄灘網。過巴溪十里許，曰鵝洲，以風急止鵝洲下。

丙申，陰晦欲雪，岸洪宛轉，尚未全出湖中。午際風、微雨作，可十五餘里，東岸始有人煙，曰龍渥。水色極深，乃湘水也。有水自東出，曰歸義江口，入口十許里即汨羅也。一水中分，南曰汨，北曰羅，洲上有忠潔侯廟，即三閭大夫也。東望培塿，迤邐林薄，曰鹿角巡檢司。又十餘里，西岸有沙洲，堆阜隆起，即青草廟，下有一湖，湖之中有此洲，南名青草，北名洞庭，所謂重湖也。申後次廟下，舟人展賀，大率南行至此，北行者至廬，舟人皆致賀，以其萬里江湖至此方保平善也，乘舟人當有酒肉之賜。廟居洲上，南向，門内一排三殿，中曰勸善太師，乃一僧像，西曰安流大王，東曰昭靈大王。勸善即泗洲大聖也；昭靈，馬援也；安流者，莫知其爲誰。小碣一，乃梁開平中馬殷所建，然堂廡頽圮，湫隘爲甚。西殿有一鐵鍋，可容五斗許，下有木刻龍頭三，鍋上有字云「准宣鑄利州黑龍船上鐵鍋」。祝云：「此二物自川峽流下，自湖中泝流至廟也。」廟外有巡檢司，居民十數家，以漁釣爲業，樟木數百株，徑數圍，遍覆洲上，冬青可愛。是夜，船上不敢打更，提舉舟人云：「廟中自打更報牌也。」夜深傾聽，亦有所聞。青草湖旁有朱陵洞，亦謂之朱陵仙府，有唐人題刻散滿巖上，歲久荒涼，至慶曆中，因其地建爲石鼓書院，雖畧爲規制，然僻在江郊，又三冬寒露，學者未嘗游焉，唯守將之好事者，歲時一爲登覽燕游之地。黄陵廟即舜二妃，榜曰「懿節廟」，庭宇湫隘，竹木蓊鬱，二妃並坐，傍設舜像，馬殷嘗加營葺。退之記，沈傳師書，碑石訛剥，更以石模刻之，字體多失。詩云：「青草仍殘照，黄陵一望中。壁書遷客淚，簾卷過湖風。斑竹痕猶淺，蒼梧恨莫窮。年年秋水上，瑶瑟伴驚鴻。」

癸卯，逆風，循西岸牽行，可五里，有江自東南出，其大與湘江等，曰瀏陽江。西岸有廟曰三沙，榜曰武威王，石刻乃天祐二年馬殷爲馬援建而遠祖之也。

甲子，晴，無風，發潭州，循西岸牽行，艤舟王公亭，奠南嶽行祠，游嶽麓升中、洞真觀，謁漢文帝廟、嶽麓書院、塔院。大抵諸寺相隣，惟升中寺最高，宛轉登陟，可百餘步，門外小溪激射竹木，其聲泠然，稍稍露石角。寺後有法華臺，高絶山頂。晉僧法崇者箋《法華經》于此，有杉櫪數本，其大如菌，云陶士衡手植也。王公亭，湖民爲王宰少卿所立，《洞真觀記》云鄧固真人上昇之所。岳麓書院有孔子堂、御書閣，堂廡尚完，清泉經流堂下，景意極于瀟湘。升中寺法華臺下有白鶴泉，涓涓有聲，味極甘冷。橘洲湘江中，南北與城等，有巡檢司，僧寺兩三所，居民業漁者數百家，景物最爲佳處【一四】。秦少游死藤州，其子護喪，藁殯潭州，黄魯直有詩云：「長眠橘洲風雨寒【一五】。」

丁卯，晴，無風，拋東岸，牽行五里許，過車子磯，西岸有小山，又行十里，過昭潭，其水澄湛如墨，俗云傍通江南。

壬申，夜大雨，順風行五里許，水中多亂石，三十里至昭靈灘，有昭靈廟，凡四灘，皆行亂石中而復湍急。自三門船上執色倡道皆土人，謂之灘子，舟人束手，一不與焉，官舟過者擊鼓呼之，即時來集舟上，至昭靈出灘，方各捨去，在湘中最爲險處。

癸酉，十月朔，拋西岸十里許，江轉自西來，北望武口，又三十里過青山磯，臨岸培塿。

丙子，如岳下，出衡山縣西門，長松高下夾道三十餘里，或云三十里松，乃馬希萼所植，馬長而無髭，遂禱於岳神，種松而髭生。

丁丑，陰，朝謁嶽祠，退食真君觀【一六】，謁北門侍郎神位。食後率檀宣義登山，自嶽西渡小澗，以轉軸轎子迤邐挽行，路皆直上，略無盤曲，一轎至十餘夫方可舉而前。可里許，至石橋，亦謂之石梯，鑿成階級，長可二十餘步，必履而登之，其石每在山之面蔽路，鑿

【一四】最爲佳處　「爲」原無，據四庫本補。

【一五】秦少游死藤州……長眠橘洲風雨寒　案：此數句當非《郴行録》本文，或爲輯集時所竄入。秦觀於元符三年（一一〇〇）卒於藤州，其子護喪至潭州在崇寧三年（一一〇四），在此晤黄庭堅，庭堅贈以賻金并留詩。所述諸事均晚於舜民貶郴之元豐六年，顯爲誤植。

【一六】退食真君觀　「食」四庫本作「季」。

乃能通也，其端有小寺，可數楹，謂之石橋寺，乃遊人憩足之所，主僧必具茶食。又登陟可五里許，左之福巖，右之南臺寺，在福巖之下，峰側架空爲之，制作奇巧，殿堂皆板瓦，宛轉下上，始能及奥。梁天監中，惠海法師始開而居之，其後六祖之徒惠遷築庵於石上，人謂之石頭和尚，死謚無際大師，塔號見裴休書榜尚在，庭中有石如案，乃無際落髮之所，龐居士亦曾居之。西隅有壽星殿，内有木根如龜形，有水泉涓涓，寺衆仰給其源，曰洗鉢池，亦石頭故物也。主僧維聖，嘉州人，居此十餘年，質重可嘉。

戊子，雨，晚往花藥山寺浴，其山則州城之南培塿，竹木可周數百步，其寺則居懷抱之中。寺後有迴鴈峯，高可數百步，俯見城邑，其上有面嶽亭，北望衡山之陽，有如屏扆。過陷池，五里許至湯泉，在澗底，大如車輪，熱不可插手，稍稍下流始可盥濯，浸溉田畝。流數里，左右山徑偪側，略無興葺之地。瘴嶺蠻溪亦有此泉，渴飲猿鳥，汙濯儂猺，物同而其致異，亦可歎也。陷池，過嶺少南下，有清池隱出山腹，泓澄可二十畝即是也。傳云：昔有萬氏居此，一日雷雨，全家淪陷，遂爲此池，故當時有謡言「當陷萬家」，萬氏一家當之。今歲旱，則以牛數十淘攪其中，或能致雨。

郴之通惠禪師院，有唐楊惠之手塑九子母一堂，每軀自地坐立，不以床具，至於裝繪采飾，皆以純色，不甚華彩，開户憮然，觀者皆以爲生動也。嘉祐中大卿解程守郴，率僚屬同觀。程，朴野士也，見其生態，俾具工以彩飾之，又欲以俸錢作床坐而薦之，以命主僧，僧不從，解怒，欲加之罪，僧曰：「喫棒不辭，可惜壞了四百年手迹，而損大卿好事之名。」解竟不能奪而止。

馬默，單州人，氣幹老而不衰，言廣西事甚詳。熙寧中，邕州未陷覆，常有怪異。大蛇見若甕粗，重八十斤，食猪幾盡。州衙廳前井中白氣干霄，蝴蝶無數飛集林木上。不久陷覆，今復完葺，然寺中泥佛手足常動，城下鬱江舊渾濁，上人云「清則有兵」，今已清，有二龜伏其下，鱗甲可數。

曹谷能星歷數術，言事如神，爲王欽若作《知命書》云：「七十年中一一加，弄珠灘上貴堪誇。碧油幢下聞啼鳥，千日徵還上漢槎。」欽若年七十二建節知襄州，正得一千日召還。又云：「周匝將臨壬戌歲，定鼎門前春色異。一千日止少三還，再入和羹宜盡瘁。」其後欽若判西京，得七百日，再入，卒於政府。「盡瘁」謂卒，乃壬戌歲也。又云：「臨去尚猶聞禁漏，異姓嘉名在史書。」王死在京，是時夜漏將盡，無子，女婿張瓌主後事。又與馮拯作書云：「太常樂闋，都門遇雪。」拯葬在劉太后喪中，不給鹵簿，是日大雪。

鬼門關在山嶺上，鑿石通路，崖壁如削，雖盛夏亦凛然寒凉。

擬金山在水中，嶺岫崛起，有類金山，自餘亭榭基址甚多，竹木侵雲，游者竟日乃可盡也。

⊙佚名撰

真率記事

趙龍整理

點校説明

《真率記事》一卷，不著撰人。是書不見於晁公武《郡齋讀書志》、尤袤《遂初堂書目》及陳振孫《直齋書録解題》等宋代書目。至明清，祁承㸁《澹生堂藏書目》、清徐乾學《傳是樓書目》、瞿鳳起編《虞山錢遵王藏書目録匯編》等書目皆有著録。傅增湘《藏園群書經眼録》卷九載：「有唐棲勞氏丹鉛精舍寫本。勞權手校并録明姚咨識語：『《真率記事》二十八則，中六則涉淫媟無俚之事，削而不録，讀者詳之。丙辰秋重九後二日茶夢道人漫書。（余藏。）』」考國家圖書館藏勞氏丹鉛精舍鈔本《真率記事》之内容，「舊有秦少游責監處州酒」、「米老云：『四方無箇好溷。』」二條，涵芬樓本《説郛》亦見徵引，且文字幾無二致，則勞氏所鈔與《説郛》節録的《真率記事》當是一書。而《説郛》所引「京師李小嬌」條，不見於勞氏鈔本，此或因「涉淫媟無俚之事」，屬姚咨「削而不録」之文。

關於是書作者，考文内「東坡先生丙子生，是歲先少師作眉倅，元豐末年致政，居南都，坡自黄移彼。舊有手狀云：『軾謹候謁致政中散丈。三月日眉山蘇軾狀。』」語，是書或是張方平之子所撰。史載方平深識三蘇，蘇軾兄弟更終生敬之。據李燾《續資治通鑑長編》卷二九九載，元豐二年（一〇七九），方平以太子少師、宣徽南院使致仕。此後，一直居處南都。期間，蘇軾數次拜謁。元豐八年（一〇八五），軾自黄州量移汝州。據《東坡全集》卷九三《書楞伽經後》：「軾游於公之門三十年矣。今年二月，過南都，見公於私第。」知軾又謁方平。據王明清《揮麈後録》卷七云：「君猷後房甚盛……東坡北歸，過南都，則其人已歸張樂全之子厚之恕矣。」知軾逗留南都期間，曾晤方平子恕。

又勞氏鈔本「予檢視陝西將兵軍器過華州」語。考蘇軾《東坡全集》卷一〇七《張恕將作監丞》、鄒浩《道鄉集》卷一六《張恕除工部員外郎制》二條，知恕嘗官將作監丞、工部員外郎，則「檢視陝西將兵軍器」，屬職掌所在。再考前引王鞏所撰《張公行狀》，方平子有四：「邦彦，大理評事；邦直、邦傑，並太常寺太祝。皆有文學行義，并先公以殁。季曰恕，克自修立，保家之子也。」則邦彦、邦直及邦傑俱先殁於方平，惟季子恕後於方平而卒，爲「保家之子也」。上述事實俱合勞氏鈔本所載，可證是書乃張恕之作。

張恕，字厚之，又字中甫。生卒年不詳。與蘇軾、蘇轍二兄弟及王鞏等交游。崇寧元年（一一〇二），以直秘閣知蘇州，再知齊州，進朝散大夫，管勾太極觀，因坐元符末上書遭黜，落直秘閣監高郵酒務，再落職而入元祐黨籍，五年（一一〇六），復朝奉郎，管勾靈仙觀。

此次整理，以勞氏丹鉛精舍鈔本爲底本，兼取涵芬樓本《説郛》節文，其他訛誤文字，校以他書。

舊有秦少游責監處州酒，《與胡子文》一帖託賃宅云：「遠方必無空閒第宅，如都城僦賃。然括蒼士大夫淵藪，其父兄必多賢，聞僕無居，宜有輟居以見賃者。幸前期聞之，不然使遷客有暴露之憂，亦郡豪傑之深恥也。輒恃事契，敢此屬託。」

舊有富鄭公判河陽，《送羊酒書》前不具銜，直列「羊一脚、酒一擔。右謹專送上，伏唯留納，謹狀。月日。武寧軍節度使、平章事判河陽富押狀。」外封卻書名。

東坡先生丙子生，是歲先少師作眉倅，元豐末年致政，居南都，坡自黄移彼。舊有手狀云：「軾謹候謁致政中散丈。三月日眉山蘇軾狀。」

予檢視陝西將兵軍器，過華州，太守楊詢管領，早食七杯三分，侍人去賓主三步立，終席不交一談。食起，戲領劉十七者，問太守如此嚴毅，畏郡君，不敢令進前，予因哂：「你怕妻，干我甚？」卯金曰：「東坡所謂『妬別人覔祇候人也』。」

陳希亮字公弼，知宿州。跨汴爲橋，水與橋爭，率嘗壞舟，公始作飛橋，無柱。至今，沿汴皆飛橋。

米元章雍丘縣不爭堂會，東坡先生見燭之後，於兩廊各置一床，并遣侍妓，於東廊床上坐，一杯之間三兩次，妓曳履緩步過簾下，登西廊，坐於床上，如此往來至會散，以兩小妓斟下酒食，二雄相對，清論殊不相干，古人亦未有此作。

米老云：「四方無个好溷所。」予應曰：「吴江垂虹亭中所謂第一溷也。」米曰：「得之矣第一溷乎。」

朱才翁云：「其祖在真廟作翰林學士，致政歸渚室。自爲小官時，每以俸禄三分之一置畫，有一疋馬，每有所思，即幀於壁，就枕乃夢騎此馬至彼也。治命隨葬，此琣遂絶。」

廖明略舅王朝議居安陸，注老杜詩。明略器之，每過外家，領一子往，既拜朝議畢乃云：「閃着脚。」令其子曰：「你且替我拜舅翁。」又一舅瞽，嘗問曰：「來日某剎作齋，吾生去否？」明略曰：「亦隨大隊。」長孺云其祖斷一事前，夫妻之母皆云無過，獨曰：「犯夫之緦麻尊長。」

張閎道云：館中自秘監至正字敘齒。

張尚書勸閎道任汀州司理，轉運司試官陳覺民達野，取近唱和《北苑茶詩》間字韻，閎道即席和曰：「雙鳳雙龍歸帝所，斷圭殘璧落人間。」陳云：「此卷不須用也。」小魯公知瀛，劉無言幙客取八座，作長短句曰《八生》。魯是吏部出守，公衮嫌其名，質改曰《玉交枝》，「念誰伴、茜裙翠袖」是也。

魏公鎮魏，儀公作機宜幹事，都下柳唐撰《念奴嬌》，代人寄遠，「燕子千般，爭解説些子伊邊消息」是也。

泗妓周琇本未有名，薛肇明經過，賭酒，薛曰：「周有大賚。」琇應聲曰：「卻不是兆民賴之也。」大被稱賞。

武人林并曰：「舊至一傳舍，見壁題詩曰：『舍南舍北雪猶存，山外斜陽不到門。一夜冷香輕入夢，野梅千樹月明村。』」乃陳天錫詩也。

政和丁酉春【一】，予寓東都，暇日過張嘉甫、才甫，坐中有客，小異昂從，或曰桂先生也，亦不甚向人多語。他日至張第，桂又先在，須臾命酒，才甫云：「公屢言家兄有上應列宿之遷，定在何時？」桂曰：「近也。不特如意，仍大獲財。」嘉甫以爲近妄矣，不甚領其語。酒半酣，則又曰：「公美除，須在元度兇問後。」時蔡已病，尚泊舟公子亭，席賓大笑而散。閱日餘，報蔡公薨。後數日，予再過，才甫則曰：「桂子神乎！前日，梁師成奏請家兄撰其父神道碑，繼而嘉甫得司勛員外郎。潤筆餘千緡。」予乃贈之詩曰：「醉中時復天真露，妙處難爲禮法懲」也。建炎庚戌端九日，遇於上饒，因道曩事，曰：「忘之矣。」

閒閒先生有一妾，善秦父【二】，善歌東坡長短句，頗讀《道德經》，略曉其義，平居女工庖廚，至於鹽蜜果實、滋味蔬茹，蓋十數，皆可人。忽然服丈夫冠袍，持白挺至家取物，不遠數百里如斯而回，斯亦可方外近道者也。其名甚鄙，予易之曰「多多」，取淮陰侯多多

【一】丁酉　「丁」原作「己」，據王明清《玉照新志》卷一改。

【二】秦父　「父」，疑爲「缶」之誤。

益辨之義。」

劉殿院將對，忽患暴咳不止，同臺官教以服九節菖蒲末一錢許。翌日對，嗽更不作。

郭彦章妻患血崩，百治不效，後於鞾骨上量二寸半，宛宛中兩旁，灸二七壯，小麥粒大，仍取婦人右手指爲寸效。

郭彦深説《聖惠方》中，三十六味紫菀元，仙方也，能治諸病。

綦新叔小女傷暑，以痢不止，以槐花煎湯服，立止。

王籛仲叔十一監簿，下痢下血，腹弦疼，諸未效，惟有人數服生氣湯，痛即止，藥力緩，復痛，多服即安。

孟持圖龍失血，食鵓鴿差。予常失血，李仲顈令服《必用方》中柔脾散。楊价下血，服姜附即差。

夏彦成小腹腫痛，服八味丸，立止。

京師李小嬌，一日與士人相向坐，戲云：「小嬌，你眼裏兩箇甚么物？」嬌曰：「我眼裏兩箇牛。」

⊙陳貽範撰

范文正公鄱陽遺事録

黄寶華　整理

點校説明

《范文正公鄱陽遺事録》，宋陳貽範撰。貽範字伯模，台州臨海（今屬浙江）人，治平四年進士，嘗遊胡瑗（安定）之門，又師事陳襄（古靈）。歷宗正丞，通判處州，民懷其德，有「道不拾遺劍，月照處州城」之謡。著有《慶善集》。是編乃貽範所撰鄱陽與范仲淹有關之遺跡的載記，前有貽範作於紹聖乙亥（一〇九五）之序。

范仲淹於仁宗景祐三年（一〇三六）貶饒州（今江西鄱陽），時年四十八歲。先是，仲淹以吏部員外郎權知開封府，上《百官圖》，指斥宰相用人失當，吕夷簡斥爲「越職言事，薦引朋黨，離間君臣」，遂貶饒州，到任後，遷建郡學，生徒浸盛，又奏免貢茶，蠲已不産銀之德興縣銀冶場貢課，多有德政，州人緬懷不絶，立祠崇奉，香火不絶，留下了諸多遺跡。是編凡十三條，即是對這些遺跡的記述。

《四庫全書總目·存目》著録有浙江巡撫采進本，今僅見於《范文正集》所附，列於《言行拾遺事録》四卷之後。此次整理以《四部叢刊初編》影印明刻本爲底本，參考了今人薛正興整理之《范仲淹全集》（二〇〇四年江蘇鳳凰出版社版），在校記中標注爲康熙本。

校勘記

【一】土廣人夥　「土」原作「上」，據康熙本改。

【二】有周虞梁柳　「周」原作「吳」，誤。據上文，「周」指三國吳周魴。《三國志·吳志》有《周魴傳》，傳載「黄武中……乃以魴爲鄱陽太守」。此處所列均爲姓氏，故據康熙本改。

序

漢孝宣帝常曰：「與我共治者，其惟良二千石乎？」天下之廣，郡有太守，能用「良」稱者幾人哉？且鄱陽，《禹貢》揚州之域，春秋時爲楚東境，後屬吳。《史記》言昭王十二年吳伐楚取番，蓋其事也。秦并天下，曰番陽縣，屬九江；漢更爲鄱陽縣，係豫章。後漢建安十五年，吳大帝時，張昭等議以豫章土廣人夥【一】，請分置廬陵、番陽二郡。初，治部故城，後徙吳芮，即今之所治也。梁天監中，置吳州，陳廢爲郡。隋平陳，罷郡爲饒州，大業仍爲郡。唐武德四年，平江左，乃復置州。則饒之爲州，殆四五百年矣。推諸牧守，無慮近千人，然摭於廳壁記，自開寶八年僞唐歸朝，有鐵林軍主張仁忠權知焉，迄元祐壬申朝奉大夫鄒輌，凡六十有八人。而比閲州圖經序，賢牧内史者，止吳周魴，晉虞溥，隋梁文謙，柳莊，梁陸襄，唐馬植、李復七人焉。求之州圃間，有周、虞、梁、柳、陸、馬、李七公與顔魯公并文正公畫像【二】。以千百歲而守者近千人，而其著於圖記繪像者，陸、虞二内史，梁、周二太守，柳儀同、馬常侍、李刺史、顔、范二公九人云，二千石之良，不幾於難有耶？

余倅於饒，見魯公雪程小娘被寇事，特道其始末而圖其像，以附文正公之祠堂，是賢太守不可得而多也。噫！鄱陽之守近千人，著於圖記繪像九人，而公之德尤不泯，饒人爲之立祠班春堂、天慶觀、州學之講堂，凡三所，繇景祐距此僅六十載，香火不絶，牲牢日盛，較以千人間，流澤之遠，惠愛之被，獨公一人而已矣。然公之遺風餘美實浹於物，每於民之去思，又豈止夫祠堂而已乎！公視政日，所以制作修創之跡，游賞吟詠之舊，莫不敬而念之。余因采其所敬念者，命曰《范公鄱陽遺事録》，非敢徼名於世，庶其垂話於後而不事於召棠之歌咏也。且公始通判河中府，徙宛丘，歷延、慶、杭、越、蘇、潤、青、潁、邠、耀、鄧、永興一十二郡【三】，純猷茂蹟，燦在國史、家集、奏議間，何假於是歟？如公所至有恩，邠慶二州民與屬羌畫像而生祠之【四】，御篆以褒賢碑額，青史傳載，四方千載，固已聞之矣。竊疑饒之遺事或有所未聞者，安得而棄乎？紹聖乙亥六月丁卯，天台陳貽範序。

【三】歷延慶　「歷」原作「壓」，據文意徑改。

【四】邠慶二州　「邠」原作「鄧」，據《范文正公全集》所附樓鑰編次《范文正公年譜》「皇祐四年」改。

目録

慶朔堂

慶朔堂，公之所創也，在州圃之北偏，左瞰「蜀錦」，右連「流杯」，前占【一】「春香」、「虚靜」，傍對「湖光」、「四望」，直見「清心」、「退思」，以正設廳儀門之道，基平而棟隆，勢巍而氣壯。公之意非所以示游玩也，將以承宣天子風教而發施於政令，儀乎古諸侯藏朔焉，所以題之曰「慶朔」，而且親植花卉，欄爲二壇。公既移潤，是以作詩而紀之，云：「慶朔堂前花自栽，便移官去未曾開。公景祐三年八月三日到任，五年正月十三日移潤州。年年憶着成離恨，祇托春風管勾來。」後之人觀公之堂，思公之政，及公之詩【二】，來而爭和之，以刊于石壁。度支員外郎、提點鑄錢魏兼：「使君去後堪思處【三】，慶朔堂前獨到來。桃李無言爭不怨，滿園紅白爲誰開？」職方員外郎、知饒州畢京：「花木還依舊徑栽，春園不惜爲時開。幾多民俗熙熙樂，似到老聃臺上來。」祠部郎中、提點江東路刑獄公事陳希亮：「弱柳奇花遞間栽，紅芳緑翠對時開。主人當日辜真賞，魂夢還應屢到來。」供備庫副使、同提點江東刑獄公事曹涇：「池館名花舊日栽，幾番零落又春開。誰人解識紅芳意？猶

校勘記

【一】前占　「占」原作「古」，據康熙本改。

【二】及公之詩　「之詩」原作「詩之」，據文意徑改。

【三】使君　原作「史君」，據文意徑改。

有多情五馬來。」噫！世之人常以絳之園亭爲最，而鄧之百花洲抑爲其冠。若錢塘「有美」、烏程「碧瀾」、瑯琊「醉翁」、貴池「弄水」【四】，率爲士大夫之所矜愛者。然以公之「慶朔」，名著乎建康、廣信，雖愚夫稚子莫不知，尚頌念之，非公之仁德惠澤流播于風俗間，安及於此哉？

蜀錦海棠

公《慶朔堂》詩云：「慶朔堂前花自栽。」今堂之東南隅有海棠二樹，東西各一。夾植于小徑兩傍，説者皆曰公之所栽也。得無詩之謂哉？公去饒殆六十載，度其高已丈餘，而蟠結之陰復四五尋，春陽之布如錦繡然。元祐末，太守鄒公軻惜其無臨賞休息之所，遂築亭其後，題曰「蜀錦」，蓋海棠本蜀植也，而花開猶錦繡，推而名焉。殆非愛公之流風遺澤而充擴「自栽」之句耶？

郡齋

公守饒凡十有八月，移潤，而饒爲繁劇之郡，民頑好鬭，吏狡多梗。公下車，興庠序，曉教令，待賢愛物，壹以愷悌，終日無事，故常留題曰：「三出專城鬢似絲，公自河中府通判移陳州，後爲右司諫出知睦州，後徙蘇，又知饒，是三專城也。齋中蕭灑過禪師。齋之存，今有養正堂及默軒，養

【四】瑯琊　原作「瑯瑯」，據文意徑改。

正、默軒之名得非過禪師云？ 每疎歌酒緣多病，公守饒，飲宴有節，然寄居過客無不得其歡心。 不負雲山賴有詩。公守饒，多歌詠，今之所有者有《郡齊即事》、《慶朔堂》、《芝山寺》、五老亭》及《題昇上人碧雲軒》，并贈御賜名道士鍾惟靜、傳神道士程用之二絶句，凡六篇。 半雨黄花秋賞健，郡有提點鑄錢司廨宇，廳之傍有一亭，盡種菊。時提點魏兼與公劇相得，其亭名秋香，公爲之作《秋香亭賦》，「黄花」之句，得無意於是乎？ 一江明月夜歸遲。 人間禍福何須道，塞上衰翁也自知。後之爲守者以饒之繁劇，雖窮日力，常懼其不治。公處之有方，而民樂於愷悌，每閲公郡齊即事之詩，必跂仰而談公之優游於政也。

春香虚靜亭

「春香」「虚靜」分峙「慶朔」之前，與二花檻並列，傳云乃公之所建也。慶朔之舊，常爲宴賓之憩焉，樂既作於庭，而卉木環抱，得二亭掩映，真娱樂之趣也。求公之措置，豈獨政事而已哉！ 雖應接細務，必有法度，而爲後人之矜式，良足書也。

九賢堂

州之後圃有堂焉，四壁間圖陸褱、虞溥二内史，梁文謙、周舫二太守，并柳莊儀同、馬植常侍、李復刺史，與顔魯公暨公，凡九人。因攷郡圖經，若陸褱、虞溥、梁文謙、周舫、柳莊、馬植、李復，俱以賢牧稱，魯公止載於樂平縣，乾元初被中丞唐旻誣劾，降知饒，而雪程小娘遭寇屠害父兄事，不厠於賢牧之列。何賢者難得如此耶？國家自開寶迄紹聖六十有八人，而在九賢之序者惟公一人已矣。信夫人才不世出，而公之仁德惠澤非尋常侔也！惜乎基隘而屋庳，土隳而像泯，余逼於受代，不得從容而新之也，且命之曰「九賢」【五】，復録其始末爲記云。噫！建康古名郡也【六】，府之後圃有瞻儀堂，繪像者近百人，人率爲之讚，然明其新舊年月而已，猶饒之廳壁記焉，安如九賢之必以德乎？

五老亭

五老峰，廬山之勝也。饒去江殆數百里，而州北芝山院危坡屹起，晴霽間可以瞰焉。公下車，怜其可觀，乃作《題芝山寺》詩，云：「樓殿冠崔嵬，靈芝安在哉？雲飛過江去，花落入城來。寺去州城止三里。得食鵶朝聚，聞經虎夜迴。偶臨西閣望，五老在寺之西。五老夕陽開。」寺僧遂作五老亭於危坡之頂，饒之人寒食以芝山爲踏青所，至者必曰「范公五老亭」也。

碧雲軒

碧雲軒，芝山寺海會堂後之小軒也，外瞰危石，中鏁幽檻，軒簷之庭，栽列花木蘭蘆諸藥，似有高人達士趣。鄱公守饒時，有昇上人占居此軒，公每到寺，必適其處，愛其閑寂蕭

【五】且命之　「且」原爲墨丁，據康熙本補。

【六】名郡也　「也」原爲墨丁，據康熙本補。

灑，常爲之留題曰：「愛此詩家好，幽軒絶世紛。澄霄半牀月，淡曉數峰雲。遠意經年就，微吟並舍聞。只應虚靜處，所得自蘭芬。」公移潤，而饒人矜公之詩，有以「二南」名者。蓋見公之辭騷雅，且名重當世，足以爲後人稱想，有以然也。今之人纔遊芝山，莫不尋傣其所，以閲公之詩榜焉。噫！鄱陽境上，如德興之「聚遠」、餘干之「干越」，與薦福之「澄心」【七】、開福之「寒林」，幾二千首，獨公之詩爲士大夫所膾炙，而饒人惇尚之，非公之名重當世而政著於去思，何以臻此耶？

寶福侯禱雨

寶福侯乃漢之樊噲也，舊廟于芝山之頂，曰「鹿頭大王」。公守饒，凡民間旱即禱於此神，頗有驗應。今之廟地，公之所徙也。且州之民邵都院者卜其地，置生墳。公一日入院，詰其故，乃曰：「五十年後當出侯伯，不得鬻於人。」於是令移鹿頭廟屋於此，復移文于僧寺【八】。暨元豐庚申，太守馬淵以久不雨，因禱於神，而霶霈沾足，遂狀其感應而奏之，乞加旌獎。朝廷下太常，封爲寶福侯。淵之奏陳且道公之請雨有功，修飾廟貌，迄今血食。以景祐迄元豐恰五十年，公之先知，誠可尚也。後之人凡入寺，見其廟，必指之曰：「范文正公之遷而五十年出侯伯處也。」

【七】與薦福之澄心　「與」原作「興」，據文意徑改。

【八】移文于僧寺　「于」原作「干」，據康熙本改。

文筆峰硯池

饒之山水，大率秀拔，有豪傑者出焉。公之至，識其形勝，一日乃曰：「妙果禪院，一塔高峙，當城之東南，屹起千餘尺【九】，饒之文章應也。城之下枕瞰數湖，水脉連秀，抑爲儒者滋顯也。」於是名其塔爲「文筆峰」，目其湖爲「硯池」，且曰：「二十年後當出狀元。」逮治平乙巳，州人彭尚書汝礪果第一人及第。公之沉幾遠識，良足書也。

州學基

公所謂妙果浮圖爲文筆峰，東湖爲硯池，而郡學之基乃占文筆，硯池之中而公指之也。然其當州城之巽地，周環枕湖水，長堤數里，林木掩映，坡麓森爽。學既建而生徒日盛，榜榜有登第者，多巍科異等。信夫！公之興創非唯示法於一時，能爲典刑於後世者也。噫！饒之學自晉虞溥作教諭以招誘士子，數歲間聚徒幾二三千，爾後零散，儒風挑撻。由公遷指基址，今殆四千人，公之德惠豈尋常之比哉！惜乎！公去之速，未及建立，而規模不甚宏，齋宇不甚整，迄今見者之歎惜而學者之歎念焉。堂之上所以置公之祠而朝夕瞻敬者，蓋不忘公之指擇也。

【九】千餘尺　「尺」原作「赤」，據康熙本改。

秋香亭

鄭公之後兮，宜其百禄；使於南國兮，鏗金粹玉。倚大旆於江干，揭高亭於山麓。江無煙而練回【一〇】，山有嵐而屏矗。一朝賞心，千里在目。時也秋風起兮寥寥，寒林脱兮蕭蕭。有翠皆歇，無紅可凋【一一】。獨有佳菊，弗治弗夭。采采亭際，可以卒歲。畜金行之勁性，賦土爰之甘味。氣驕松筠，香滅蘭蕙。露溥溥以見滋【一二】，霜肅肅而敢避。其芳其好，胡然不早。歲寒後知，殊小人之草；黄中通理，得君子之道。飲者忘醉，而餌者忘老。公曰：時哉時哉，我賓我來。緩泛遲歌，如春登臺。歌曰：賦高亭兮盤桓，美秋香而酡顔。望飛鴻兮冥冥，愛白雲之閑閑。又歌曰：曾不知吾曹者將與夫謝安，不可盡歡，而聿去乎東山；又不知將與夫劉伶，不可復醒，而蔑聞乎雷霆。豈無可而無不可兮【一三】，一逍遥以皆寧。」

范文正景祐間罷天章閣待制，守鄱陽，爲提點鑄錢魏侯作此賦。公賦之就，攷其景趣，求其意思，宛在目下。公之製作，信非苟成也，必其成法以矜後世。古人云「賦體物而瀏亮」者，乃公之所能賦也。今其舊址雖易爲征官所居，而提點之別廨於大廳之東偏傍，猶以「秋香」名，是不忘公之所愛也。元祐癸酉，太守鄒軻閱公之舊址，而看經院之南，芟剗蕪穢，修平坡壠，創以廊宇，以發公之所用心，不幸鳩工而亡，得無公之遺事在人

【一〇】練回 「練」原作「煉」，據范仲淹《秋香亭賦》（《范文正公全集》卷一）改。

【一一】無紅可凋 「可」康熙本作「不」。案：《范文正公全集》卷一《秋香亭賦》作「可」。

【一二】溥溥 原作「漙漙」，據康熙本及《范文正公全集》改。

【一三】無不可兮 「無」原無，據《范文正公全集》卷一《秋香亭賦》補。

而不衰乎？

三祠堂

漢晉而降，迄于聖朝，守饒者無慮千餘人，今之立祠祭享者止公一人而已矣。信乎，公之德澤惠愛遠出今古而爲民去思也。且饒之所立祠班春堂、天慶觀、州學講堂，凡三處，春秋祭賽，禱晴雨及州官之到罷，皆修敬不絶。若學講堂，每遇上下釋奠，亦具禮祝。公之功德，豈數百歲而泯耶？愚以「召棠」歌頌比焉者，蓋適於此也。

長沙王廟記

長沙王迺吴王芮也。東漢建安十五年吴大帝時，張昭等議以豫章土廣人繁，請分置廬陵、鄱陽二郡，初治部故城，後徙吴芮，即今所治。立長沙廟貌，得非緣於此哉？且饒之爲國殆千餘年，而廟不立。公之守饒，始建焉，然公之窮古尚德、好賢樂善之心，豈尋常人也！今攷諸碑而刻其傳贊，以歲月列公之名銜，復命提點鑄錢魏兼篆額，且使賢令嗣監簿純佑書，公之遺跡，尤足矜後人也。

言行拾遺事録

⊙佚　名撰

黄寶華　整理

點校説明

《言行拾遺事録》四卷，不著撰人。載録了范仲淹及其子的遺聞佚事，乃集諸家史乘、筆記而成。卷一所載均未注出處，卷二至卷四則絶大部分標出所引書名。卷一至卷三所載爲范仲淹事蹟，惟卷四所載乃其子之行事，凡四十二條，其中記次子范純仁二十六條，三子范純禮七條，四子范純粹七條，長子純佑二條。

《四庫全書總目・存目》著録有編修程晉芳家藏本，今僅見於范仲淹《范文正公集》所附。此次整理以《四部叢刊初編》影印明刻本爲底本。元天曆戊辰（一三二八）吴門范氏家塾歲寒堂刊《范文正公集》，明嘉靖間范氏家塾又重刊天曆本，《四部叢刊初編》即據此影印。又今人薛正興據范仲淹十九世孫范能濬編集、康熙四十六年（一七〇七）由歲寒堂刊刻之《范文正忠宣公全集》校點整理了《范仲淹全集》，二〇〇四年由江蘇鳳凰出版社出版。這次整理也參考了這一整理本，校記中標注爲康熙本，此外還據所引書籍加以參校，力求完善。

目録

卷一

公丁母憂，寓居南都，晏丞相殊請掌府學，公常宿學中，訓督有法度，勤勞恭謹，以身先之。夜課諸生讀書，寢食皆立時刻，往往潛至齋舍詗之，見有先寢者，詰之，其人紿云：「適疲倦，暫就枕耳。」問未寢之時觀何書，其人妄對，則取書問之，不能對，罰之。出題使諸生作賦，必先自爲之，欲知其難易及所當用意，亦使學者準以爲法。由是四方從學者輻輳，宋人以文學有聲名於場屋、朝廷者，多其所教也。

公在淄州長白山僧舍今醴泉寺。讀書，一夕見白鼠入穴中，探之，乃銀一甕，遂密掩覆。後公貴顯，寺僧修造，遣人欲求於公，但以空書復之。初，僧怏然失所望，及開緘，使於某處取此藏，僧如公言，果得白銀一甕。今人往往談此事。

公遣子堯夫到姑蘇，般麥五百斛【一】。堯夫時尚少，既還，舟次丹陽，見石曼卿，問：「寄此久，何如？」曼卿曰：「兩月矣。三喪在淺土，欲葬之而北歸，無可謀者。」堯夫以所載舟麥付之，單騎自長蘆捷徑而歸。到家，拜起侍立，久之，文正曰：「東吴見故舊乎？」曰：「曼卿爲三喪未舉，留滯丹陽，時無郭元振，莫可告者。」文正曰：「何不以麥舟與之？」堯夫曰：「已付之矣。」

【一】五百斛 「百」原作「伯」，據康熙本改。

公以朱氏長育有恩，常思厚報之，及貴，用南郊所加恩乞贈朱氏父太常博士，暨朱氏諸兄弟，皆公爲葬之，歲別爲饗祭。朱氏子弟以公蔭得補官者三人。

公既貴，常以儉約率家人，且戒諸子曰：「吾貧時，與汝母養吾親，汝母躬爨，而吾親甘旨未嘗充也。今而得厚禄，欲以養親，親不在矣。汝母又已蚤世。吾所恨者，忍令若曹享富貴之樂也！」

公子純仁娶婦將歸，或傳婦以羅爲帷幔，公聞之不悦，曰：「羅綺豈帷幔之物耶？吾家素清儉，安得亂吾家法！敢持歸吾家，當火於庭。」

公遇夜就寢，即自計一日食飲奉養之費及所爲之事，果自奉之費與所爲之事相稱，則鼾鼻熟寐，或不然，則終夕不能安眠，明日必求所以稱之者。

公自政府出歸，焚黄搜外庫，惟有絹三千匹，令掌吏録親戚及閭里知舊，自大及小，散之皆盡，曰：「宗族鄉黨見我生長，幼學壯仕，爲我助喜，我何以報之哉！」

公與南都朱某相善，朱且病，公視之，謂公曰：「某常遇異人，得變水銀爲白金術。吾子幼，不足傳，今以傳君。」遂以其方并藥贈公，公不納，强之乃受，未嘗啓封。後其子寀長，公教之，義均子弟，及寀登第，乃以所封藥并其術還之。

公爲人作銘文，未嘗受遺，後作范忠獻銘，其子欲以金帛謝，拒之，乃獻以所畜書畫，公悉不收，獨留《道德經》而還，戒之曰：「此先君所藏，世之所寶，某竊以爲宗家惜之，毋爲人得也！」

公以晏元獻薦入館，終身以門生事之，後雖名位相亞，亦不敢少變。慶曆末，晏公守宛丘，文正過南陽，道過特留，歡飲數日，其書題門狀猶稱「門生」，將別，投詩云「曾入黄扉陪國論，却來絳帳受師資」之句，聞者皆歎伏。

公守饒州日【二】，有書生甚貧，自言平生未嘗一飽。時盛行歐陽率更書《薦福寺碑》，墨本直千錢。爲具紙墨，打千本，使售於京師。紙墨已具，一夕雷擊碎其碑。時語曰：「有客打碑來薦福，無人騎鶴上揚州。」東坡作《窮措大詩》曰：「一夕雷轟薦福碑。」向使不擊碎，書生享用，其有窮乎！於此益知吉慶避者，非吉慶避之，其福德淺薄，自不能與吉慶會也。讚曰：「淑慝以類，吉凶在人。譬如儀鳳，不棲棘荆；虺蜴之窟，豈産珠珍？冰雪凝沍，寒谷不春。一氣所感，當識其因。」韓魏公客有郭注者，行年五十，未有室家，公以侍兒與之【三】，未及門而注死。

公爲吏部員外郎出守時及官歷二府，以至于薨，凡十年，不增一人，未嘗易也。

公言：「幕府賓客可爲己師者乃辟之，雖朋友亦不可辟。蓋爲我敬之爲師，則心懷尊奉，每事取法，於我有益耳。」

公守越，户曹孫居中卒，子幼家貧，公助之俸錢百緡，治巨舟，差老衙校送歸，作一絶句，戒其吏曰：「關津但以吾詩示之。」詩云：「十口相將泛巨川，來時暖熱去凄然。關津

【二】公守饒州日　「公」原作「有」，據康熙本改。

【三】公以侍兒與之　「侍」原作「待」，據康熙本改。

若要知名姓，定是孤兒寡婦船。」

公守邠州，暇日帥僚屬登樓置酒，未舉觴，見衰絰數人，乃營理喪具者。公亟令詢之，乃寄居士人卒於邠州，將出殯近郊，賵歛棺椁皆未具。憮然，即徹宴席，厚賙給之，使畢其事。坐客感歎，有泣下者。

公守杭州，蘇鱗爲屬縣巡檢。城中兵官往往獲薦書，獨鱗在外邑，未見收録，因公事入府，獻詩曰：「近水樓臺先得月，向陽花木易逢春。」

公過淮境遇風，賦詩云：「一棹危於葉，傍觀亦損神。他時在平地，無忽險中人。」雖弄翰戲語，卒然而作，其濟險固得之心，未嘗忘也。

公守桐廬郡，始於釣臺建嚴先生祠，自爲記，以示南豐李泰伯。泰伯讀之，三嘆，起而言曰：「某妄意輒改易一字。」公矍然扣之，曰：「雲山江水之語，於義甚大，於詞甚博，而德字承之，乃似碌碌，擬換作風字如何？」公凝坐頷首，殆欲下拜。

公守饒州，創慶朔堂，既去，以詩寄魏介曰：「慶朔堂前花自栽，便移官去未曾開。年年長有别離恨，只托春風管幹來。」舊州治有石刻。

公與韓魏公爲經略安撫招討副使，約公進兵，公曰：「當自謹守，以觀其變，未可輕兵深入。」尹洙嘆曰：「公於此乃不及韓公也。韓公嘗云：大凡用兵，當先置勝敗於度外。今公乃區區過慎，此所以不及韓公也。」公曰：「大軍一動，萬命所懸，而乃置於度外，某未見其可。」魏公舉兵入界，次好水，以全師陷没，魏公遽還，至半途，陣亡父兄妻子數千人號於馬首，皆持故衣紙錢招魂，哭曰：「汝昔從招討出征，今招討歸而汝死，汝魂識能從招討歸乎！」哀慟聲動天地，魏公悲憤掩泣，駐馬不能前者數刻。公聞而嘆曰：「當是時，難置勝敗於度外也。」

公尹京日，有内侍怙勢作威，頃動中外，公抗疏列其罪，疏上，家所藏書有言兵者悉焚之，仍戒其子曰：「我上疏言斥君側小人，必得罪以死。我既死，汝輩勿復仕宦，但於墳側教授爲業。」疏奏，嘉納其言，罷黜内侍。

公知慶州，兼經略招討使，未幾，賊兵三萬叩城，公麾兵血戰，賊奔西北，遂戒諸將無追奔。既而，果有伏兵。又奪爲大順城，久之，世衡不利於定川，公晝夜爲領兵援。初，關輔人心摇動，及見公耀兵號令嚴，兵威震戎落，人心遂安，相賀曰：「邊上自有龍圖公爲長城，吾屬何憂！」

公與吕申公論人物，申公曰：「吾見人多矣，無有節行者。」公曰：「天下固有人，但相公不知耳。若以此意待天下士，宜乎節行者之不至也。」

公言：「息盜賊，誅奸雄，浩然無憂，乃所以爲身謀。若未能如是，雖州里不可保，七尺之軀無所容於天地之間矣。」

公在慶曆中，議弛茶鹽之禁及減商税，公以爲不可：「茶鹽商税之入，但分減商賈之利耳，行之，商賈未甚有害也。今國用未減，歲入不可闕，既不取於山澤及商賈，須取之於農，與其害農，孰若取之於商賈。今爲計，莫若先省國用，有餘，當先寬賦役，然後及商賈。弛禁非所當先也。」其議遂寢。

公爲參知政事日，兗州守梁適乞以廂兵代廂户，又裁減人數。是時章得象爲宰相，執政欲從梁適之請，獨公云：「此事與尋常利害不同，而此人可減，吾輩雖行，他人必復之。」尋有中書劄子，令差足人數。當時天下無賢不肖，莫不稱之。

公爲參知政事日，歐陽修、余靖、蔡襄、王素爲諫官，時謂之「四諫」。四人力引石介，執政從之，公獨曰：「介剛正，天下所聞，然性亦好異，使爲諫官，必以難行之事責人君必行，少咈其意，則引裾折檻，叩頭流血，無所不爲。主上富春秋，無失德，朝廷政事亦自修舉，安用如此諫官也？」諸公服其言而罷。

公與韓魏公、富彦國慶曆中同在西府，上前爭事，議論各別，下殿各不失和氣，如未嘗爭也。當時相善三人如推車子，蓋其心主於車可行而已，不爲己也。

慶曆初，上厭西兵之久出而民弊，亟用公與富鄭公、韓魏公，而三人者遂欲盡革衆事，以修紀綱，而小人權倖皆不悦，獨杜公與相佐佑【四】。而杜公尤抑絶僥倖，凡内降與恩澤者，一切不與，每積至十數，則連封而面還之，或詰責其人，至慚恨涕泣而去。上嘗諭諫官歐陽修曰：「外人知杜衍封還内降耶？吾居禁中，有求恩澤者，每以杜衍不可告之而止

【四】獨杜公與相佐佑　「杜」原無，據文意補，下同。

者，多於所封還也，其助我多矣！此外人及杜衍皆不知也。」然杜公與三人者卒皆以此罷去。

公與相國韓公爲西帥，狄武襄青隸其節下，爲人器度深遠，咸奇之，曰「此國器也」。公嘗以《左氏春秋》授狄武襄，曰：「熟此可以斷大事。將不知古今，乃匹夫之勇。」青於是晚節益喜書史，既明見時事成敗，尤好節義。

公與韓公、杜公多知本朝故實，善決大事。初，邊將議欲大舉以擊夏人，雖韓公亦以爲可舉，公爭以爲不可，大臣至有欲以沮軍事罪公，然兵後果不得出。契丹與夏人爭銀瓮族，大戰黄河外，而雁門、麟府皆警。富公安撫河東【五】，欲以兵從。公以爲契丹必不來，兵不可妄出。富公怒【六】，以語侵公，公不爲恨。後契丹卒不來。二公皆世俗指爲朋黨者【七】，其論議之際蓋如此。及三人者將罷去，杜公獨以爲不可【八】，遂亦罷。

公知開封府，獻《百官圖》，指宰相差除不公，而陰薦韓忠獻公億可用。文正既貶，仁宗以諭億【九】，億曰：「若仲淹舉臣以公，則臣之拙直陛下所知；舉臣以私，則臣委質以來未嘗交托於人。」遂除參知政事。

公與韓琦自陜而來朝，石守道作《慶曆聖德詩》，忠邪太明白，道中得之，公撫股謂韓公曰：「爲此怪鬼輩壞之也！」韓公曰：「天下事不可如此，必壞。」其後果然。

公慶曆中與富弼、韓琦、杜衍、章得象、賈昌朝、晏殊同時執政，吕夷簡罷相，夏竦罷樞

【五】富公安撫河東　「富」原無，據康熙本補。

【六】富公怒　「富」原無，據康熙本補。

【七】指爲朋黨者　「爲」原作「公」，據康熙本改。

【八】杜公獨以爲不可　「杜」原無，據康熙本補。

【九】仁宗以諭億　「億」原作「公」，據《宋史》卷三一五《韓億傳》改。下同。

密使，歐陽修、余靖、王素、蔡襄並爲諫官。徂徠先生喜曰：「此盛事也！歌頌吾職，其可已乎？」乃作《慶曆聖德詩》，其略曰：「衆賢之進，如茅斯拔。大奸之去，如距斯脱。」「衆賢」謂衍等，「大奸」斥竦也。詩且出，泰山先生見之，曰：「子禍始於此矣。」先生不自安，求出通判濮州。

吴遵路丁母喪，廬墓側，蔬食終制。既殁，家無長物，公分俸賙其家。

錢尚書遹爲洪州職官，緣事過鄱陽，見彭器資。值月朔，有衣冠數十輩來見，彭公設拜，各人進問起居而退。錢在書齋中窺見，甚訝之，因問公：「此輩何人？」公曰：「皆鄉里後進子弟也。」錢曰：「今他處後進必居於位，或與先生並行，何以有此？」彭公曰：「昔范希文自京尹謫守是邦，其爲政，以名教厚風俗、敦尚風義爲先，州人仰慕，咸傾嚮之，遂以孝弟自任而不敢忽【一〇】，久之不變也。此大賢臨政之效，可以爲法。」

公知慶州日，有人以碑銘托公者，公爲撰述，夤緣及一貴人陰事。一夜夢貴人告曰：「某此事實有之，然未有人知者，今因公之文暴露矣，願公易之。」公夢中謝曰：「隱公此事，則某人當受惡名。公實有此，我非誣人者，不可改也。」貴人即以語公曰：「公若不改，當奪公子。」公曰：「死生命也。」未幾，次子純仁病，既而，又夢貴人曰：「公子我豈能奪？今告公爲我改之，公子安矣。」卒不改，公之剛正，是可見也。

公爲江淮體量安撫，所至賑乏絶。又陳八事，其四曰：「國家重兵，悉在京師，而軍

【一〇】以孝弟自任　「孝」原無，據康熙本補。

食仰於度支，則所養之兵不可不精也。禁軍代回，五十以上不任披帶者，降於畿内及陳、許等處。近下禁軍一卒之費，歲不下百千，萬人則百萬緡矣。至七十歲乃放停，且人方五十之時，或有鄉園骨肉懷土之情，猶樂舊里。及七十後，鄉園改易，骨肉淪謝，羸老者歸復何托？是未停之前，大蠹國計；廢之之後，復傷物情。咸平中，揀鄉兵，人無歸望，號怨之聲動於四野；祥符中，選退冗兵，無歸之人大至失所：此近事之鑒也。請下殿前軍馬司，禁軍選不堪披帶者與本鄉州軍別立就糧指揮，至彼有田園骨肉者，許之歸農，則羸老之人亦不至失所矣。」

神文時，慶曆淮南有王倫者，嘯聚其黨，頗擾郡縣，承平日久，守令或有棄城而出者，請論如法。公參預大政，爭以爲不可：「今淮南郡縣徒有名耳，其城壁非如邊塞，難責城守。」神文睿德寬仁，故棄城者得以減死論。既退，鄭公忽謂文正公曰：「六丈當欲作佛耶？」范公曰：「主上富於春秋，吾輩輔導當以德，若使人主輕於殺人，則吾輩亦不得容矣。」鄭公歎伏。

卷二

公用人多取氣節，闊略細故，如孫威敏、滕達道之徒，皆深所厚者。爲帥府，辟置多謫籍未牽敘人【一】。或以問公，公曰：「人之有材能無瑕纇者【二】，自應用於宰相。惟實有可用，不幸陷於過失者，不因事起之，則遂爲廢人」。世咸多公此意。凡軍伍以雜犯降黜者，皆改刺龍騎軍。《石林燕語》

韓魏公、章得象在中書時，方天下多弊事，且有西鄙之患。每與希文、彦國以文字至兩府，章公輒閉目不答，彦國憤惋欲悖之，希文惜大體，不許也。《魏公别録》。

公常言：「史稱諸葛亮能用度外人，用人者莫不欲盡天下之材，當思近己之好惡而自不知也。能用度外人，然后能周大事。」沈括《筆談》

公與韓魏公召爲樞密副使，天下聞之，士大夫皆酌酒相賀曰：「上用韓某、范某，非惟社稷幸，乃天下生民之幸。」公知開封府，明敏通決，照事若神。每上殿奏事，多陳治亂，以開人主，歷詆大臣不法者。《長編》

慶曆二年，仁宗以涇原傷夷，欲令范某與文潞公對易，遣内侍王懷德喻旨。公謝曰：「涇原地重，臣恐不足以獨當，願與韓琦同經略涇原，並駐涇州，琦兼秦鳳，臣兼環慶。一

校勘記

【一】 謫籍　「籍」原作「藉」，據康熙本改。

【二】 瑕纇　「纇」原作「類」，據文意徑改。

則夷夏相安，事不亟易。二則涇原有警，臣與韓琦可合秦鳳、環慶之兵掎角而進。若秦鳳、環慶有警，亦可以率涇原之師以相應援。三則通修環州鎮戎諸砦，藉此兩路事力必能速有成功。四則臣與韓琦日夜建議選練兵士，漸復横山，以斷賊臂，不數年間可期平定。願詔龐籍兼領環慶，以成首尾之勢。秦州委文彦博，慶州用滕宗諒總之，孫沔亦可辦集。渭州，一武臣足矣。」朝廷皆從其請。《實録》

公言：「沿邊逐寨雖有險固，只有三二百人，何以施爲？又城池中多無井水，若不量事勢，但令堅守，徒陷一城軍民性命，自挫軍威，無益邊事。其在環慶路，相度二十三寨内有美泥、虐泥、大拔城等小砦，但只量兵士差百十人把截道路，如探得賊馬大段入寇，便令歸側近大城砦内一處防守，所貴不致枉陷軍民，人心遂安。」《奏議》

慶曆二年南郊赦書：「應因公事受到諸處行軍司馬、副使、司士、文學、參軍，仰逐處並具到任月日，負犯因依分析聞奏。候到，令刑部子細勘會元犯，因依申奏，委中書門下别取進止者。」公因奏言：「懷才抱藝之人，一落散地，終身不齒。獸窮則變，人窮則詐，古人之所慎也。況今邊事未寧，尤宜使過。欲乞朝廷催促逐處依赦文分析聞奏，乞差近上臣寮就中書定奪元犯情理，分作等第。又委長吏密切體量上件人，或有材質，或有節行，亦具申奏。所貴負犯之人，各期自新，不懷幽憤。唐張説薦負犯之人充將帥之用，其表云：『活人於死者，必舍生而報恩；榮人於辱者，必盡節而雪耻。』古猶今也，乞朝廷留意。」《實録》。

元昊寇鎮戎軍，葛懷敏入保定川砦。涇原鈐轄曹英又敗於砦之東北隅【三】，懷敏所部人奔駭。懷敏爲衆所擁，幾蹂踐死【四】，輿至甕城乃蘇。賊遂圍城，懷敏與諸將謀赴鎮戎軍，賊斷其歸路，與諸將皆遇害，賊遂長驅至渭州。初，懷敏之除鄜延也，范仲淹言其不知兵而又怯懦，不可用，遂徙涇原，卒敗事。《東都事略》

張亢築清塞、百勝、中候、建寧、鎮川五砦，而麟府之路始通。亢復奏以所通特一逕，請更築並邊諸栅，以安河外。議未下，會契丹渝盟，徙知瀛州，遷果州團練使。夏人與契丹戰河外，范公宣撫河東，因奏使亢知代州，就令總前議增築事。不閲月，諸砦成，蕃漢歸者數千户，歲減戍卒萬人。張亢本傳

公薦舉處士有徐復，履尚高潔，衍卦氣之法。公過潤州，問復：「以衍卦占之，今夷無動乎？」復爲占西邊用兵日月，無少差。又有郭京者，好言兵，公數薦之。由是二人同召。《東都事略》

張俞上言謂：「今能詭制北虜，散其陰謀，使與叛醜疑貳，有結國家之心，間誘西凉羣夷勿與賊結，則虜首可得而天下定矣。范仲淹以諫争而遭擯斥，若外徇物望，内惟邦本，宜委重柄而授之。苟能行此，是謂失之東隅，收之桑榆也。」吕夷簡甚重其言。《張俞傳》

【三】鈐轄　「鈐」原作「鈴」，據康熙本改。

【四】蹂踐　「蹂」原作「躁」，據康熙本改。

公以西賊攻塞門砦，其寨城池未備，兵甲又少，部署司不與救應，砦主高延德爲賊所擒，後放歸漢界，遂配遠方。公言：「漢家將率有數人陷在賊庭，俱是苦戰力屈，爲賊所擒，即非背叛。如朝廷貸高延德，被以寬恩，仍與近邊任使，使陷蕃將率聞之，必願昊賊歸順，望再見其家，或即懷本朝之恩，不助賊計。如朝廷責其不死，來者遠竄，其陷番將率更無歸路，必懷怨望，其中或有助賊爲孽，其患不細。昔漢中行説傅公主入匈奴，説不欲行，怨漢，乃教單于大爲漢患。此人情之可見也，乞朝廷留意。康定元年九月辛未，公以任福等出師攻賊白豹城，破之。冬十一月又出師，出歸娘谷，與夏人戰，大敗之。《西夏本末》

公以孫明復居泰山之陽，著《春秋尊王發微》，得經之本義爲多，學者皆以弟子事之。公言其道德、經術宜在朝廷，召拜國子監直講。《東都事略》

韓魏公與公在兵間最久，名重一時，人心歸之，朝廷倚以爲重，故天下稱爲「韓范」。初，京師歲遣戍兵，脆懦不習勞苦，賊常輕之，目曰「東軍」，而土兵勁悍善戰。琦奏增土兵以抗賊，而稍減屯戍，内實京師。又以籠竿城據衝要，乞建爲德順軍，以蔽蕭關、鳴沙之道。又建請於鄜、延、渭三州，各以土兵三萬爲一軍，軍雖别屯，而耳目相通爲一。視虜所不備，互出擣之，破其和市，屠其種落，因以招横山之人，度横山，隳則平，夏兵素弱，必不能支，我下視興靈，穴中兔耳。章既上，遂與范公定謀益堅，而元昊知不可敵，歛兵不敢近塞矣。《東都事略》

好水川之失利【五】，韓魏公降知秦州，公亦以擅答元昊書降知耀州。王堯臣言：「此兩人天下之選，其忠義智勇，名動夷狄，不宜以小故置之。」明年，葛懷敏敗，涇、邠以東皆閉壘自守。公自將慶州兵捍賊，賊始引去。仁宗思其言，乃以魏公與公爲招討使。堯臣曰：「陛下復用韓某、范某，幸甚！然將不中御，兵法也，願許以便宜從事。」仁宗以爲然，從之。《九朝通略》

仁宗嘗語張士遜曰：「人言仲淹嘗欲乞廢朕，朕但未見其章疏耳。」士遜曰：「陛下既未見其章疏，不可以空言加罪，望陛下訪之。」積十數請，仁宗曰：「竟未之見也，然爲朕言之多矣。」士遜力爲辯其不然，仁宗意乃解。其後士遜歸老，啓國于鄧，范公適守鄧州。士遜還鄉，范公置酒高會，明日，士遜復置會，揮金甚盛，時人榮之。《張鄧公傳》。

韓魏公曰：「吕申公以進賢自任【六】，恩歸於己，時士皆出其門，獨范公、歐公、尹公旋收旋失之，終不受其籠絡也。」《魏公别録》

原州屬羌明珠、滅臧二族，兵數萬，與元昊隔絶鄰道。公聞涇原欲襲討之，公奏言：「二族道險，不可攻，前日高繼嵩已嘗喪師。平時猶懷反側，今討之，必與賊爲表裏，南入原州，西擾鎮戎，東侵環州，邊患未艾也。宜因元昊别路大入之際，即并兵北取細腰、蘆泉爲堡障【七】，以斷賊路，則二族自安矣。而環州、鎮戎等處徑道通徹，可以亡憂矣【八】。」後二歲，遂築細腰、葫蘆諸砦，屬羌歸服。《長編》

【五】好水川　「好」原作「石」，據康熙本改。

【六】以進賢自任　「任」原作「佐」，據康熙本改。

【七】蘆泉　康熙本作「葫蘆泉」。案：《續資治通鑑長編》卷一三八「慶曆二年」作「蘆泉」，故仍舊。

【八】可以亡憂矣　「亡」原作「忘」，據《長編》卷一三八「慶曆二年」改。

慶曆五年三月，歐陽公上疏言公與杜公、富公不當罷，其略曰：「昔年范仲淹初以忠言讜論聞於中外，天下賢士爭相稱慕，當時奸臣誣以朋黨，尤難辯明。近日陛下擢此數人，並在兩府，察其臨事，可以辯也。此四人者，可謂公正之賢。今范仲淹四路之任亦不輕矣，願陛下拒絕羣謗，委信不疑，使盡其所爲，猶有裨補。」《長編》

慶曆四年八月辛卯，初命參政賈昌朝領天下農田，范仲淹領刑法，事有利害，其悉條上。初，公建議：「請以三司、司農、審官、流内銓、三班院、國子監、太常、刑院、審刑、大理羣牧、殿前馬步軍司，各委輔臣兼判，臣願自領兵賦之職。如其無補，請先黜降。」章得象等皆以爲不可。久之，乃降是命。《九朝通略》

慶曆元年春正月，朝廷既用韓琦所畫攻策，先戒師期。知延州范仲淹言：「正月内起兵塞外，雨雪大寒，暴露僵仆，使賊乘之，所傷必衆。賊界春暖，則馬瘦人飢，其勢易制，及可擾其耕種之務，縱出師無大獲，亦不至有他虞。」又言：「鄜延是舊日進貢之路，蕃漢之人頗相接近。願朝廷存此一路，令諸將勒兵嚴備，賊至則擊，未行討伐，容臣示以恩信，歲時之間，或可招納。苟歲月無效，遂舉重兵取綏、宥二州，擇其要害而據之，屯兵營田，作持久之計。如此則茶山、横山蕃漢人户可以招降，則是去西賊之一臂也。」戊午，詔從仲淹所請。《宋朝通鑑》

公在延州，言：「鄜延路入界，比諸路最遠【九】。若先修復城寨，即是遠圖。乞遣使

【九】比諸路最遠　「比」原作「北」，據《長編》卷一三〇改。

命，令臣督諸將出兵，先修復廢砦，别置戍守。既通近蕃界，彼或點集人馬，朝夕便知，大至則閉壘以待隙，小至則扼險以制勝。」公前後凡六奏，卒城永平等十二寨，蕃漢之民相踵復業。《宋朝通鑑》

慶曆間，江淮歲漕不給，京師乏軍儲。樞密副使范仲淹言：「國子博士許元可獨倚辦【一〇】。」遂擢元江淮、兩浙、荆湖制置發運判官【一一】。元曰：「以六路七十二州之粟不能足京師，吾不信也。」至則命瀕江州縣留三月糧，悉發之，遠近以次相補，引千餘艘轉漕而西。未幾，京師足食。《長編》

諫官歐陽修言：「韓琦、范仲淹久在陝西，備諳邊事，是朝廷親信委任之人。況二臣材識不類常人，其所見所言之事不同常式言事者，陛下最宜加意訪問，使其盡陳西邊事宜合如何處置。」余靖亦奏言范仲淹號爲最曉邊事。《實録》

給事中、參知政事王舉正爲禮部侍郎，知許州。初，諫官歐陽修、余靖、蔡襄咸言范仲淹有宰輔材，不宜局在兵府，願以仲淹代之。上從其請，遂以范仲淹爲參知政事。仲淹曰：「執政可由諫官而得乎？」固辭不拜。

公在陝西，戒約諸寨：「若是賊馬大段入來，更不得出兵迎賊鬭敵，但且堅守，一面供報部署司并策應官員，候逐處軍馬到來，方得設謀掩殺。如輕易出兵，致有輸折，其本處官員並行軍法。」既而，準樞密院劄子：「若賊寇深入，應外城砦除留定防守城池外，並

【一〇】許元可　「元可」原作「可元」，據康熙本改。案：《宋史》卷二九九有《許元傳》。

【一一】江淮　原作「淮江」，據康熙本改。

須領兵先據險要，覓便攻擊。如敢以防守爲名，端坐不出，具狀申奏，乞行軍法。」奉聖旨
依奏。公言：「自古用兵，本無常勢，非可畫一而制也。相度本路諸砦之兵，多者千人，
少者五七百人，或三二百人，只令防守城池，尚慮不足，若有蕃賊入寇，其寨主、監押等縱
有勇敢，往往見小利便出兵，與之爭逐【一二】。如西賊以羸兵誘致離砦稍遠，別出精兵斷
其歸路，砦中無兵，即見危陷。假有一將在外，去州或遠，應援未至，如遇賊衆大至，多選
精鋭，并攻一處，謂之奪險，非有驍將血戰，勢不能支。若外兵先敗，則州城之兵望風挫
氣，必難爲用。臣謂應變之機，拘以條貫，非其利也。其所降指揮不敢行下。」《奏議》

西賊寇鎮戎軍，官軍不利。公牒知原州景泰等，令六頭項下軍馬會合，相度揀選精兵
三二千人，夜擊蕃砦。探候山外賊馬迴時，即多出奇兵，夜間或侵曉伏截衝擊，收救人民，
仍戒約不得脱剥被虜人户人物。公又恐諸將貪功，一向急去追襲，被西賊設伏兵，更落姦
便。又牒景泰等火急多差人搜山探候，如探得西賊先有伏兵，即便就高駐札，別選敢死之
士多作頭項，先去掩擊，只以收救人民，不得貪小功小利，再有疏虞，以副朝廷之意。公又
到邠州，略示兵勢。又出榜永興軍諸州，以安關中人心。《奏議》

陝西新刺保捷兵士，多將本家贍軍田土并已分物業典賣破貸。公言：「上件兵士並
是鄉民，若向去稍似年高，披帶不得，即須揀放歸農。如今來破貸了莊産，將來無可歸投，
便見失所。」遂出遍榜曉示諸州軍，應新刺保捷兵士，如今後乞將本家贍軍田土、已分物

【一二】爭逐　原作「追逐」，據康熙本改。

業典賣破貨者，不得施行，其典賣人嚴行斷遣。如將來殘患不堪征役，及有年高不任披帶，放令歸農者，即給與已分莊田養種。并劄與逐處令指揮諸縣依此出榜，常切覺察施行。《奏議》

皇祐元年春，上御便殿，訪近臣以備禦之策，權三司使葉清臣對曰：「今輔翊之臣，抱忠義之深者，莫如富弼；爲社稷之固者，莫如范仲淹。」又曰：「諳古今故事者，莫如夏竦；議論之敏者，莫如鄭戩；方面人才，方重有紀律者，莫如韓琦；臨大事能斷者，莫如田況；剛果無顧避者，莫如劉渙；宏遠有方略者，莫如孫沔。至於帥領偏裨，貴能坐運籌策，不必親當矢石，王德用素有威名，范仲淹素練軍政，龐籍久經邊任，皆其選也。」《長編》

卷三

公知開封府，每進見，輒論時政得失，宰相吕夷簡惡之，斥守饒州。諫官高若訥詆誚公與歐陽修爲黨，歐陽公以書責若訥，謂其不復知人間有羞恥事。若訥以聞，謫夷陵令，徙乾德，復爲武成軍節度判官。公帥陝西，辟修掌書記，修曰：「吾論范公，豈以爲利哉？同其退，不同其進，可也。」辭不就。

張昇改轉運使【一】，知鄧州，昇以親老辭。或以爲避事，范仲淹曰：「張昇非避事者。」乃聽侍養。《通鑑》

富彦國幼篤學，有大度，范公見而識之，曰：「此王佐才也。」懷其文以示王曾、晏殊，殊即以女妻之。《談叢》

河東轉運司指揮：諸州軍場務更不得收納大鐵錢，爲民間漸多私鑄，要得止絶欺弊。遂有百姓經并州告訴，各是交易到大鐵錢無處使用。公遂出榜并州街市，且令依舊行用。公又恐諸處軍民疑惑，各已入急遞發下榜示，逐處曉示軍民：其官鑄大錢並依舊行使，諸場務亦仍舊行用鐵錢。

麟州元無酒務，至慶曆二年十二月，官中創置酒務。後據百姓劉遷狀申，公勘會麟州

校勘記

【一】張昇　原作「張昪」，據《宋史》卷三一八《張昇傳》改。下同。

元管三縣六番，落蕃漢户二千五百餘家，朝廷以河東極邊，不榷酒利。今來殘破之後，四面並無居民入城交易，只有城中主客二百餘户，别無經營。從去年十二月官自開沽，在市居民更無營利之地。今算出官本并官員，兵士請受外，只有淨利二百餘貫，兼城中居民逐旋離去，久遠不成州郡，遂出榜并劄與麟州指揮，本務據見在酒貸賣盡日，住行醞造，令百姓依舊任便開沽。

陝西側峻瘠薄，逃田地土自來勒地分鄰人分認，空納租錢，人户不願送納，陝府申乞除放。公劄與陝府，據諸縣逃田官地勒地分鄰人空納租錢者并見欠錢數，並與除放，今後不得抱認送納。

慶曆四年十二月，上差入内供奉官衛克勤押賜醫藥至公處，并傳宣令公探候北界事宜。公上言：「見各訓練，選奇兵準備戰敵，惟難得經歷將帥。如北戎兵馬未放散間，臣不敢便離河東。北邊或有緩急，與明鎬商量，指揮將佐料敵使人，庶幾分朝廷萬一之憂。」公言諸軍頭等遺文帖：宋舊敕文應有軍頭等補署文帖，誤被水火損壞或賊人偷盜者，許申本管人員勘會詣實，給與公據。如自失墜，即勒充長行者。公言：「軍頭失了文帖，降充長行，其中甚有能部轄勾當人，因累次功勞，方得遷補，被手下軍士憎嫌，多方窺算，藏毁文帖，便降充長行，情實可閔。以此苟且和同，不敢鈐轄覺察【二】，手下兵士違犯作過，成弊愈深。乞朝廷特降宣命指揮，今後失去補署文帖，有因故事失去，勘驗不虚，即

【二】鈐轄　「鈐」原作「鈐」，據康熙本改。

依舊職名重給公據收掌。别無因依，稱失去者【三】，如勘會得委不因酒醉及不是典解錢物，即於舊職名止降一等，别給文帖安排，所貴兵級安心，無致誤犯。」

公禁義軍搔擾，樞密院劄子與安撫司，行移都部署司依准朝旨施行，仍指揮本路州軍縣鎮出榜及鄉村粉壁曉示人户，嚴行覺察。如替名人及諸色人等起動搔擾，即收捉赴官，勘斷施行。

公言天下郡邑事，朝廷從之，降敕署「琦、仲淹等奏請」。公又言：「若署臣等奏請，於理未便，只乞作朝廷憂勞之意，特選臣僚舉官，則事體甚重也。」《通鑑》

慶曆四年六月己丑，省河南府潁陽、壽安、偃師、緱氏、河清五縣並爲鎮，逐鎮令轉運司舉幕職州縣官兩員監酒税，仍管勾煙火公事，又拆王屋縣隸河南府，始因參政范仲淹之請也。《類苑》

康定元年春正月丙子，經略安撫判官尹洙至延州，與范仲淹謀出兵。越三日，仲淹徐言：「已得旨，聽兵勿出。」洙留延州幾兩旬，仲淹堅持不可。辛丑，洙還至慶州，乃知任福等敗績。《長編》

慶曆四年七月丙戌，詔諸路轉運使、副，提點刑獄察所部知軍、知縣有治狀者，以名聞，議旌擢之，或不如所舉，御史劾奏，並坐上書不實之罪。從參政范仲淹奏請也。《類苑》

【三】稱失去者　「失去」原作「去失」，據康熙本改。

公奏言：「西人請和，有不可許者三，有大可防者三。」又言：「臣等已議，於一二年間訓兵三四萬，使號令齊一，陣伍精熟；我軍鼓行山界，每歲三五出，元昊諸廂之兵頻來應敵，疲於奔命，則山界蕃部勢窮援弱，自求内附，足以斷元昊之手足矣。臣等早蒙聖獎，擢與清班，西事以來，三年塞下，日勞月憂，豈不願少圖休息？非樂職矢石之間，蓋見西戎强梗未衰，挾以變詐，臣等是以不敢念身世之安，忘國家之憂，須罄芻蕘，少期補助。其元昊來人到闕，伏望聖慈於納和禦侮之間，慎於處置，爲聖朝長久之慮，則天下幸甚。」《實録》

公牒逐州相度新兵未有營房，欲配買木植，則大費官錢，兼搔擾人户，又卒難了當。其自來等第户，各有莊園、宅舍，及將家入營，僅得一間營房，難爲存濟。新兵内貧窮之家，即給與係官木植。其稍有家力、情願自於本家般到材植、要蓋舍屋者，聽。如中等已下，苦無事力，除自有舊材料、情願將來蓋造外，或買到新瓦木者，估價給與解鹽交引，大省官錢。又逐家自蓋屋宇，早得了當，并等第之家，乍住營房，不致迫窄，可以存濟。

公累奏薦种世衡知環州，未用。又上言：「環州勾當一郡十三寨，當此危地，須在得人。朝廷以臣不才而輕此一路，臣恐將有麟府之禍，雖加罪於臣，無益邊事。臣今乞將新授左司郎中一官迴授种世衡，轉諸司使知環州，權鈐轄司【四】。或朝廷從臣所請，使邊臣知推讓之風，亦非細事。如終不允從，則乞差臣帶本路一將軍馬，權知環州文備。如朝廷體量臣稍涉虚妄，甘受上書詐佞不實之罪。」又奏云：「臣前乞將一官保舉，本人非欲鼓

【四】鈐轄　「鈐」原作「鈴」，據康熙本改。

激，蓋爲環州可憂。」後朝廷竟從公請，果得世衡之用。《奏議》及《長編》

公出巡邊至環州，點檢環州管界熟户、蕃官共一千七十二人，與酒食管設，作聖恩等第，支與綵絹、角茶、銀碗、紫綾襖、黄花襖、銀腰帶、銀裹頭杖、帽子、旗槍、銀交椅、紅纓紫綾袋、全錦襖子等物，重立約束四件，對衆告諭。尋令蕃部望闕謝恩，率皆喜躍。《名臣傳》。

公言：「禁青鹽，欲以困西賊，非困西賊之要，却有所害。」會淮安砦捉到買青鹽兵士二人，勘得本指揮火隊掠錢買鹽，入衆喫用。公言：「竊見諸軍常令聲樂，蓋欲悦其衆心，不至愁苦。今兵士處於窮邊，冒矢石，負星霜，若飲食失所，更禁絶鹽味，何以聊生？未能困賊，先困我師。其買鹽兵士是本部衆人之罪，實不敢盡法，恐傷士心，只決二人杖二十，押送本部，仍奏朝廷，乞更參詳青鹽條貫。」《名臣事實》

河東諸處坊郭村鄉，人户甚有差配，頻併貧困，祇當等第不得，各抛下産業，逃移在外，大段失所。公出榜曉諭諸州軍：應坊郭村鄉人户，今日以前帶却配賣物色或拖二税逃移者，並令與放罪，各令歸業。其元抛下産業不得納官，疾速差能幹官吏比附見在人户物産，定奪合該減放等第，招誘歸業者，不得更依元本等第。其元欠二税並與放除。仍劄與都轉運司施行。

陝府有税户朱士成等八百九户，各爲送納秋税不前，全家逃走。延州延長等七縣逃移却税户三百七十一户。公牒陝府逐縣鄉村拘管上件逃移人户屋業、桑産，不得燒毁、斫伐。其逃走人户，權與倚閣去年秋税。其見在第五等秋税，只於本處送納。其第四等户，亦於鄰州送納，免致逃移，毁却桑産，將來歸業不得。所有諸州軍人户，慮恐亦有似此逃移，并牒逐州亦請相度安恤。《類苑》

任福破白豹寨，捉虜到僞首領李家妹，在慶州官員充奴婢。公恐蕃界首領聞及，轉生怨毒，别起奸弊，遂差指使侍禁石斌往慶州，取同延州通判馬端及本路都監朱青，問得所説事文狀一紙，及稱於慶州淮安鎮有投來軍是親叔。公即差石斌押送慶州，分付與親叔歲奴收管，令嫁事人爲妻。後石斌回，稱到彼歲奴骨肉並來，覰當號哭。

延州東路青澗城承平砦并保安軍北巡檢劉化基手下熟户、蕃部，遭西賊打虜，驚移傷殘户數并投來蕃部，並在逐寨及本軍側近住坐，未曾歸業。公慮恐其失所，却逃入蕃界，遂牒种世衡等勘會驚移熟户、蕃部，有未敢歸業，即便相度鄰近官私空閑地土，權撥與耕種。如無牛具者，官與量借糧收買。又勘會驚移人户并投來蕃部，其中甚有缺乏糧食，存濟不得，却恐致有逃走。又牒种世衡相度逐户口數目，每十口已上量支借貸禄粟各一石，十口已下支借五斗。當切照管安撫，無令失所。又金明砦蕃户三百二十八户，雖給與田土，緣經討虜後無力耕耘，公又牒延州通判高延夫將蕃部，每家十口已下各支斛斗二石，十口以上支三石，並令於本处砦倉支給。《西夏本末》

公常言：「官人之法，人主當知其遲速升降之序，其進退近臣，不宜全委宰相。」《實録》。

康定二年五月十四日，中書省劄子：「陝西軍州如有因修展城郭、倉庫、草場、營房等，但係侵占人户地土去處，並令將係官空閑地許人户請願指射，官司給還。若無地土，即取索本主元買契，比類鄰近地段買置價例支還本錢。」公到邠州，據人户王昭瑋等陳狀，稱官中修營，占却園地，拆了屋舍，乞估計合支價錢。公體問得邠州稱遶城側近並無空閑官地給還，公遂委安平知縣李仲昌訪地，所估到王昭瑋等合支價錢，牒邠州請依上項條貫支給逐人價錢去訖。又據後邠州申，准轉運司牒，修營占却人户地基，却令兑換係官閑地土撥還，却勾收已支價錢，赴軍資庫送納。公言：「諸州自來修造營房，只是踏逐官地，不許毁人户見宅邸舍物業。其邠州便將人户見住物業毁拆，逐起人户無處存活。既無官地兑還，即合給還價錢買屋，當司支與錢物。其人户當已破費，雖准轉運司指揮，今將空閑官地兑還，既無官地，即合回申轉運司，豈得便却例行催納已支價錢，侵害人户？」遂勾到本州元行典級王益等，勘杖一百斷遣，所有人户地土價錢牒邠州依條支還。《名臣事實》

公體量河東州軍人户近年徭役科配頻併，例各貧困，遂免放今年秋税，稍得休息。又恐陝西州軍人户亦自兵興以來祗應差科不易，尋劄與陝西轉運司，依河東例減放人户支移。《奏議》

麟、府州、岢嵐軍極邊之地，人户稀少，其色役公人並差主户、客户祇應輪差，出入應副軍期，多致陪備，破却家産。又邊人日見貧困，祇應不前。公劄與轉運司并府州、岢嵐軍，據見今衙前使院人吏，並仰依鎮戎軍條例，支撥與係官荒閑田土，仍免送納二税租課。

《名臣事實》

西夏曩霄之叛，其謀皆出於華州士人張元與吴昊，而其事本末，國史不書。比得田晝承君集【五】，實紀其事云：張元、吴昊、姚嗣宗皆關中人，負氣倜儻，有縱横才，相與友善，嘗薄遊塞上，觀覘山川風俗【六】，有經略西鄙意。姚題詩崆峒山寺壁，在兩界間，云【七】：「南粤干戈未息肩，五原金鼓又轟天。崆峒山叟笑無語，飽聽松聲春晝眠。」公巡邊，見之大驚。又有「踏破賀蘭石，掃清西海塵」之句。張爲《鸚鵡詩》，卒章曰：「好著金籠收拾取，莫教飛去别人家。」吴亦有詩。將謁韓、范二帥，耻自屈，不肯往，乃礱大石，刻詩其上，使壯夫拽之於通衢，三人從而哭之，欲以鼓動二帥。既而，果召與相見。躊躇未用間，張、吴徑走西夏，公以急騎追之，不及，乃表姚入幕府。張、吴既至夏國，夏人倚爲謀主，以抗朝廷，連兵十餘年，西方至爲疲弊，職此二人爲之。時二人家屬羈縻隨州，間使諜者矯中國詔釋之【八】，人未有知者。後乃聞西人臨境作樂，迎此二家而去。自此邊帥始待士矣。姚又有《述懷詩》曰：「大開雙白眼，只見一青天。」張有《雪詩》曰：「五丁伏劍決雲霓，直取銀河下帝畿。戰死玉龍三十萬，敗鱗風卷滿天飛。」吴詩獨不傳。觀此數聯，可

【五】田晝　「晝」原作「畫」，據洪邁《容齋三筆》卷一一《記張元事》條改。

【六】觀覘　「覘」原作「視」，據《容齋三筆》改。

【七】云　原作「雲」，據康熙本及《容齋三筆》改。

【八】矯中國詔　「矯」原作「撟」，據康熙本及《容齋三筆》改。

想見其人非池中物也。《容齋三筆》

延州都監周美言于范公曰：「賊新得志，其勢必復來。金明當邊衝，我之蔽也，今不亟完，將遂失之。」公因屬美復城如故。數日，賊果來，其衆數萬，薄金明，陣于延州城北三十里。美領衆二千力戰，會暮，援兵不至，乃徙軍山北，多設疑兵。賊望見，以爲救至，即引去。既而，賊出艾蒿砦，遂至郭北，平夜鬭不解。美悉衆使人持一炬，從間道上山，益張旗幟，四面大譟，賊懼走，獲牛、羊、馬、橐駝、鎧甲數千計。遂募兵守其地。《東都事略》。

嵬石都巡檢司接應到西界蕃部嘅移團練使十三户，奉敕於海州住坐，嘅移願殺其妻子，自刎死，公差人往石州，勾唤到嘅移問當，深不願海州居住。公言：「嘅移歸投新來，其心未安。若必遣住海州安泊，不惟遠去鄉土，全失蕃情，又其人不測朝廷意旨，却自刑害。今來西事未寧，邊上蕃部聞之，絶其向化之意，則皆爲怨敵，邊害愈深。」遂發遣嘅移住府州，與田土耕種，准備緩急使唤，及令招唤本族未來蕃部。

公節制諸將，勘會自來漢家兵馬先出，只排作一陣，被賊奔衝，便見輸折。遂牒東路朱吉、任守信等，候賊奔衝，未得出兵，但堅守城池，放令深入，即計會多著頭項衝突掩殺，不得先出軍馬，只作一陣排布，依然無功。如是被賊守門，出兵不得，却多置索梯，從城上夜出奇兵，掩擊賊砦，以資勝捷。如違者，當行軍法施行。《西夏本末》

公門客滕達道龍圖布衣時，公尹京，而滕年少，頗不羈，往往潛出狎邪縱飲，公病之。

一夕，至書室中，滕已出，公因明燭觀書以俟，意將愧之。至夜分，乃大醉而歸，公陽不視，以觀其所爲。滕略無慚懼，長揖而問曰：「公所讀者何書也？」曰：「《高祖傳》。」滕曰：「漢高祖何如人？」公逡巡而入。《東軒筆録》

公言：「關中民苦轉輸，請建鄜州之鄜城縣爲軍，以河中、同、華中下户税租就輸之，春夏徙邊兵就食，可省糴價什之三，他所減不與。」詔名其軍曰康定。《實録》。

公知慶州，兼管勾環慶路部署司兵馬。至部即奏行邊，以詔書犒賞諸羌，閲其人馬，立條約爲信。凡讎已和斷輒私報之及傷人者，罰羊百、馬二，已殺者斬。負債爭訟聽告官爲理，輒質縛平人者，罰羊五十、馬一。賊馬入界，追集不起，隨本族每户罰羊二，質其首領。賊大入，老幼入保本砦，官爲給食。即不入寨，本家罰羊二。全族不至者，質其首領。諸羌受命悦服，自是始爲漢用。《長編》

慶曆元年三月，任福等既敗，朝議因欲悉罷諸路行營之號，明示招納，使賊驕怠，仍密收兵，深入討擊。詔公體量士氣勇怯，如不至畏懦，即可驅策前去，乘機立功。公言：「任福已下勇於戰鬥，賊退便追，不依韓琦指蹤，因致陷敗。此皆邊上有名之將，尚不能料賊，今之所選，往往不及，更令深入，禍未可量。臣非不能督主兵官員頒令討擊【九】，不管疏虞，敗事之後，誅之何濟？惟聖慈念之。其鄜延路罷行營文字，臣且令所部許懷德收掌，别聽朝旨。臣一面依此聞報夏竦、韓琦，商量申奏，如所議未合，乞朝廷取捨。臣方

【九】頒令　「頒」原作「須」，據文意徑改。

待罪，不敢久冒此職，妨誤大事。」從之，於是行營之號卒不罷，兵亦不復出。《實録》

慶曆詔諸路轉運使、副、提點刑獄察所部知軍、知縣有治狀者【一〇】，以名聞，議旌擢之，或不如所舉，令御史臺劾奏，並坐上書不實之罪。從范仲淹所請也。《通鑑》

和魯公有《觀畫鷹獵兔》詩【一一】，云：「雖是丹青物，沉吟亦可傷。君誇鷹眼疾，我憫兔心忙。豈動騷人興，惟憎獵客狂。鮫綃百餘尺，爭似製衣裳？」文正公觀之，歎曰：「真仁人之言也！」《筆録》

宣和五年，經略宇文虛中奏：「故參知政事范仲淹知慶州，築大順城，爲一路捍蔽；辟洛苑副使种世衡知環州。至今諸路戰守之備，多二人規畫。今慶陽府有仲淹廟，環州有世衡廟，合古者有功於民以死勤事之法，乞各賜廟額。」詔賜廟爲「忠烈」，世衡「威靖」。《東都事略》

【一〇】慶曆詔諸路轉運使…… 案：此條前已載，文字略有出入，且注云出自《類苑》，今姑仍其舊。

【一一】觀畫鷹 「畫」原作「晝」，據康熙本改。

校勘記

卷四

此以下係監簿忠宣諸公遺事。忠宣遺事極多，其已見於言行録、行狀者，兹不復載。

宣仁寢疾，宰輔入問，后留忠宣曰：「卿父仲淹，可謂忠臣，在章獻朝，勸后盡母道；在仁宗朝，勸帝盡子道。卿當似之。」《言行録》

諫受金帶：康定間，元昊寇邊，韓魏公領四路招討，駐延安。忽夜有人攜匕首至卧内，遽褰帷帳。魏公起坐，問誰何，曰：「某來殺諫議，某不忍，願得諫議金帶足矣。」遂取帶而出。明日魏公亦不治此事。俄有守陴卒報城上得金帶，乃納之。時范兄純佑在延安，謂韓魏公曰：「不治此事爲得體，蓋行之則沮國威。今乃受其帶，是墮賊計中矣。」魏公握其手，再三歎服曰：「非琦所及也。」《談叢》

文正長子監簿純佑，幼有智略，在洛與富彦國家子游。富氏引葬，陳設從葬器用甚盛，觀者如堵。器用蓋錫造者，監簿在側，取一器擘而示衆曰：「此錫器，爾等謂何物耶？」富氏子大怒，以爲笑己。監簿徐謂曰：「爾何所見？吾正恐愚民致疑，害爾先塋爾。」富子歎服。時始十餘歲。《過庭録》

赴官只三檐：忠宣公孫直方，初仕平恩主簿，啓行拜辭。叔翁右丞，平居寡言，端坐如木偶人，終日未嘗移足，至於塵印跡無，倦意家中，不見喜愠之色。至是，問姪主簿曰：「爾行擔幾檐？」主簿是時新娶，實應之曰：「有十檐。」右丞曰：「爾初仕已如此，若久宦何？我昔赴遂州守時，只有三檐，罷官仍舊，不惟緩急易於去就，亦免張外醜也。」《過庭録》

忠宣公元祐間當國，一時科舉取人多得豪傑之士。忠宣公亦病夫公卿家子弟或不知書，言於朝，乃於有無出身人銜位上帶左右字，以分優劣。忠宣公之意非有他也，蓋欲公卿子弟知向學，故爲是以獎勸焉。《趙挺之奏議》

哲宗親政，吕汲公欲遷殿中侍御史楊畏爲諫議大夫。忠宣曰：「天子諫官當用正人，楊畏不可用。」汲公方約畏爲助，謂忠宣曰：「豈以楊畏嘗言公耶？」忠宣曰：「不知也。」蓋上初召忠宣，畏嘗有言，上不行，忠宣故不知也。忠宣因乞罷政，上不許。後楊畏首叛汲公，凡可以害汲公者，無所不至。《聞見録》

忠宣貶永州，命下，公欣然而往，每諸子怨章惇，忠宣必怒止之。江行赴貶所，舟覆，扶忠宣出，衣盡濕，顧諸子曰：「此豈章惇爲之哉？」至永州，公之諸子聞韓維少師謫均州，其子告惇以少師執政日與司馬公議論多不合，得免行，欲以忠宣與司馬公議役法不同爲言求歸，白公，公曰：「吾用君實薦以至宰相，同朝論事不合即可，汝輩以爲今日之言，不可也。有愧而生者不若無愧而死。」諸子遂止。《聞見録》

公疾革，精識不亂，諸子侍側，口占遺表，凡八事，命門生李之儀次第之。諸子以其所言皆朝廷大事，且防後患，以公口占書一緘申潁昌府【一】，用府印，寄軍資庫。及將葬，之儀又作行狀，論公平生立朝行己大節。蔡京用事，小人附會，言公之子正平等撰造中使至永州傳宣聖語，以爲遺表，非公意也。正平與之儀皆下御史獄，捶楚甚苦，正平、之儀欲誣服。其傳宣中使獨不服，曰：「舊制：凡傳聖語，受本於御前，請寶印出，注籍於内東門。遣使受聖語，籍中使。」從其家得永州傳宣聖語，本有御寶，如所言。又驗内東門受聖語籍，亦同。又下潁昌府取緘納遺表，八事皆實，獄遂解。正平猶羈管象州，之儀羈管太平州。正平之家死於嶺外者十餘人，獨正平遇赦得歸，不出仕，終身爲選人。蔡京者，紹聖初爲户部尚書，欲結后戚向氏，故奏展向氏墳寺，事下開封府，正平爲縣尉，往按視其地，曰：「向氏寺地步已足，民田不可奪。」府以其言聞，哲宗怒，京贖銅二十斤，京由此恨正平，故欲誣殺之。嗚呼，使忠宣公無恙，相上皇於初載，天下豈復有今日之禍？公既病，不能朝，上皇始命相曰曾布與蔡京云。《聞見録》

治平二年，以范純仁爲殿中侍御史，吕大防爲監察御史裏行。近制：御史有闕，則命翰林學士、御史中丞迭舉二人，而上自擇取一人爲之。至是闕兩員舉者未上，内出純仁、大防姓名命之。《實録》

熙寧元年，司馬光登對，上曰：「召還韓維如何？」光曰：「韓維、陳薦忠厚方正者

【一】口占書　「書」原作「畫」，據邵伯温《邵氏聞見録》卷一四改。

也，呂誨與傅堯俞、范純仁、呂大防皆忠直之臣也，願陛下常識其名。」

熙寧中，公知諫院，言侍從官實古九卿職，是宜朝夕論思，同國休戚。今只主判司，存或有時政得失，惟能退有後言。願降詔督責，凡朝廷闕失，並須陳列，其所上章疏付政府銓定，量加賞罰。上與執政議之，以爲當然。丙辰詔曰：「侍從官員，今視朕過失與朝廷政事之闕，無有巨細，各具章極言無隱。」《長編》

忠宣嘗言薛向不可爲發運使，或致民心別生事變。上曰：「今令發運使兼制置六路財賦，務在均適有無，何由乃致百姓人情怨駭？」純仁曰：「人主不當言利，但當務農桑節用而已。」上曰：「欲務農桑，如何措置？」純仁曰：「但當修風教。」上曰：「有風教而無政事，如何人肯務農桑？」純仁曰：「當擇守令。」上曰：「以何法擇守令？」曰：「當令近臣薦舉。」上曰：「朕即位以來，屢敕近臣舉士，然初不知所舉之當否，欲知所舉之當否，當以何術？」曰：「當責執政。」《長編》

蘇轍既再具劄子，上固不悦。李清臣、鄧伯温又先媒孽之，及面論，上益怒，遂責轍曰：「人臣言事何所害？但卿昨奏，謂機事不可宣于外，請秘而不出，今乃對衆開陳，且以漢武帝上比先帝，引論甚失當。」轍復曰：「漢武帝明主也。」上曰：「卿所奏稱漢武帝，外事四夷，内興宫室，立鹽鐵、榷酤、均輸之法，其意謂武帝窮兵黷武，末年下哀痛之詔，此豈明主乎？」轍恐動趨，下殿待罪，上聲甚厲。范純仁獨進曰：「史稱武帝雄才大略，爲漢七制之主。轍果以比先帝，非謗。陛下親政之初，進退大臣當以禮，不宜如此急暴。」上怒稍霽。轍退，舉笏謝純仁曰：「公佛地位人也。」《長編》

熙寧中，朝廷有「生老病死苦」之語。時王荆公改新法，自爲生事；曾魯公以年老依違其間；富、韓公稱病不出；唐質肅與荆公爭，按問欲舉理直不勝，疽發背死；趙清獻唯聲苦。時忠宣爲諫官，皆劾之，言荆公「志在近功，忘其舊學」，富公「謀身過於謀國」，曾公、趙公「依違不斷可否」。忠宣每曰：「以王介甫比莽、卓過矣，但急於功利，遂忘素守耳。」《邵氏聞見録》

公攝帥成都，程子將告歸別焉，公曰：「願少留，純仁將別。」子曰：「既別矣，何必復輿衛！」遂行。公使人要於路，曰：「願一見也。」既見，曰：「先生何以教我？」子曰：「公嘗言，爲將帥當使士卒視己如父母，然後可用，然乎？」公曰：「如何？」子曰：「公言是也，然公爲政不若是，何也？」公曰：「可得聞與？」子曰：「舊帥新亡，而公張樂，大饗將校於府門，是教之視帥如父母乎？」曰：「亦疑其不可，故使屬官攝主之也。」子曰：「是尤不可也。公與舊帥同僚也，失同僚之義其過小，屬官於主帥其義重。」曰：「廢饗而頒之酒食如何？」曰：「無頒也。武夫視酒食爲重事，弗頒則必思其所以事帥之義，乃因事而教也。」公曰：「若從先生言而不來，則不聞矣。」其喜聞義如此。《程氏遺書》

徽宗即位之初，欽聖皇太后同聽政，忠宣公自永州先以光禄卿分司南京，鄧州居住，蓋二聖欲用公矣。遣中使至永州賜茶藥，密諭曰：「皇帝與太皇太后甚知相公在先朝言事忠直，今虚位以待相公，不知目疾如何？用何人醫治？只爲左右有不是當人阻隔相公。」公頓首謝。又曰：「太后問相公：官家即位行事如何？天下人何説？」公曰：「老臣與遠方之人惟知鼓舞聖德。」又曰：「天下有不便事，但奏來。」公曰：「敢不奉詔？」又曰：「鄧州且去否？」公曰：「已出望外，如歸鄉里。」又曰：「離闕下日，二聖再三言：太后在宫中，皇帝在藩邸，甚知相公是直臣。」公感泣不已。俄復觀文殿大學士、中太一宫使，召赴闕供職，而公病。詔書有云：「豈惟尊德尚齒，昭示寵優之光，庶幾鯁論嘉謀，日聞忠告之語。」公捧詔泣曰：「上果用我矣！目明全失，風痺不隨，恩重命輕，死有餘責。」上又遣中使賜銀合茶藥，促公入覲，仍宣渴見之意。公曰：「老臣命薄，虚蒙聖眷，乞歸潁昌養疾。」上不得已，許之。每見輔臣問安否，乃曰：「范純仁得一識面足矣。」公復告老，不允，詔至，公已薨矣。上與皇太后震悼出涕。《邵氏聞見録》

元祐元年，吕大防、范純仁言：「故御史中丞吕誨忠於先朝，極陳讜論，致忤時宰，譴死外藩，今其家貧甚，諸子仕於常調，請優加贈典，録用諸子之才者，以旌名臣之後。」詔誨特贈通議大夫，男由庚與堂除合入差遣。《長編》

元祐元年，詔著作郎范祖禹宣德郎，游師雄朝請郎，朱勃並令中書省記姓名，以同知樞密院事。范純仁薦故也。《實録》

元祐八年八月丁卯，吕大防、范純仁、蘇轍、鄭雍、韓忠彦、劉奉世入崇慶殿後閣，問太皇太后聖體，太皇太后諭大防等曰：「今疾勢有加，與相公等必不相見，且善輔佐官家，爲朝廷社稷。」初，大防等欲退，太皇太后獨留純仁，意欲有所屬也。上令大防已下皆住。太皇太后曰：「老身受神宗顧托，同官家御殿聽斷公事，試言九年之間曾施私恩與高氏否？」大防對曰：「陛下以至公御天下，何嘗以私恩及外家？」太皇太后曰：「固然只爲至公。一兒一女病且死，皆不得見。」言訖泣下。大防曰：「近聞聖體向安，乞稍寬聖慮服藥。」太皇太后曰：「不然，政欲對官家説破。老身没後，多有調戲官家者，宜勿聽。公等亦宜早求退，令官家別用一番人。」乃呼左右曰：「曾賜出社飯否？」因謂大防曰：「公等各去喫一匙社飯，明年時思量老身也。」《長編》

忠宣公謫居永州，客至必見之，對設兩榻，多自稱老病，不能久坐，徑就枕，亦授客一枕，便與對卧，數語之外，往往鼻息如雷，客待其覺，有至終日不得交一談者。《能改齋漫録》。

元祐元年，蘇轍言：「今日廟堂之上，司馬光未出，只有吕公著一人忠朴可倚，其餘皆姦邪備位者也。伏望聖慈早進范純仁，庶得賢者在位，同心一德，以輔聖政。」《實録》。

忠宣晚年益以天下自任，尤留意人才。或問其所儲蓄人才可爲今日用者，答曰陳瓘。又問其次，曰：「陳瓘自好也。」言瓘可以獨當天下之重也。宣和末，人憂大厦之將傾，或問游酢以濟世之人，酢曰：「陳了翁其人也。」劉安世亦嘗因瓘病勉以醫藥自輔，云：「天

下將有賴於公，當加保養，以待用也。」《長編》

范忠宣公再入相，子正平博學能文，行義甚高，竟死選調。朱勝非云：「二府表則之地，不阿其親。」

公在相，凡薦引人才，必以天下公議，所薦士未嘗知，公未嘗示恩意於人。《本傳》。

左正言朱光庭奏：「臣嘗論奸邪，則指蔡確、章惇、韓縝爲之先；論忠賢，則以司馬光、范純仁、韓維爲之先。去姦邪，任忠賢，唯先者爲急。蔡確既去，乞以司馬光補其闕；韓縝既去，乞以范純仁補其闕；章惇既去，乞以韓維補其闕。蓋此天下大任，唯天下大賢可以當之，非張璪已下備位之臣所堪任也。《朱公掞集》

公元豐八年爲左諫議大夫，司馬光以公親嫌爲言，惇曰：「臺諫所以糾繩執政之不法。故事：執政初除，親戚及所舉之人見爲臺諫官者皆徙他官。今皇帝幼冲，太皇太后同聽萬機，當動循故事，不可違祖宗法。」光曰：「純仁、祖禹作諫官，誠協衆望，不可以臣故防賢者進，臣寧避位。」《九朝通略》

紹聖元年夏四月，范純仁充觀文殿大學士、知潁昌府，上親臨政，言者爭論垂簾。時公乞依明道二年故事，下詔禁約，并録以進，不從。公數稱疾求罷，最後出居慈孝寺，再録詔以進，且言：「今妄爲詆訐者既多，陛下從之，則妨聖孝；懲之，則恐不忍。不若以詔禁約，庶得兩便。」訖不從，純仁固求罷而命。《通鑑》

東都曹生言：「范右丞既貴，接親舊情禮如故，他亦不改，世未有也。然體面肥白潔澤，豈其胸中亦以爲樂耶？」《談叢》

元豐八年十月，韓維言：「今聞已召知慶州范純仁，純仁父子世爲帥臣，熟知虜情邊事，伏望聖慈更促純仁入朝，面賜詢問，庶爲詳審。」十一月癸亥，以京東轉運使范純粹知慶州，代其兄純仁也。《長編》

司馬朴，丞相光之兄旦之孫也【二】，少喪母，育于外祖范忠宣公。紹聖初，黨議起，父宏坐中書論辯得罪，忠宣亦坐救黨人責永州，目疾失明，客至，必令朴導以見，時方七歲，進揖應對如成人，客皆驚歎，以公遺恩補官，後死節於靖康之變。《事略》

右丞純禮在政府，宦者閻守忠恃寵，勢傾廊廟，一日至堂宣諭，辭意甚傲，諸公拱手而已，右丞作色叱曰：「老奴何敢爾！」守忠退步，連應曰：「守忠不敢。」在堂諸公皆爲寒心，曰：「范君必不久居此矣。」右丞蓋自如也。未已虜使至，選右丞館伴虜使，忽自中批出范某言犯御辭，落職知許。尋乞宫祠去。《名臣傳》

元符三年秋己亥，范純禮爲龍圖閣直學士、知開封府。先是，吴居厚尹京，專任察視，以刻深爲治，純禮一切寬之，或以爲言，純禮曰：「寬猛相濟，聖人之訓。今處深刻之後，若益以猛，是以火濟火也。方務去前政之苛，猶慮未盡，何寬之患耶？」

元符三年夏四月，是日曾布再對，因言自蔡京復留，中外人情無不惶惑，及黜劉極，收

【二】光之兄旦　「旦」原作「里」，誤，據《宋史》卷二九八改。案：司馬旦（一〇〇六—一〇八七）字伯康，司馬池之子，司馬光兄。另有司馬里（九九八—一〇六六），司馬沂之子，與司馬宏、司馬朴無涉。

用葉濤、范純禮、王右輩，人情方少安。《長編》

純禮以光禄卿召，遷刑部侍郎，給事中，凡所封駁，正名分紀綱，皆國體之大者。起居舍人張耒先在病告【三】，中書省録黄，不候參假，令供職。純禮批敕，謂：「耒既能供職，豈不能朝見？壞禮亂法，所不當爲。」一時爲之聳動。《東都事略》

公拜尚書右丞，侍御史陳次升乞除罷言者，並自内批，不由三省進擬。右相曾布力爭，不能得，乞降黜。純禮徐進曰：「次升所陳，不過防執政引用親黨及罷黜不附己者耳。言之者無罪，聞之者足以戒，何用深責之也？」《本傳》

吕惠卿告老，徽宗以問執政，執政請許之。純禮謂：「惠卿前在二府，位節鉞，豈不存朝廷體貌？雖其人不足留，所重者國體也。」《本傳》

户部侍郎、寶文閣待制范純粹知延安府。先是，樞密院聞趙卨死，韓忠彦與王巖叟議所以代卨者，惟純粹可。及都堂聚議，吕大防亦以爲莫如純粹。他日樞密院又言差純粹極當，乞以恩意慰遣。都堂又召純粹面諭，純粹猶不受命。三省樞密院言：「朝廷恩意如此，若固辭免，朝廷何以使人？」欲限五日朝辭，如不行，則須與行遣。純粹乞八月初赴任，從之。大防又曰：「延安雖去，終恐心不安。萬一厥母道病卒，不如易之。」巖叟又與忠彦論不可易之理，謂同列曰：「塞上數十萬生靈性命繫一主帥，惻隱此一人，不若惻隱及數十萬人也。」

【三】張耒　「耒」原作「來」，據《宋史》卷三一四《范純禮傳》改。下同。

大觀中，又有虞仙姑者，年八十餘，狀貌如少艾，行大洞法。一日徽廟誦《大洞經》，舉首見有仙官侍立者。蔡京嘗具飯招仙姑，見大猫，指而問京曰：「識之否？此章惇也。」意以諷京，京大不樂。徽宗又嘗問仙姑致太平之期，答曰：「當用賢臣。」上曰：「賢人謂誰？」答曰：「范純粹也。」上以語京，京曰：「此元祐臣僚使之。」遂逐。於是士大夫爭言虞仙姑，亦入元祐黨矣。《澠水燕談》

純粹元豐末爲陝西轉運判官，當五路大舉後，財用匱乏，屢請於朝。吳樞密居厚時爲京東轉運使，方以治鐵鼓鑄有寵【四】，即上羨餘三百萬緡，以佐關輔。神宗遂以賜范純粹，范得報【五】，愀然謂其屬曰：「吾部雖窘，豈忍受此膏血之餘耶！」力辭訖不納。《石林燕語》

章惇貶，安置潭州，上諭三省言惇之惡，曾布方對，范純禮曰：「惇如丁謂不爲過。」詞色甚厲。布曰：「如此即須過海。」上大笑曰：「只教這下。」遂以雷州司户處之。

純粹知慶州，時夏人不庭，純粹謂：「諸路策應，舊制也。自徐禧罷策應，若虜兵大舉一路攻圍，力有不勝，而鄰路拱手坐觀，其不拔者幸尓。」謂宜修明戰守救援之法。朝廷是之。本傳

元祐中，除寶文閣待制。初，神宗問罪夏人【六】，取其安疆【七】、葭蘆、浮圖、米脂四寨【八】，又取蘭州。至是，議分畫疆界，趙卨在延州，純粹在慶州，以爲得之無益於中國。

【四】治鐵　「治」原作「冶」，據葉夢得《石林燕語》卷七改。

【五】范得報　「范」原無，據《石林燕語》卷七補。

【六】元祐中除寶文閣待制……　原作「元祐中神宗問罪夏人」，誤，據王稱《東都事略》卷五九下《范純粹傳》補改。

【七】安疆　原作「安强」，據《東都事略》改。

【八】米脂　原作「朱脂」，據《東都事略》改。

純粹請以虜所陷官吏、丁夫歸朝廷，以所削之地給賜之。於是還以四砦而夏人服。《東都事略》

純粹聰明，下不能欺。在京東時，會蘇軾自登州召還，與軾同建募役之議。軾謂：「純粹講此事尤爲精詳，侍郎爲帥端重有體，間諜明功罪，當恩威兼用，邊人畏服焉。」《本傳》

高遵裕攻靈州，與劉昌祚爭功，欲以軍法斬昌祚，昌祚憤恚成疾。轉運判官范純粹謂遵裕曰：「兩軍不叶，恐有他變。」力勸遵裕詣昌祚營問疾，以和解之。遵裕不從，後果敗。《長編》

◉佚 名撰

五色綫

唐 玲 整理

點校説明

《五色綫》三卷，不著撰人名。《郡齋讀書志》、《直齋書録解題》、《遂初堂書目》等今存宋人書目皆未著録。惟弘治冀綺刻本前有按語云「《中興館閣書目》稱不知作者，摭百家雜事記之爲類門」，可知《中興館閣書目》嘗著録此書。

現存最早的《五色綫》乃明弘治二年冀綺刻本，此本後有無名氏跋云：「右此書乃浩然翁邵文伯手抄於鶴城所寓之怡雲軒」，可知此本乃根據浩然翁邵文伯手抄之本而來。浩然翁邵文伯者，亦不知何人。考毛憲《古庵毛先生文集》卷三《永思卷序》云：「嘉靖甲申夏，宜興邵昌言謁予，拜且泣曰：『詡先人浩然翁，業佔畢授徒，生不肖詡，乃鬻衣購書，爇薪代燈，日夕勖誨，始有知。』」則此浩然翁邵文伯當爲明代人。

今本《五色綫》多雜抄《酉陽雜俎》、《神仙傳》、《幽明録》諸小説中事，與《中興館閣書目》所云「摭百家雜事」頗爲一致，而所引事亦止於北宋，因此浩然翁邵文伯手抄所根據的，應該便是《中興館閣書目》中著録的《五色綫》。不過，《中興館閣書目》説：「記之爲類門」，而今本《五色綫》則没有明顯的門類劃分，而其中章節倒錯，文字訛誤，數不勝數，則似乎此書在傳抄過程中，已經改變了原來的面貌。

此書現存除明弘治冀綺刻本外，尚有毛氏《津逮秘書》本及數種抄本，皆據弘治本而來。《津逮秘書》本僅有上下二卷，較之弘治本缺卷中一卷。故本次整理選用弘治本爲底本，校以《津逮秘書》本，並查覈所引原書，擇善而從。

序

予嘗誦韓昌黎《進學解》有云：「先生口不絕吟於六藝之文，手不停披於百家之編。紀事者，必提其要；纂言者，必鉤其玄。」每撫卷而興歎曰：「先賢之嗜學有如此，宜其充然有養浩然獨存，是以命世而起後賢之景慕也。惜其紀事纂言、鉤玄提要之可徵者，世不多見，深可惋爾，豈惟昌黎爲然？」予家舊藏書籍中有《五色綫》一帙凡三卷，不知何人所輯，但於卷末云：「浩然翁邵文伯手抄於鶴城宿所之怡雲軒。」後於野亭先生處得此本，傳於伊氏之奉遠樓。其題跋之下，亦不著年號名識，因披閱數四，見其中之所載，皆吟披之餘，纂紀鉤提之會□□□，纖悉俱備，可資多識，亦可想見其□之博極群書矣。暇中復自較正而□□之，尚幸□予志著□與考□□□□所是，庶幾不□昔人嗜學□□□□便夫後學□□□云。

弘治二年七月淮南冀綺謹識。

卷上

渾天儀

張平子作銅渾天儀，崔子玉爲碑銘曰：「數術窮天地，制作侔造化。高才偉藝，與神合契。」《晉·天文志》。

紫氣　黄象

《洞真大隱書》云：「金霞紫虚，道書天事。」

星曲似眉

《春秋元命苞》曰：「天有攝提，人有兩眉，爲人表候。陽立於二，故眉長二寸。」注曰：「攝提兩星頗曲，人眉似之。」

奎壁

二星主文章，天下圖書之秘府。星明，王者興，道術行，國多君子；星失色，大小不同，王者好武，經士不用，圖書隱。《晉·天文志》。

龍尺水

《獻帝春秋》曰：「龍欲騰翥，先階尺木。」

月暈風生

《造化權輿》云：「葭灰缺而月暈決，雞翅焚而飈風生。」

少女風

風名。古詩云：「宜男草頭珠露下，少女風前玉葉收。」

四雲

《吕氏春秋》：「山雲草莽，水雲魚鱗，旱雲煙水，雨雲水波也。」

雨香

《征途記》曰：「蕭總曾遇洛神女相見，後至葭萌逢雨，認得香氣曰：『此雲雨從巫山來，獨我知之。』」

天雨米

伏虔《古今注》：「惠帝三年，桂宫、陽翟，俱雨稻米。」

雨綿

伏虔《古今注》：「漢帝永和年，長安雨綿，皆白。」

瑑冰

《文子》曰：「巧冶不能銷木，良匠不能瑑冰。」

三月冰

京房曰：「三月冰，歲不成；　四月冰，天下荒；　五月冰，其國亡；　六月冰，天下兵。」

木斤

《洪範五行傳》言，木兵者名曰木斤，有甲胄之象。

闌干石乳

梁裴子野《上朝直雪》詩：「沐雪欵千門，櫛風朝萬户。集霰踰丹殿，流雲飄繡柱。滴瀝垂土膏，闌干懸石乳。」

卧雪

宋玄白夏則衣綿，冬則單衣。卧雪中，去身丈餘，周匝氣出如蒸，而雪不凝。

金牛

《異苑》：有人見積雪久而不消，掘地下，見藏中有金牛。

玉馬

東瀛公營中見積雪不消數日，怪而掘之，得玉馬，高三尺。

仙衣拂石

《禪林法要》云：「大石周圍八十里，有天人著六銖衣，下拂其石，每一劫一拂不盡，乃終劫也。」

蛤中佛

隋帝嗜蛤，所食數逾千萬。忽有一蛤，椎擊如舊，帝異之，寘几上，一夜有光。及明，肉自脱，有一佛、二菩薩像，帝悔，不食。《續酉陽》。

徵内典中禽事

鷲頭作嶺，雞足名山。孔雀爲經，鸚鵡語偈。字中疑鶴，珠裹認鵝。

獸事

金翅鳥王，銀角犢子。地名鹿苑，塔號雀離。啐啄同時，儱恢調伏。同上

半面笑

《幽明録》：「賈弼夢見人曰：『愛君美貌，欲易君頭。』許之。後能半面笑，半面啼，兩手把筆，文辭各異。」

短人行案上

《漢武帝故事》：「時東都獻短人，長五寸。上疑是山精，常令行案上。東方朔問曰：『巨靈如何叛？阿母健否？』」

金椎子

《續西陽雜俎》：新羅國人名旁㐌，有弟甚富。旁㐌因分居，乞衣食。國人有與其隙地一畝，乃求蠶穀種於其弟，弟蒸而與之，㐌不知也。後生一蠶，大如牛，食葉數樹不足。其弟知而殺之，四方百里内蠶飛集其家，謂之蠶王。四鄰共繅之，不供【一】。穀惟一粒，穗長尺餘，旁㐌常守之，忽鳥啣去，旁㐌逐之上山。鳥入石罅，旁㐌因止石側。至夜半月明，見群小兒赤衣共戲，一小兒曰：「你要何物？」一曰：「要酒。」小兒露一金椎子擊石，酒及樽悉具。一曰：「要食。」又擊之，餅餌美炙羅於石上。良久，飲食而散，以金椎

【一】不供 《津逮秘書》本作「不息」。

插於石罅，旁匃取其椎而歸，所欲隨擊而辦，因是富侔國。常以珠璣贍其弟。之後其弟效之，爲群鬼所執，令築糠三板，拔其鼻如象而歸。

石函中人

有人打墻掘地，遇一石函，發之，忽有一人起於函中，被白髮，長丈餘，振衣而起，出門失所在。蓋道門太陰鍊形，日將滿，人必露之。《雜俎》。

異蜂

《續酉陽雜俎》【一】：龍門有一蘭若，庭多古桐。一年，桐始華，有異蜂，聲如人吟詠。禪師視之，具體人也。乃以捲竹羃巾網獲一焉【二】，寘於紗籠中，微聆「嗟呼」聲。忽一日，其類數百，有乘馬輿者，大小相稱，積於籠外。語聲甚細，師潛聽之，有曰：「孔昇翁爲君筮不祥，君頗記無？」有曰：「君已除死籍，又何懼？」有曰：「叱叱，予與青童君弈【四】，勝獲琅玕紅十幅，君出可爲扎星子詞，當爲料理。」禪師舉籠放之。經次日，有人長三尺【五】，黄羅衣，步虚止禪師屠蘇前，狀如人，語：「我三清使者，上仙伯致意多謝。」忽失所在。

【一】續酉陽雜俎　此五字原缺，據《津逮秘書》本補。

【二】獲一焉　「焉」原作「鳥」，據《酉陽雜俎》改。

【四】予與青童君弈　「與」原作「爲」，據《酉陽雜俎》改。

【五】長三尺　原作「長三人尺」，據《酉陽雜俎》改。

籠中書生

《續齊諧》云：許彦行遇一書生，臥路側，云足痛，求寄鵝籠中，彦戲許。書生便入籠中，與多鵝並坐，負之不見重。至一樹下，書生乃出，謂彦曰：「欲設薄饌。」乃於口中吐一銅盤，盤中海陸珍羞方丈盈前，又曰：「向将一婦人來，今欲招之。」遂吐出一女子，年十五六，容貌絶倫，接膝而坐。俄書生醉臥，女謂生曰：「向竊一男子同來，欲呼至。」又吐出一男子，年二十餘，明恪可愛。書生欲覺，女復吐錦行障障之。久而書生起，復吞此女子及諸銅盤，惟留大銅盤與彦，曰：「無以藉意，與君相憶也。」《酉陽雜俎》。

瓦龜

《續列仙傳》【六】：術士王瓊常令取一瓦子，畫作龜甲，乃懷之，一食頃取出，放庭中，終日循垣而行，經宿却成瓦子。又取花房點藥，封密器中，一夕花開。

公遠隱形

玄宗學隱形於羅公遠，或衣帶、巾脚不能隱。玄宗怒，慢駡之。公遠遂走，入殿柱中，極疏上失。上愈怒，令破柱。復大言於玉碣中，乃易碣觀之。碣明瑩，見公遠形在其中，

【六】續列仙傳　此四字原缺，據《津逮秘書》本補。

長寸餘，因碎爲十數段，悉有公遠之形。上懼謝，忽不見。後中使於蜀道見之。

天翁白雀

天翁姓張名堅，嘗張網得一白雀，愛而養之。夢天劉翁欲殺之，白雀輒以告堅，終莫能害。天公遂下觀之，堅乃竊騎天公車，乘白龍，振策登天。天公乘餘龍追之，不及。堅既到天宮，易百官，杜塞北門，封白雀爲上卿侯，以劉公爲太守，主生死之籍。

王清本

元和初，有人伐枯栗樹，忽有黑蛇舉首曰：「我王清本也，汝勿斫。」後王清伐之【七】，掘其根，得散錢二大甕，因是遂富。甃錢形龍，號「王清本」。同上

玉辟邪

唐肅宗賜李輔國玉辟邪二，各高一尺五寸，奇巧非人間所有。奇玉之香，可聞數百步，輔國常置座側。一日方巾櫛，而辟邪一則大笑，一則悲啼，涕泗交下。輔國惡其怪，碎之如粉，不周歲，輔國就誅。

【七】後王清伐之　「王清」，原作「王清本」，據《酉陽雜俎》改。

救青蛇

孫思邈見小青蛇，被傷血出，脱衣贖而救之。後見一白衣少年下馬拜謝，迎至一城郭，若王者之居，見一人白帢帽、絳衣，侍從甚衆，欣喜相接。延入宫門内，見中年女子領一青衣小兒，再三拜謝，云：「此兒癡騃，爲人損傷，賴救免害。」後以輕綃珠金贈之，思邈不受。遂取龍宫藥方三千首與之，云此可以濟世救人。以上並出《續仙傳》。

鼓髯

邢和璞延一異客，色如削瓜，鼓髯大笑【八】，吻口侵耳，與邢劇談，多非人間事。謂崔曙曰：「向客，上帝戲臣也。」復言崔，泰山老君後身。

神蛇狐狦

神蛇，斬之則斷而復續；　狐狦，擊之則死而復生。

蓍龜

《論衡》云：「巨蓍生七十歲生一莖，七百歲生十莖。神靈之物，則生遲留，歲長久。

【八】鼓髯大笑　「鼓髯」二字原缺，據《酉陽雜俎》補。

賢儒在世，猶靈蓍、神龜也。」

焚桑

《異苑》云：「元緒，龜名。千歲桑乃可烹之。」

一角羊

《論衡》：「獬豸，一角之羊也，性知有罪。皋陶治獄，其罪疑者，令羊觸之。」

五丁力士

《蜀王本紀》：「天爲蜀王生五丁力士，能徙山。秦王獻美女與蜀王，王遣五丁迎女，見一大蛇入山穴中，五丁共引蛇，山崩，壓殺五丁，化爲石也。」

索駝潛識泉源

郭璞贊曰：「駝唯奇畜，肉鞍是被。迅騖流沙，顯功絶地。潛識泉源，微乎其智。」

易腸鼠

《梁州記》：「有仙人唐公舊宅，山有易腸鼠，一月三吐易其腸。束廣微所謂『唐鼠』也。」《博物志》曰：「唐房升仙，雞狗並去。惟有鼠留不將去，鼠悔，一月三出腸。」

候日蟲

《洞真記》：「畢勒國獻細鳥，以玉籠方尺盛之數百頭。形如大蠅，狀如鸚鵡，聲聞數百里之間，如黄鵠也。國人常以此鳥候日，亦名『候日蟲』也。宫内嬪御皆悦之。有集於衣者，輒蒙愛幸。武帝末，稍稍自死。人服其皮者，多爲大丈夫所媚。」

白猿

周群學于山中，有白猿化爲老人而至，授群書一卷，乃黄帝而下曆日也。群後遂明陰陽，吴人謂陰陽之精。

樗蒲有神

慕容寶因燕樗蒲，危坐整容，誓之曰：「世云樗蒲有神，豈虚言哉！若富貴可期，頻得三盧。」於是三擲盡盧，故云「五木之祥」。《晉·樂志》。

寶光珠雀

《天地運度經》：「太山北有桂樹七十株，天神青腰玉女三千人守之。其實赤如橘，人食之一年，仙官迎之。常有九色飛鳳、寶光珠雀，鳴集於此。」

緑衣女子

劉交居若耶溪，忽聞有人採蓮喧笑聲。交以溪左右無人居，甚訝之。乃斷柳枝蔽身視之，忽見十餘女子從一華林而出，皆衣青緑，年十六七，入叢蓮，相對而歌。交乃棹舟以逼之，諸女皆化爲龜入水。

窄衣童子

元道康居林慮山書齋，常有雙燕爲巢，忽爲人語，道康問之，曰：「我爲上帝所罰，暫爲禽耳。來日午時將歸，可於前溪爲别。」道康獨至南溪，俟之，有二燕飛來，投磵下。一化爲窄衣童子，一化爲青衣女子，前爲道康曰：「今以賢相命來此，無以留訣。賢有隱操，幽陰見嘉，加賢壽四十歲相報。」言訖，飛去。《會稽仙記》。

青蚨

《搜神記》曰：「青蚨似蟬而差大，其味辛，可食。每生子必於草葉，大如蠶子。人將子歸，則母亦飛來。即以母血塗錢八十一文，以子血復塗餘錢。每市物，或先用子者，即母歸；用母，即子歸之，如此輪還無已。」

燭龍

《山海經》曰：「西海水赤，有龍尾山【九】。有神人面蛇身而赤【一〇】，身長千尺，其眠乃晦，其視乃明。不食不寢，風雨是謁，能請致風雨。是謂燭龍。」

靈龜五彩

《説苑》曰：「靈龜之文五彩，似金玉，背陰向陽，上圓象天，下方象地。」

馬垂韁

苻堅時，大宛國獻千里馬。堅後爲姚萇所敗，落馬墮坑中不能出，馬乃垂韁跪膝向堅，堅乃得出。

【九】龍尾山　《山海經》作「章尾山」。

【一〇】人面蛇身　「有」、「蛇」二字原缺，據《山海經》補。

几化鹿

葛仙翁憑桐木几於女几山學仙得道，後几化为三足白鹿，时出於山上。

闥編郎

太極真仙中，莊周爲闥編郎。八十一戒，千二百善，入洞天；二百三戒，二千善，登山上靈官；萬善，升玉清。白痣見腹，名在瓊簡者；目有緑筋，名在星書者；眼四規，名在方諸者。掌理回菌，皆上仙也。其次鼻有玄山，腹有玄丘，亦仙相也。《雜俎》。

玄妙玉女

老君母曰：玄妙玉女，天降玄黄，氣如彈丸，入口而孕，疑神瓊胎三千七百年，赤明開運，歲在甲子，誕於扶刀【一二】。又曰：老君在胎八十一年，剖左腋而生，生而白首。又曰：李母，本元君也。日精入口，吞而有孕，三色氣繞身，五行獸衛形，如此七十二年而生。《雜俎》。

【一二】誕於扶刀　「刀」原作「力」，據《酉陽雜俎》改。

穿盤石

先生入焦山七年，老君與之木鑽，使穿一盤石，石厚五尺，曰：「此石穿，當得道。」積四十七年，石穿，得神仙丹訣矣。

雲腴

仙方有九品，其四曰朱光雲碧之腴，赤雲腴。《神仙傳》。

賀自真

「子晉鸞飛古洛川，金桃再就賀郎仙。三清樂奏嵩丘下，五色雲屯御苑前。朱頂舞迎低絳節，青鬟歌對駐香軿。誰能白晝相悲哭，太極光陰一百年【一二】。」賀自真飛昇而去。

蓬萊隔弱水

謝自然聞司馬承禎居玉霄峯，遂詣焉。後告别承禎，挈一席以投於海，泛於波上，隨新羅船載之。俄到一山，獨遊一處，有道士數人，侍者皆青衣【一三】。中有一人，花冠霞

【一二】太極光陰一百年　「百」，《津逮秘書》本作「萬」。

【一三】侍者皆青衣　「者」原作「香」，據《續仙傳》改。

帔，自然入謁，道士笑曰：「蓬萊隔弱水，此去三千里，非舟楫可行，非飛仙莫到。承禎名在丹臺，身居赤城，乃良師也。」

斬邪劍

酆去奢居山學道，有神人謂曰：「張天師有斬邪劍并瓶盛丹，在此石下，可以取之。」去奢辭以不敢輒取。後三年，神人遂以劍丹送與之。

鳳髻霓裳

李言妻裴玄靜常獨居靜室。夜中聞人笑聲，李疑之，乃壁隙窺之，見二女子，可十七八，鳳髻霓裳，姿態宛麗。侍女數人皆雲鬟絳服，綽約在側，後有仙女奏樂，白鳳載玄靜升天而去。

威逍遥

威逍遥，蓟尋妻也。獨處一室，絶食靜想。忽晨起，屋裂如雷，但見所服衣履在室内，而逍遥與衆仙在雲中。

玉霄峯

司馬承禎隱於天台玉霄峯，自號白雲子，一百餘歲，童顔輕健。一旦，告弟子曰：「今爲東海青童君、東華君所召，必須去人間。」遂尸解去。

騎赤鯉

《列仙傳》：「琴高先生在冀州教學二百年，入水中，騎赤鯉魚出，得水仙。」

青單衣

《神仙傳》：「曹公欲殺左慈，出市忽失之不知。一市數萬人，皆眇目、葛巾、青單衣，不知所取。」

青霜袍

《内傳》：「上元夫人降武帝宮，服青霜袍，雲色亂目。」

許宣平

每醉吟曰：「負薪朝出賣，沽酒日西歸。路人莫問歸何處，穿白雲行入翠微。」又題壁詩云：「隱居三十載，築室南山巔。靜夕翫明月，閑朝飲碧泉。樵人謌壠上，谷鳥戲岩前。樂矣不知老，都忘甲子年。」

縮地脉

壺公有仙術，能縮地千里。

食桃

咸通中，許明奴嫗入山林採樵，於南山見一人坐石上，方食桃，甚大，謂嫗曰：「我許明奴之祖宣平，與汝一桃，食之，不可將出。」嫗食桃，甚美。其後增食，日漸童顏。入山不歸，行疾如飛。

二栗

王可交棹漁舟入江，遇一彩舫，有道士七人，玉冠霞帔，侍從十餘人，鬃角雲鬟。面前各有青玉盤、酒器，呼可交上舫，命與酒喫。侍者瀉酒於尊，酒再三不出，道士曰：「酒靈物，若得入口，當換其骨，瀉之不出，亦命也。」一人曰：「與栗。」出，俄取二栗與之。其栗青赤，光如棗，長二寸。許囓之，有皮，非人間之栗，肉脆而甘。可交食栗之後絕穀，動靜若有神助。

徐釣者

常自吟曰：「曾見秦皇架石橋，海神忙迫漲驚潮。蓬萊隔海雖難到，直上三清却不搖。」

青藜火

《劉向外傳》：「上元夜，太一神。是夜，人皆游賞，惟劉向獨在家讀書，太一神遂以青藜照劉向。」王介甫《和劉貢父上元詩》云：「不知太一遊何處，定把青藜獨照公。」

姮娥

羿得仙藥於神人，未及自服，其妻聞而竊食，奔入月中，爲姮娥。李白詩曰：「借問單棲與同穴，可能雲漢勝重泉。」

九隴殘經

唐道士姜玄辨【一四】，至德中，於九隴伏龍觀拾得殘經四、五紙，是太上役使六丁法。《神仙傳》。

驅蛟邪

曹德體行符籙。有一女子爲蛟所魅，德體與符投之，忽見潭水翻湧，水中霹靂，蛟已死矣，而女子會失其病。《續仙傳》。

葉千韶

葉千韶辟谷服氣，忽有白衣人拜千韶，言：「君道德臻備，仙籍褒昇，當在人間役使鬼神。今神人將降，無畏。」俄頃，雲中有遠遊朱衣真官一人、神將十餘人，皆帶劍，佩龍虎符，部從鬼神甚衆。有二黄衣、緑衣吏，各執簿一卷，謂曰：「天命授君此簿，神將吏兵，幸備役使。」千韶拜授天書。後長嘯則風生林壑，噀水則雨流源野，撩地則雷鳴轆轆，書空則電光爍人。後濠州刺史劉昉忽中風垂死，千韶策杖入州，曰：「感我此來，使君再生矣。」於是書符三道，貼於肩、脇、腿，曰：「驅風從脚出，三日當愈。」風果颼颼從脚心

【一四】唐道士姜玄辨　「辨」，原作「辦」，據《太平廣記》改。

出，三日平復。

酌水爲酒

殷七七酌水爲酒，削木爲脯。指船即住，呼鳥自墜，唾魚即活。撮土畫地，狀山川形勢；折茅聚蚊，變山以爲人物。

譚生拄杖

譚峭，字景升。「綫作長江扇作天，靸鞋抛向海東邊。蓬萊信道無多地，只在譚生拄杖前。」

沙書化龍

杜昇能沙書，好作水椀及盆中。以沙書龍字，浮而左右轉。或叱之，飛起高餘丈，隱隱若雲霧，作小龍形。呼之，復下水中。

水戲

張志和爲水戲，鋪席水上，獨坐飲酌，嘯詠其席，來去如刺舟聲。揮手以謝親賓，上昇而去。

唾漆

《列仙傳》曰：「以主人相爲作漆，以甖十枚盛水，覆口以唾之，皆成漆也。」

二桃兆二年【一五】

釋惠霄至長白山，忽見一寺，門宇炳焕，見一沙彌，與二桃【一六】，語霄曰：「至此已淹留，可知矣。」霄出，回顧失寺。見弟子，言失和尚已二年矣。始知二桃兆二年。

陽臺

《史記》：楚襄王夢與巫山神女會陽臺，乃神女廟名也。故《詠史》詩云：「楚國城池颯已空，陽臺雲雨過無蹤。何人更有襄王夢，寂寂巫山十二重。」

蝦蟇舞

《神仙傳》曰：「葛公指蝦蟇舞，皆應節。使止，乃止。」

【一五】二桃兆二年　「兆」原作「枝」，據《酉陽雜俎》改。

【一六】與二桃　「桃」後原衍「枝」字，據《酉陽雜俎》删。

白獸樽

正旦元會，設白獸樽於殿庭，樽蓋上施白獸。若有能獻直言者，則發此樽飲酒。《晉·樂志》。

百華燈

魏武帝都鄴，燕會文昌殿，用漢儀，又設百華燈。

鬬百草

《荆楚記》：「三月三日，四民踏百草，今人因有鬬百草之戲。」郑谷詩云：「何如鬬百草，賭取鳳凰釵。」

競渡

《荆楚記》：「屈原以五月五日投汨羅江死，時人以舟楫救之。」故梅聖俞云：「南方傳競渡，多在屈原祠。」

褦襶子

晉時程曉詩：「平生三伏時，道路無行車。閉門避暑卧，出入不相過。今世褦襶子，觸熱到人家。主人聞客來，嚬蹙奈此何。搖扇臂中疼，流汗正滴沱。傳語諸高明，熱行宜見歌。」

乘小駟按轡木陰下

上幸繡嶺宫，以行宫狹隘，將避暑於佛寺。上謂高力士曰：「姚崇多計策，往覘之。」回曰：「姚崇方乘小駟，按轡木陰下。」上曰：「吾得之矣。」遽命小駟，頓忘煩溽。

浮瓜沉李

魏文帝《與吴質書》曰：「浮甘瓜於清泉，沉朱李於寒水。」李安度《荔子》詩云：「浮瓜沉李謾垂名。」

金波玉葉

梁元帝《對燭賦》曰：「月似金波初映空，雲如玉葉乍收風。恨九重兮伊夕，怨三秋兮不同。」

李白祠亭別杜考功詩

我覺秋興逸，誰言秋興悲。山將落日去，水共晴空宜。烟歸碧海夕，鴈度青天時。相失各萬里，茫然空爾思。

八能行事

《後漢·禮儀》：「冬至、夏至，陰陽晷景，長短之極，微氣之所生。故使八能之士八人，以次行事。」

菊水

《抱朴子》：「南陽酈縣山中有甘谷水，谷左右皆生甘菊，花墮其中，世久，水味變。居民悉食谷水，無不壽考，高者百四五十歲，下者八九十歲。」

九疊屏

李白《廬山謡》曰：「廬山秀出南岩傍，屏風九疊雲錦張。」

玉輪將

陸善長《水經》云：「江水源出玉輪山，在蜀西。」

舞水

《紀義宣城》曰：「蓋山有舞水，聞人歌湧出。」

玉笥山

《名山記》：「朱孺子吴末入玉笥山，食菊花，乘雲上天。」

金牛渚

袁嶠《江賦》有「金牛渚」。張安見金牛帶鎖於水上，因名之。

銅龍堰

《語林》曰：「晉文公欲脩九龍堰，掘地得石，函水銅龍六枚，堰遂成。故名銅龍堰。」

蟻壤寸而有水

《韓子》：桓公伐孤竹，山中無水。隰朋曰：「蟻冬居山之陽，夏居山之陰。」乃掘之，遂得水。

鴛鴦水

宋之問詩。

玉醴泉

《十州記》。

火禍池魚

《風俗通》：「城門失火，禍及池魚。按《百家書》曰：『宋城門失火，因汲池水以沃之，池中空竭，魚悉露死。喻惡人之滋，并中傷良善也。』」

淡水魚

曹植説庾冰曰：「鹹水之魚，不游於江；淡水之魚，不入於海。寧去累世宅，不去鬻魚額。」

洛鯉伊魴，貴於牛羊。並《雜俎》。

犀

犀之通天者必惡影，常飲濁水。或云犀角通者，是以病。然其理有倒插、正插、腰鼓插。倒者，一半以下通；正者，一半以上通；腰鼓者，中断不通。《雜俎》。

犀墮角

犀墮角，埋之，人以假角易之。《雜俎》。

蛤詩

蟲因雀變化，不逐月虧盈。縱有天中匠，神工詎可成。

燕化蛤

《説文》曰：「海蛤者，百年燕所化也。」

蝦頭杯

《南越志》曰：「南海以蝦頭爲杯，鬚長數尺，金銀鏤。晉康州刺史常以杯獻簡文，用以盛藥，未及飲，無故踊躍於外。時廬江太守曲安遠頗解術數，即令筮之。安遠曰：『即三旬後，庭將有吉慶者。』」

長鬚國

乃蝦也。有士人隨新羅使至一處，號長鬚國。拜士爲駙馬，見姬嬪悉有鬚，士人賦詩曰：「花無蕊不妍，女無鬚亦醜。丈人試遣總無，未必不如總有。」王笑曰：「駙馬竟未能忘情於小女頤頷間乎？」《雜俎》。

龜有八名

一曰北斗，二曰南辰，三曰五星，四曰八風，五曰二十八宿，六曰日月，七曰九州，八曰玉虛。凡八名。其龜圖各有文在腹下，云某之龜，得之者財物歸之。富至十萬，蠅蚋不敢集其上。出《雜俎》。

象

徵象【一七】：一寶之數【一八】，無鈎不可。惟猊可伏，非駝所堪。與馬同渡，負猴而行。六牙生華，七支柱地。圖開脅上，河出鼻中。一醉難調，六對曾勝。

牠㸬

何承天《纂文》：「牛羊無角謂之牠，苦戈反。牛羊角長謂之㸬。」

放牛逐兔

焦貢《易林》：「放牛逐兔，費日無功。」

銀牛

太原縣北有銀牛山。漢建武中，有人騎白牛蹊人田，田父訶詰之，乃曰：「吾北海使，將看天子登封，遂乘牛上山。」田父尋至山，惟見牛跡，遺糞皆銀也。明年世祖封禪。

【一七】徵象　「徵」，原作「御」，據《酉陽雜俎》改。

【一八】一寶之數　「寶」，原作「事□」，據《酉陽雜俎》改。

金驢

金驢一鳴，天下太平。並出《雜俎》：僧住金榆山，所乘驢上山失之，樵者聽其鳴曰云云。

決波騟

骨利幹國獻馬，十四尤駿，上爲製名。決波騟者，近後足有距。出《雜俎》。

馬

馬，虜中護蘭馬，五白馬也，亦曰玉面諳真馬【一九】，十三歲馬也。

龍子

開元時，得異馬於齊魯之郊，名曰龍子。

獬廌窮奇

獬廌見鬬不直者觸之，窮奇見鬬不直者煦之【二〇】。均是獸也，其好惡不同。故君子以獬豸爲冠，小人以窮奇爲名。

【一九】亦曰玉面諳真馬　「諳」原作「湇」，據《酉陽雜俎》改。

【二〇】窮奇見鬬不直者煦之　「鬬」字原缺，據《酉陽雜俎》補。

黄耳傳書

晉陸機有狡犬黄耳，能傳家信。故羅隱《江東旅中感懷》云：「書憑黄犬路何長。」

胡蘆生

裴氏遇病鶴翅瘡，老人曰：「須三世是人血可治，惟洛中胡蘆生三世人矣。」裴至，尋得之，援針刺臂【一二】，滴乳滿合授之。至鶴處，塗之損處，生毛矣。《雜俎》。

九鳳

前嘯九鳳。

八鸞

八鸞鶬。

玉虬

唐鬬詩。

【一二】援針刺臂　「援」，原作「授」，據《酉陽雜俎》改。

瓊鸞

陸機詩。

舞鏡鸞

孤鸞見鏡覩其形，謂爲雌，必悲鳴而舞。出《白氏集》。

鳳

雄鳴「節節」，雌鳴「足足」【二二】。行鳴曰「歸嬉」，止鳴曰「提扶」。《雜俎》。

麒麟

牡鳴曰「逝一作游聖」，牝鳴曰「歸和」，春鳴曰「扶助」，夏鳴曰「卷綏」。鳥有四千五百種，獸有二千四百種。

鷹飢附人

權翼諫苻堅曰：「慕容垂，猶鷹也。飢則附人，飽則高颺，宜急其羈絆，不可任其

【二二】雌鳴足足　「雌」原作「惟」，據《酉陽雜俎》改。「鳴」字原缺，據《酉陽雜俎》補。

所欲。」

兜兜鳥

兜兜鳥，其聲自號，形似鴝鵒。

白鵲巢

貞觀中，有白鵲巢於寢殿前槐樹上，左右稱賀。上曰：「我常笑煬帝好祥瑞，瑞在得賢，此何足賀？」命毁其巢，鵲放於野林。《雜俎》。

東立朝雨霽

李孝貞《詠鵲》：「東立朝雨霽，南飛夜月鳴。」《東方朔傳》曰：孝武坐未央前殿，天新雨止。東方朔屈指獨語，上問之，對曰：「殿後栢上有鵲立枯枝上，東向而鳴。」視之果然。問何以知之，曰：「風從東來，鵲尾長，傍風則順，倍則蹶足，必當順風而立，是以知也。」《北堂書抄》。

黄雞伏卵

《通典》：晉袁喬妻于氏上表論養子議曰：「鄙諺有之，黄鷄生卵，烏鷄伏之，但知其爲烏鷄之子，不知爲黄鷄之兒。小可以喻大。」

明羽雞

《洞冥記》：「祝雞翁善養雞，得遠飛雞之卵，伏之，名曰『翻明雞』。如鶴，火色，有八翼，翼下有目，亦曰『鳴羽雞』也。」

五時雞

影娥池北有鳴琴之苑，有伺夜雞，随鼓節而鳴。從夜至曉，一更爲一聲，五更爲五聲，亦曰「五時雞」。

楚雞

楚人有擔山雞者，路人問之，曰：「此鳳凰也。」乃酬千金，與之。方將獻楚王，經宿而死，其人不惜千金與？恨不得獻耳。出《笑林》。

鵝

濟南郡有鵝浦【二三】，有漁人居水側，常聽鵝聲，衆中有鈴聲甚清亮。候之，見一鵝咽頸極長，羅得之。項上有鈴，綴以銀鑠【二四】，隱起元鼎元年字。

雞五德

田饒言雞有五德，文、武、勇、仁、信，是也。陸機言蟬有五德，文、清、廉、儉、信，是也。

喜日鵝

日出時銜翅而舞，又名「喜日鵝」。《洞冥記》。

昇藻鴨

毛輕，上美藻，不食五穀，唼葉乘露，亦曰「丹毛鳧」。同前。

青鴨

帝昇望日臺，有三青鴨群飛而上，化爲三小童。《洞冥記》。

【二三】濟南郡有鵝浦　「郡」，原作「都」，據《酉陽雜俎》改。

【二四】綴以銀鑠　「綴」字原缺，據《酉陽雜俎》補。「鑠」，原作「鎖」，據《酉陽雜俎》改。

鳥獸能言

《記》云：「鸚鵡能言，不離飛鳥；猩猩能言，不離禽獸。」羅隱詩云：「猩猩鸚鵡無端會，長向人間被網羅。」

鶴乘軒

衛懿公好鶴，鶴有乘軒者。及狄人伐衛，授甲者曰：「使鶴，鶴實有禄位。」《述懷》詩曰：「遇時寧羡鶴乘軒。」

無恙

《風俗通》曰：「按上古之時，草居露宿。恙，噬蟲也，食人心。凡相問勞曰：『無恙乎？』俗說以無恙爲無疾，非也。」

蜊屬

郤行，虵屬紆行，蜻蜓屬注鳴，蜩屬旁鳴，發星翼鳴，蚣蝑股鳴，榮原胃鳴。《雜俎》。

肥遺

《博物志》：「華山有蛇，名肥遺，見則天下大旱。」

巴蛇食象

《南海志》：「巴蛇食象。」

垂芒

《孝經援神契》曰：「蜂蠆垂芒。」

蜂舟

《語林》：「武王東伐紂，夜濟河，時雲如晝，八百之旅皆蔫瑶而歌。有大蜂狀如月鳥，飛集王舟，因以晝旛旗。翌日而梟紂，名其船曰『蜂舟』。鄭人擊趙簡子，得其蜂旗，即其遺類。」

蟬不知雪

《鹽鐵論》：「以所不覩而不信，若蟬不知雪也。」

復育

蟬未蜕時，名復育，亦朽木所化也。常翾見復育，剖一視之，腹中猶實爛木。

蝶

白蛺蝶，尺蠖虫所化也。非熊以常見欝棲中，壞緑裙幅，旋化爲蝶。

驚蛺蝶

北齊魏伏，字伯起，昔在京，輕薄尤甚，人號曰「驚蛺蝶」也。

審雨堂

古槐中蟻穴也。盧汾常叩樹，有一女子衣青衣出，引汾入見，廳堂危豁，有堂題曰「審雨堂」云。

蟻城

墊江縣冉端爲父卜地，掘深丈餘，遇蟻城，方數丈，外重雉堞皆具，子城譙櫓工若雕刻。城内分街徑，小垤相次。每垤有蟻數十，憧憧不絶。樓中有二蟻，一紫色，長寸餘，足作金色；一有羽，細腰稍小，白翅，有經脉，疑是雌者。

顛當

顛當窠深如蚓穴，網絲其中。常仰釋其蓋，伺蠅蠖過，輒翻蓋捕之。其形似蜘蛛。《爾雅》謂之「玉蛈他結切，又他計切。蜴【二五】」。《鬼谷子》謂之「蛈母」。童戲曰：「顛當顛當牢守門，蠮螉敚汝無處奔。」《雜俎》。

威污蠖

來君綽遇威污蠖，即大螾也。

群虱聚食

《韓子》曰：三虱在豕上，相與語，一虱適之，曰：「奚説？」一虱曰：「爭肥磽者。」

【二五】玉蛈蜴　「玉」，原作「士」，據《津逮秘書》本改。「蜴」，原作「暢」，據《酉陽雜俎》改。

一虱答曰：「肥豕不度臘。」相與聚食其瘦者，人乃不殺也。

蚊謎

郭舍人曰：「客從東方，且歌且行。不從門入，踰我園牆。遊戲中庭，上入殿堂。擊之拍拍，死者穰穰。格鬬而死，主人不傷。是何物？」東方朔曰：「利喙細身，晝匿出昏。嗜肉惡煙，掌指所捫。臣朔愚戇，名之曰蚊。舍人辭窮，不免脱褌。」

夢蝶

莊周夢爲蝴蝶，栩栩然飛。故方昭度《蝶》詩云：「南華本是風流物，一個花中夢一場。」

校勘記

卷中

蒜曰西戎之蒜。薑曰南夷之薑。

蒲蓮靈芝

草曰蒲蓮，王者有孝德，則生於廚。草曰靈芝，王者有仁德，則生於宮。

槐

《莊子》：槐生，五日而兔目，十日而鼠耳。

靈芝無根

「靈芝無根，醴泉無潦」，張曲江詞也。鳥無世鳳凰，獸無種麒麟，人無祖聖賢。必當因祖有以效賢號，則甘泉有故源，而嘉禾有舊根也。《續酉陽》。

琥珀拾芥

《本草》云：「磁石引針，琥珀拾芥。戎鹽累卵，獺膽分盃。蟹黄聚鼠。」

女華

菊一名更生，一名日精，一名女華。

花縣

晉潘岳，字安仁。爲河陽縣令，栽桃李花，號曰「河陽一縣花」。故錢昭度詩云：「潘岳栽花後，風流遇幾年。古時繁盛地，今日艷陽天。」

芸香

《典略》曰：「芸香辟絶魚蠹，故芸香臺曰芸臺。」

龍腦香

龍腦香樹出婆利國，亦出波斯國。樹高八九丈，大六七圍，葉圓而背白，無花實。

同上。

安息香

安息香樹出波斯國，亦呼辟邪。刻其樹皮，其膠如飴，名安息香，燒之通神明、辟衆惡。同上。

鬱金香

鬱金香出罽賓國。

雀頭香

《江表傳》曰：「文帝使求雀頭香，孫權與之。」

雞舌香

吴時，外國五馬傳曰：洲上出雞舌香、蘇合香。《魏志》：孟德與諸葛亮書曰：「今奉雞舌香五斤，以示微意。」

水麝

天寶初，虞人獲水麝，詔養之。水麝臍中惟水，瀝一滴於斗水中，用灑衣，衣至敗，香不歇。每取以針刺之，捻以真雄黄，香氣倍於肉麝。出《雜俎》。

雷鳴茶

蜀雅州蒙山有五頂，頂上有茶園，有僧病冷，遇一老人，謂曰：「何不飲茶？仙家有雷鳴茶於蒙山中頂，以春先後，俟雷發聲，併手採摘，至三日而止。若一兩，以本處水煎服，即祛宿疾，三兩可接骨，四兩即爲地仙。」

飲百椀香

大中三年，東都進一僧，百三十歲，宣宗問服何藥，云性本好茶，惟茶是求，或出日過百餘椀，如不出日，不下四五十椀。因賜茶五十斤。

載茗一車

《茗讀》云：「隋文帝微時，夢神人易其腦骨，自尔腦痛。忽遇一僧，云：『山中有茗草，煑而飲之當愈。』服之有効，由是人競採掇。讚其畧云：『窮《春秋》，演《河圖》，不如載茗一車。』」進士權紓文。

饌玉

饌玉對春暉。《宴》詩云。

竹義

太液池岸有竹，未嘗相離，帝呼爲「竹義」。

落格藤

庾信《小園賦》：「離披格落之藤。」

藤橘

《三吴記》：「孔安國閑宅，忽有二人來，云自帝庭來謁。一衣緑，曰『藤子』，一衣黄，曰『黄子』。與語吴大帝時事，歷歷可聽。及去，遣人尋之，入未央宫庭中，衣緑者入於藤下，衣黄者入於橘下。」

娑羅

天寶初，安西道進娑羅枝，狀云：「此樹不庇凡草，不止惡禽。如得託根長樂，擢潁建章。布葉垂陰，比月中之丹桂；連枝接影，對天上之白榆。」《雜俎》。

重思稻

酆都稻名重思米，如石榴子。杜瓊《重思賦》曰：「霏霏秋雨，翠矣重思。靈氣交被，嘉穀應時。」《雜俎》。

水衣

《廣雅》曰：「石髮，石衣也。」《説文》曰：「苔，水衣也。」生人頭髮掛果樹，烏鳥不敢食其實。《續酉陽》。

盤桃同色

後漢明帝於月夜宴群臣，太官進櫻桃，以赤瑛爲盤賜群臣，月下視之，盤與桃同色，羣臣皆笑，云空盤。

仙桃

仙桃出蘇躭仙壇，有人至心祈之，輒落壇上，或至五六顆，形似石塊，赤黄色。破之，如有核三重。研飲之，愈衆疾，尤治邪氣。

偏桃

偏桃出波斯國，樹高五六丈，開花白色，花落結實。狀如桃子而形偏，故謂之偏桃。《雜俎》。

好李

曰房陵朱仲之李。　棗，周文弱枝之棗。《文》。　張公大谷之梨。《文》　甘橘曰木奴。　石榴曰月若。　柿曰赤實果。《説文》　棗乾曰棗脯。

大栗

曰巨房之大栗。　杏曰文杏。　椰曰吴椰。　木瓜曰楙。《爾雅》。

此君

晉王徽之，字子猷，所居愛種竹。嘗曰：「不可一日無此君。」世亦有「緑筠龍籜」之語。

連錢荇浮根菱

《洞冥記》：「靈池有連錢荇、浮根菱、倒枝藻。連錢荇如錢文。浮根菱如根出水上，葉淪波下【一】，實細皮薄而甘，霜下珍美，因名青水菱。」

一尺栗

《神異經》曰：「東南荒中有栗樹，高三十丈，子徑三尺二寸，長一尺。」

梁侯柿

張九齡《荔枝賦》曰：「柿何稱於梁侯？梨何幸於張公？」

【一】葉淪波下　「下」，原作「丁」，據《洞冥記》改。

漢帝杏

濟南郡分流，山上多杏，大如梨，黄如橘。土人謂之「漢帝杏」，亦曰「金杏」。

天漿

衛公言，石榴甜者，謂之天漿。並《續酉陽》。

龍肝瓜

《洞冥記》：「有龍肝瓜，長一尺，花紅，葉素，生於冰谷，所謂冰谷素業之瓜。」

種瓜

馬自然以瓷器盛土種瓜，須臾引蔓生花結實。取食衆賓，皆稱香美。

隱候竹園詩

寒瓜方卧壠，秋菰正滿陂。紫茄紛爛熳，緑芋鬱參差。

穗栢詩

一院暑難侵，莓苔影可深。標枝爭息鳥，餘吹正開襟。
宿酒香添色，殘陽石在陰。乘閑動詩思，助靜入禪心。

桃李不言

《漢史》：「桃李不言，下自成蹊。」故羅隱詩云：「桃李無言應笑我，二年塵土滿漁航。」

録圖【二】

折溜而至，魚泛白圖【三】，五色畢具，蘭葉朱文【四】，以授於帝，名曰「録圖」。

赤文緑字

《尚書中候》曰：「堯沉璧於洛，玄龜負書出，背甲赤文緑字。」

【二】録圖　原作「緑圖」，據《藝文類聚》改。
【三】魚泛白圖　原作「魚沉日圖」，據《藝文類聚》改。
【四】蘭葉朱文　「文」字原缺，據《藝文類聚》補。

昌盧

《帝王録》：「有赤雀，銜丹書，止於昌盧。」

龍馬銜甲

《尚書中候》：「堯即政，榮光出河，休氣四塞。龍馬銜甲，赤文緑色。」注：「龍形馬銜甲，所以藏圖也。其文赤而緑。」

雌雄雊

則天初誕之夕，雌雉皆雊。

鵲門

漢《東宫故事》曰：東宫有鵲門、鵠臺、龍門。

玉契

唐崔承慶上疏，召太子用玉契，則天然之。

丸泥封門

《東觀漢記》云：隗囂將王元謂囂曰：「請一丸泥爲大王東封函谷關，此萬世一時也。」

報天地

《白虎通》：「王者受命必封禪。封者，增高也；禪者，廣厚也。皆刻石紀號，著己之功績以自效也。天以高爲尊，地以厚爲德。故增泰山之高，以示報天；禪梁父之址，以示報地。」

玉龜

應劭《漢官儀》曰：「封禪壇南有玉沼，沼中有玉龜。」

鳳闔

封祀坛碑：趨鳳闔者霧集，叫龍門者雨驟。

籥動

《論衡》曰：「赦令將至，繫室籥動，有所感也。」

烏夜啼

宋元康中，徙彭城王義康爲豫章臨川王。義慶時爲江州相【五】，見而笑【六】。文帝聞而怪之，徵還宅。義康大懼，妓妾夜聞烏啼聲，即叩閤云：「明日有赦。」改徙爲南州，因作《烏夜啼》曲。

金雞竿

《晉書·天文志》：「金雞星見，必有大赦。」自後京師赦，肆必立雞竿。

五羊銜谷

《廣州記》曰：「廳梁上畫五羊，又作五谷囊，隨羊懸之。云昔高固爲楚相，五羊銜谷，萃於楚庭，故圖其象爲瑞。六國時廣州屬楚。」

【五】義慶　原作「義康」，據《舊唐書·樂志》改。

【六】見而笑　「笑」《舊唐書·樂志》作「哭」。

雀飛入手

《異苑》曰：「任城魏肇之初生【七】，有雀飛入其手，占者以爲封爵之祥。」

綬笥赤蛇

《風俗通》：「馮混發綬笥，有二赤蛇，分南北走。卜云此吉祥，君當爲邊將，以東爲名。後果爲大將軍，遼東太守。」

德及幽隱

則雙魚生。妾媵有制，則白燕來巢。《雜俎》。

五熟釜

魏文帝在東宮，賜鍾繇五熟釜，而銘曰：「於赫有魏，作漢藩輔。厥相鍾繇，實惟心膂。」

【七】任城魏肇之初生　「生」字原缺，據《藝文類聚》補。

珠褓

大帝載誕之三月，太后以珠絡衣褓賜之。《天寶遺事》。

景山鎗

梁何點或乘紫車，或躡草履，恣心所適，至醉而歸。時人號爲「通隱」。齊竟陵王賜以嵇叔夜琴、徐景山鎗。

翡翠帽

《吴志》：吴將軍陸遜破曹丕軍，上脱翡翠帽賜之。

金印文袍

王隱《晉書》曰：帝賜凉州刺史張駿金印文袍。

絹一萬匹

虞預《晉書》：武帝論平吴功，羊祐、王濬、張華，賜絹一萬匹。

紫金帶

太宗破高麗，得紫金帶。開元中，高麗使來朝，曰：「本國亡是帶，歲荒民散。」上遽命賜其使。

雞戟

張華《晉東宮舊事》曰：「崇福門雞鳴戟十張【八】。」

刻舟求劍

古人劍墜水，刻舟以求。曾殿院題劍潭云：「波門神物將階木，潭上魚人誤刻舟。」

化衣塵

古詩云：「京洛多風塵，素衣化爲緇。」故輩下《感懷詩》云：「誰信風塵化客衣。」

藻扃

「藻扃黼帳，歌臺舞榭之基。」《蕪城賦》云。

【八】崇福門雞鳴戟十張　「十張」，原作「上」，據《海録碎事》改。

金溝清泚

宋文帝好與羊玄寶棋【九】，常中使至，寶曰：「今日上何處召我耶？」曰：「金溝清泚，銅池摇颺，既佳光景，當得劇棋也。」棋子曰「枯棋」，盤曰「木枰」。

祕掖

宋之問曰：「西城祕掖，北禁仙流。」

清切紫霄

李白詩云：「清切紫霄迥，優游丹禁通。」

九龍殿

魏崇華殿改爲九龍殿。

三雀臺

魏太祖立三雀臺。沈約詩曰：「照耀三雀臺，徘徊九華宫【一〇】。」

【九】宋文帝好與羊玄寶棋　「宋」，原作「朱」；「羊」，原作「楊」，據《南史》卷三六改。下同。

【一〇】徘徊九華宫　「華宫」二字原缺，據沈約詩補。

水精柱

《魏略》：西秦國王以水精爲柱。

飛來柱

《漢官》曰：「開陽門始成，未有名。夜有一柱來在樓上，是瑯琊縣上柱飛來，先刻字，記年月。」

麝壁

蕭子顯《齊書》曰：「刻畫雕彩，麝香塗壁。」

胡粉壁

蔡質《漢儀》曰：「漢大内省中皆以胡粉塗壁畫古人象【一二】。」

鴛鴦

《魏志》：「魏文帝夢兩瓦落地爲鴛鴦。」

【一二】胡粉塗壁畫古人象　「塗」字原缺，據《宋書》補。

玉梁

漢武帝時，玉笥山民以愆旱災蝗祈之，無不應，乃相率置觀。既構殿，少中梁一條，數旬未獲。忽一夕，震雷風烈，曉乃晴，天降白玉梁一，可以尺度，儼安其上【一二】，光彩瑩目，因號「玉梁觀」。至魏武遣使取之，去觀九里，午時雷電裂殿，梁化爲黄龍乘云而去。《玉笥山記》。

金屋貯阿嬌

《漢武帝故事》：爲太子時，長宫主欲以女配帝，時帝尚小，公主指女問帝曰：「得阿嬌好否？」帝曰：「若得阿嬌，當以金屋貯之。」主大喜，乃以配帝，即陳后小字也。李商隱詩云：「金屋當年貯阿嬌，錦屏銀幄宴春宵。」

黄金爲銜勒，組繡爲障泥

上幸華清宫，貴妃姊妹各購名馬，以黄金銜勒，組繡障泥，同入禁中，觀者如堵。《明皇雜録》。

【一二】可以尺度儼安其上　此句原作「可其文度，儼其安上」，據《太平廣記》改。

錦繡鳧雁

奉御湯中，甃以文瑶寶石，中有玉蓮。又以錦繡爲鳧鴈於水中，水出於金溝，珠纓寶絡流出溝渠。《天寶遺事》。

飛屐

韋氏於張女郎廟中得二屐，化爲二白鳥而飛去。《宣室志》。

象牙簟

漢武賜李夫人。

金織帳

《魏略》云：「大秦國出金織帳。」

雷門

《吴越春秋》：「雷門，越州城門，上有鼓一。一日，有人見一鶴飛入鼓中。後擊之，聲聞京師。」

珊瑚床

《内傳》曰：「武帝禮西王母以黄金几，珊瑚床。」

白玉床

《南岳記》：「衡山有仙人石室、白玉床。」

影犀殿

《洞冥記》：「跋勒國有文犀四頭，角表裏有光，因名『明犀』。暗中有影，亦曰『影犀』。織以爲簟，如錦綺之文，謂之『文簟』。」

玳瑁席

《魏志》：劉焯賦曰：「布玳瑁以爲席」。

象牙席

《神仙傳》：「淮南王爲八公，并設象牙席。」

六角扇

晉王羲之字逸少，見老姥持六角扇賣，因書各五字【一三】，人竟買之。故詠扇云：「九華已著陳思賦，六角曾傳逸少書。」

紅樓聯句

「重疊碎晴空，餘霞更照紅。苔靜金輪露，雲輕白日宫。」元和中，帝幸此。《酉陽》。

到公石

到溉山池有奇魄石，梁武賭得之，迎至華林園。所謂「到公石」。《南史》。

黄犢廬

焦光蝸牛廬，俗呼爲「黄犢廬」。《魏志》。

【一三】因書各五字　「各」，原作「名」，據《白氏六帖》改。

鄭公鄉

鄭玄。

燈婢

寧王以木婢執燈，呼「燈婢」。《遺事》。

玉羊井

《韓詩外傳》：魯哀公穿井得玉羊，孔子曰：「土精也。」

銀床

古詩云：「後園鑿井銀作床，銀瓶素綆汲寒漿。」

長楊諫獵

《漢書》：成帝好田獵，楊雄作《長楊館賦》諫獵。晏侍即詩云：「賦客不勞陳《羽獵》，絲苔芳柱鎮長楊。」

玉閣

《物理論》：「古□之士，學者以總其名籍，上天府金柜玉閣中，□□省之。」

絶編折擿

孔子晚善《易》，韋編三絶，鐵擿三折。《北堂書鈔》。

讀五千卷

北齊崔儦，自恃才高。大署其廬曰：「不讀五千卷書，無入此堂。」

開心

《異苑》：「郑玄思學，數年無一業成，夜夢一老人，以刀開玄心，傾墨汁著心内，遂通達。」

珥筆丹墀

杜預《舉賢良表》。

風流罪過

北齊郎基爲鄭州長史，性清儉，惟令人寫書。潘子儀遺書曰：「在官寫書，亦是風流罪過。」

理絲

《物理》云：「語曰：『能理亂絲，乃可讀《詩》。』余雖無理亂絲之能，而悟聞《詩》義也。」

虚有其表

上命蕭嵩草蘇頲制，有曰：「國之瓌寶。」上以頲父名，命易之。嵩坐良久，既成，上前席觀之，唯曰：「珍寶。」嵩既退，上擲於地曰：「虚有其表耳。」《雜録》。

洛生詠

謝安爲洛下書生詠，張融方作《雒生詠》。

梁父吟

孔明。

得父膏腴

南齊世祖常問王儉曰：「當今誰能爲五言詩？」儉曰：「謝朏得父膏腴。」朏，謝莊子也。

黄衣翁

司馬相如將獻賦，未知所爲。夢一黄衣翁曰：「可爲《大人賦》，言神仙事獻之。」

脱羊裘

後漢高恭之云：「人生當夕脱羊裘，朝佩珠玉。」

青桂近嫦娥

唐裴筠婚蕭遘女，問名未幾，便擢第。羅隱以詩刺之，曰：「細看月輪還有意，信知青桂近嫦娥。」

四公卿

道士王抱一常相呂文穆公、王文惠公、錢若水、劉夔四人。未第時，云「丞相也」、「下丞相也」，後皆如言。呂穆仲《贈文惠之仲子皇城詩》曰：「乃翁獻賦聞場屋，吾祖知名並弟兄。見説嵩山王道士，坐中曾識四公卿。」

中行刑部

《國史補》：「省中語曰：中行刑部，不博前行駕部；後行祠、屯，不博中行都門。」

同上。

事藝如拆襪綫

韓昭仕僞蜀王氏【一四】，爲禮部尚書。粗有文章，至於琴棋書射，亦皆涉獵，以此恩幸於後主【一五】，時人謂昭事藝如拆襪綫，無一條長也。

【一四】韓昭仕僞蜀王氏　「僞」，原作「爲」，據《太平廣記》改。

【一五】以此恩幸於後主　「後主」，原作「王衍」，據《太平廣記》改。

都公

唐呼左右司爲都公。

昆脚皆頭

杜牧常於宰執求小儀，不遂，求小秋，又不得。夢人謂曰：「辭春不及秋，昆脚與皆頭。」竟除北部員外。《廣記》。

鼠齧衣

蕭悉達仕齊，腰帶爲鼠傷，楊遵彦曰：「當得官。」未幾，除家令。後失職，鼠又齧其靴，楊復戲之，悉達曰：「便是鼠作吏部尚書，何關人事？」《雜俎》。

一時盡矣

《南史》：李元操爲給事，後爲蒙州守，不復留意文筆之内。或問之，曰：「五十年倏然已過，二髩垂素，宦情人意，一時盡矣。」

衰衣倚槐

廣陽王夢著衰衣倚槐樹，楊元楨解曰：「死後得三公耳。」後果然。《雜俎》。

輿車上殿

鍾繇有膝疾，拜起不便，朝見使載輿車，虎賁舁上殿就坐。是後，三公有疾，遂以爲故事。

肉銷分半

沈約爲尚書令，與徐勉書云：「百日數旬，革帶常應移孔。以手握臂，率計肉銷分半。」

丹欵

《載記》：披陳丹欵。

奄冉

《載記》：慕容恪表云：「奄冉偷榮，愆責孔厚。」

微簡聖心

蔡邕書曰：「臣姓名狀貌，微簡聖心。」

華獨坐

華歆字子魚。

盛印於囊

定殿中監察以下職事及進名、改轉，臺内之事悉主之，號爲「臺端」【一六】，他人稱之曰「端公」。知其雜事者，謂之「雜端」，最爲雄劇，盛印於囊。開元以來，殿中侍御史彈舉遺失，號「副端」。

【一六】號爲臺端 「臺」字原缺，據《通典》補。

黄驄少年

周裴浚州常乘黄驄馬，衣青袍【一七】，先登陷陣，時號「黄驄年少」。

白袍

梁陳慶之麾下皆著白袍，時人謡曰：「名師大將莫白勞，千兵萬馬避白袍。」

浴堂門　金鑾坡

德宗朝學士常召對於浴堂門。又移院於金鑾坡。

賭宣城郡

宋文帝好弈棋，與羊玄寶賭郡，玄寶虚勝，補宣城太守。

高枕

衛瓘云：「吾前在中山郡無事，高枕而已。」

【一七】衣青袍　「衣」字原缺，據《北史》補。

不送梁柳

皇甫謐從姑子梁柳爲城陽太守，將之官，人勸謐餞之，謐曰：「柳布衣時，送迎不出門，今作郡送之，是貴陽城太守而賤柳也。」

獨立使君

裴俠與諸牧守俱謁周文，刺史命俠邪立，謂諸牧守曰：「俠奉公爲天下之最，衆中有如俠者，與俱立。」周文厚賜俠，朝號「獨立使君」。

縣妖破膽

李果爲洛陽令，民吏畏服。人聞妖神廟中相語曰：「李今行事令人破膽，此中不可久居，宜遷於他。」

印綬易餅

《魏略》：太祖調丁斐曰：「印綬何在？」曰：「易餅耳。」

鶻銜綬帶

貞元年德宗詔：頃來賜衣，文彩不常，非制也。朕今思之，宜有定制。節度使宜以鶻銜綬帶；觀察使宜以鴈銜威儀，瑞草也。

再作司徒，胡廣。一履司空，胡□。三爲宰相，姚崇。五登袞職，楊賜。

五馬

北齊柳元伯五子同時領郡，時五馬參差於庭，故時人呼太守爲「五馬」。

五柳

東晉陶潛字淵明，號靖節先生，嘗爲彭澤令，庭種五柳，遂號「五柳先生」。自是稱縣令爲「五柳」。

仇香

後漢仇覽字香，辟爲考城縣主簿，時以鳳凰棲荆棘，自是人稱主簿爲「仇香」。

仙尉

漢梅福爲南昌尉，後隱吴門爲神仙，故人呼爲「仙尉」。

隔坐屏風

《吴録紀》：「鷩爲中書令，父亮爲尚書令。每會，帝以雲母屏隔其坐。」

銀魚十二

吴陸續表云：「臣自祖相承，十七受朝恩，銀魚十二。」

放囚尅期

謝方明，東郡人也。宋文帝時爲臨川内史。每時歲節放囚而歸，尅時而來。後爲會稽太守，有子名惠連。出《宋書》。

腹稿

王勃每爲碑頌，先磨墨數升，引被掩面而卧，忽起，一筆書之，初不竄點，時人謂之

「腹稿」。《續酉陽》。

口案

張九齡引囚，口撰案卷，人謂之張公口案。

字升卿

後漢虞詡，祖父經爲獄吏，常效於公之治獄。及詡之生，經曰：「吾雖不能及於公，子孫可至九卿。」故字升卿。

鳳毛

晉謝超宗，鳳之子。超宗侍武帝宴，嘗曰：「殊有鳳毛。」言有父風，自是世稱人子曰「鳳毛」。

象膽在足

徐鉉博通今古，後薨。象斃，取膽不獲，鉉曰：「於前左足求之。」果得。召問，鉉對曰：「象膽隨四時在足，今方二月，故知之。」

蔡郎中以反舌爲蝦蟇

蔡郎中以反舌爲蝦蟇，《淮南子》以蝨爲蟣蠓，《詩義》以蝨爲螻蛄，高誘以乾雀爲蟋蟀。

不識撐犁孤塗之字

《玄晏春秋》曰【一八】：計君義授與司馬相如傳，遂涉《漢書》。讀《匈奴》，不識「撐犁孤塗」之字，有胡奴執燭，顧而問之，奴曰：「撐犁，天也；孤塗，子也。匈奴號單于，猶漢人言天子也。」

蔡謨不識彭蜞。劉稱誤呼荔挺。

蝸廬

《魏略》：「楊沛宰歷城，不以私計介意【一九】，身退之後，家無餘積，蝸牛廬，居止其中，妻子凍餒。」

【一八】玄晏春秋曰　「晏」，原作「女」，據改。

【一九】不以私計介意　「意」原作「竟」，據《三國志》改。

無齒

元退處士年七十三，口中無齒。每磨裝胡餅，疾齧如刀，年少不及。常言：「而今方知齒爲妨物。」

角巾東路

羊祜與弟書曰：「既定邊事，當角巾東路歸故里，爲容棺之墟。」東路，一作東第。

蹲踞齧胡餅

晉張文辟爲別駕，不肯就，蹲踞齧胡餅。

百結衣

《士明録》曰：董威輩在雒陽，止白社中，時出於市，得殘繒絮，結之爲裳，號「百結衣」。

墻東

後漢龐萌與同郡王君公友善，時人語曰：「避世墻東王君公。」

桂餌

闕子曰【二〇】：「魯人有釣者，好以桂爲餌，黄金爲鉤，垂翡翠之綸。」

婚禮九事

有合歡、阿膠、嘉禾、九子蒲、朱葦、雙石、綿絮、長命縷、乾漆九事。膠、漆取其固；綿絮取其調柔；蒲、葦爲心，可屈可伸；嘉禾，分福也；雙石，義在兩固也。《雜俎》。

紫珪

吴王小女才貌具美，慕韓重之才，欲嫁之。王不許，紫珪飲氣而卒。重感其意，乃具帛幣吊於冢前，珪魂出冢傍，見重流涕，相與還冢。三日夜，重請還，贈以徑寸珠并白玉壺。

【二〇】闕子曰　「闕」，原作「閭」，據《初學記》改。

蘇武結髮。《選》。　孟光齊眉。《列女傳》。

馮衍忌妻

劉孝標云：余與馮衍有三同：敬通值中興明君，終不試用；予值英主亦擯棄，一同也。敬通雄才冠世，志堅金石；余雖不及，而節亮慷慨，二同也。敬通有忌妻，至于自操井臼；余有悍妻，亦令家道轗軻，三同也。

快壻

後魏劉昞少依博士郭瑀，瑀有女，欲求良偶，有心於昞。當坐，遂别設一席於前，召諸子弟曰：「吾有一女，欲求一快女壻，誰當坐此席者？」昞奮衣來坐，曰：「聞公求快女壻，昞其人也。」遂妻之。

參辰相避。楊子。　鳥鼠同穴。　悍妻惡妾。

卷下

投符起石

葉法善卜居卯酉山，其門近山，巨石當路。每還，紆回以避之。師投符，須臾飛去，路乃平坦，衆共驚異。《仙傳拾遺》。

太極紫微左仙卿

嘗遊括蒼白馬山，石室内遇三神人，皆衣錦寶冠，謂師曰【一】：「我奉太上密旨告子，子本云云，以受籙不勤，謫於人世，速宜立功，濟人佐國，功滿三千，當獲舊任。以正一三五之法，今授於子。勤行助化，宜勉之。」

天台苗君

師年十五，中毒殆死。見青童曰：「天台苗君飛印相救。」於是乃蘇。

【一】謂師曰　「師」，原作「詩」，據《津逮秘書》本改。

目如秋水

李泌，賀知章曰：「此穉子目如秋水，必拜卿相。」《李泌家傳》。

賦長歌行

泌年九歲，賦長歌曰：「天覆吾，地載吾。天地生吾有意無？不然絶粒昇天衢，不然鳴珂遊帝都。焉能不貴復不去，空作昂藏一丈夫。平生志氣多良圖，請君看取百年事，業就扁舟泛五湖。」詩成，傳寫者莫不稱賞。張九齡見而獨戒之曰：「早得美名，必有所折，宜自韜晦，斯盡善也。藏器於身，古人所重，況童子耶？但當爲詩以賞風景，詠古賢，勿自揚之爲妙爾。」後爲文，不復自言。嘗以直言諷九齡，九齡感悟，乃呼「小友」。

雲間孤鶴

玄宗天寶十三載重陽日，獵於沙苑，雲間有孤鶴。回翔上御，弧矢中之，鶴帶箭矯翼西南而逝。益州城西十五里有明月道觀，第一院有青城山道士徐佐卿，一歲率三四至。一日，忽不怡曰：「偶爲飛矢所加，今已無恙，然此箭非人間所有，因留之於壁。後年箭主至，則宜付之。」乃記壁去。留箭之時，則十三載九月九日也。上幸蜀，暇日命駕行遊，偶至斯觀，入此堂，忽覩其箭，取而玩之，乃御箭也，深異之。佐卿乃中箭鶴耳。《神異記》。

賜朝天玉簡

號「天柱峰中嶽先生」，賜朝天玉簡。

偃月子

許碏到處皆石崖屋壁人不及處，題云：「許碏自峨嵋山尋偃月子。」到處都留筆蹤，莫不歎其神異，竟不詳偃月子也。

九霞觴

碏嘗醉吟曰：「閬苑花前是醉鄉，踏翻王母九霞觴。羣仙拍手嫌輕薄，謫向人間作酒狂。」自曰：「我天仙也，方在昆崙山就宴失儀，見謫。」

軿車繡幄

郭子儀初從軍沙塞間，至銀州數里，將宿。既夜，忽見左右皆有赤光，仰視空中，軿車繡幄，中有一美女坐床垂足，自天而下俯視，子儀拜祝云：「今月七日，必是織女降臨，賜長壽富貴。」女笑曰：「大富貴，亦壽考。」言訖，冉冉昇天，猶正視子儀，良久而隱。子儀後立功，貴盛，威望烜赫。大曆初，鎮河中，疾甚，三軍憂懼，公謂御醫及幕賓等曰：「吾此疾自是未便衰損。」因話所遇之事，衆稱賀忻悦。其後拜尚父，年九十餘薨。

青童君

一旦，告弟子曰：「吾身居玉霄峯，常有真靈降焉。今爲東海青童君、東華君所召，須去人間。」俄頃氣絶，若蟬脱已解化矣。《續仙傳》。

日熟子

劍南有果，初進，名爲「日熟子」。張果、葉法善以術取，每過午必至。羅公遠一日於火中索樹叢，使者欲到，焰火亘天，無路可過，火歇方得度，是夜方到。

玉書金格

公遠謂曰：「陛下玉書金格，已達於三清矣【二】。」

【二】三清　「清」，原作「青」，據《津逮秘書》本改。

三田

公遠謂玄宗曰：「三田未虚，六氣未潔，請俟十年，與上靈藥」。

丹華之籍【三】

公遠謂中使輔仙玉曰：「主上列丹華之籍，有云玉京交契之舊。」

三峰歌

公遠以《三峰歌》八首進焉，大旨皆素士、廣成、赤松之訣【四】，還嬰泝流之事【五】。《感遇傳》。

天上無愚懵仙人

侯道華好子史，手不釋卷，嘗曰：「天上無愚懵仙人。」

蒲中多大棗

天下人傳，歲中不過一二無核者，道華比三年輒得啖之。蒲中多大棗。

【三】丹華之籍　原作「月華之藕」，據《太平廣記》改。

【四】大旨皆素士廣成赤松之訣　此句，《太平廣記》作「大旨乃玄素黃赤之使」。

【五】還嬰泝流之事　「泝」，原作「沂」，據《太平廣記》改。

玉尺八

狂僧以手巾袈裟於回回寺布施，歷房散之，唯餘一房，空塌而已。侍者於房内取玉尺八以授狂僧。又見一胡，謂之磨滅王，至玄宗，大感悦，持玉尺八吹之。磨滅王，即禄山也。

蘆菔

王旻好勸人食蘆菔根葉，云：「久食功多力甚，養生之物也。」

輔唐山

旻請於高密牢山合煉，玄宗許之。因號山爲「輔唐」，旻居之。

蘭蓀

劉弘敬字元溥，得女奴蘭蓀於維楊，有殊色。先其女嫁之，夜夢青衣秉簡，望塵而拜曰：「余蘭蓀之父也，感君之恩，請於上帝，延君壽二十五載，福及三代。」相者曰：「昔韓子陰存趙氏，太史公以韓氏十世而位王侯者，有陰德故也。」《陰德經》。

兩甲子

唐長安二年九月一日，太陽蝕盡。默啜賊到并州，至十五夜，月蝕盡，賊並退。俗諺曰：「棗子塞鼻孔，懸梅闍卻種。」又云：「蟬鳴蛁唤，禾鐮糜斷。」又諺曰：「春雨甲子，赤地千里。夏雨甲子，乘船入市。秋雨甲子，禾頭生耳。鵲巢下地，其年大水。」《朝野僉載》。

續命經

即《金剛經》也。一日之内，轉千卷，但是人轉則可。《通異記》。

灌餳治目

至德中胡曹進飛矢中目，拔箭而鏃留於骨，堅不可動。胡晝寢，夢教以灌寒食餳，應手清涼，如前拔鏃，突出。《集異記》。

療惡疾方

崔言者，職於左班軍，一旦得疾，雙睛昏闇，咫尺不辨人物，眉髮自落，鼻梁推倒，肌膚有瘡如癬，皆目爲惡疾，勢不可救。因爲駱谷子午歸寨使，遇一道流自谷中出，不言姓名，受以藥方曰，皂角刺採一二斤，燒之爲灰，大黄九煎九曝，杵爲末。食上，濃煎大黄湯二錢，匕調而服之。旬日，鬚髮再生，肌膚光潤，疾病頓愈，眼明倍於尋常。道流傳此方訖，卻入山去，不知所之。《神仙感遇傳》。

穿井法

壽州刺史張士平，中年以來，夫婦皆瞽。一旦，太白星爲開井，一眼平復如初。因留此法，令轉救世人，以救疾苦，用增陰隲。其要曰：「子午之年五月戌酉、十一月卯辰爲吉，丑未之年六月戌亥、十二月辰巳，寅申之年七月亥子、正月巳午，卯酉之年八月子丑、二月午未，辰戌之年九月申未、三月寅丑，己亥之年十月申酉、四月寅卯，取其方位年、月、日、時，即爲福地，浚井及泉，必有良效矣。」士平再拜受。言訖，升天而去。《感遇傳》。

多心經

沙門玄奘姓陳，偃師人。武德初，往西域取經，行至罽賓國，道險，虎豹不可過。遇一老僧，口授《多心經》一卷，令誦之，遂得出於平易，道路開通。乃至佛國，取經六百部而歸。《多心經》，至今誦之。

鬼詩

卜得上峽日，秋山風露多。江陵一夜雨，腸斷朮蘭歌。《河東記》。

仙人城

葛洪搗藥山東，去三十里，飛流千仞，即是仙人城，名爲青溪鬼谷。有秦庭採朮之客，往往就山下人家取火，裁詩一篇，云：「酒盡君莫沽，壺傾我當發。城市多囂塵，空山弄明月。」

鬼憐詩

衰草白露裏，亂山明月中。多是苦吟罷，殘焰與君同。《會昌録》。

象耕鳥耘

温州人李庭，大曆六年入山斫木，船迷，不知路，逢見水際中有人煙雞犬候，尋聲度水，忽到一處，約在甌閩之間，乃古莽然之墟，象耕鳥耘，人甚知禮。既還復往，杳不可尋。《遊山記》。

飛崗

葬遇沉崗，至二十年，絶世無後；　葬遇浮崗，無他災厄；　葬遇飛崗，奕世富貴。亦出《神仙圖墓記》。

石中螧螬

丹陽人採碑於積石之下，得自然圓石【六】。試加礱琢【七】，乃重疊相包【八】。至盡如拳，破之，有一蟲出於中，似螧螬狀，蠕蠕能動，人不能熟識，因棄之。後有人語之曰："「人欲求富貴，莫如得石中金蠶，畜之則寶貨自至。」詢其狀，則石中螧螬也。

玉馬能嘶

沈傳師爲宣武節度，堂前馬嘶，掘地深丈餘，得一穴洞，有玉馬高三寸，長五寸，嘶則若狀馬聲。前有金槽，中碎碌砂，如菉豆而金色也。《聞奇録》。

天馬斜飛

寶應中，汝南岑順者借凶宅居。夜中聞鼙鼓聲，忽聽之，見甲馬萬騎，悉長數寸，狀如

【六】自然圓石　「圓」原作「圖」，據《稽神録》改。

【七】試加礱琢　「加」原作「如」，據《稽神録》改。

【八】重疊相包　「包」原作「也」，據《稽神録》改。

戰鬭兩軍，步伍各定。師進曰：「云云度三强，上將横行繫四方。輕車直入無回翔，六甲次第不垂行。」於是鼓之，勝負相當。掘室中，乃是古塚盟器，金象戰馬。《玄怪録》。

甆瓶隷字

周顯德歲，漣水軍使秦晉崇修城【九】，獲一瓶，黄甆黑文，成隷字云：「一雙青烏子，飛來五兩頭。借問船輕重，寄信到揚州。」《稽神録》。

逢歡羊口岸

蕭騰有故妾得魅疾，騰今乘間聽之，乃入妾屏風裏作歌曰：「結愛梓林津，胡桃輕去親。逢歡羊口岸，訝汝不識人。」

甘少府

蜜名。《劉夢得藥方》。

神雞童

賈昌開元時，以鬭雉供奉，當時天下號爲「神雞童」。

【九】漣水軍使　此句，原作「漣水軍使」，據《稽神録》改。

清瀾洗明玉

貴妃賜浴華池，清瀾三尺中洗明玉。既出水【一〇】，力微不勝羅綺【一一】。陳鴻《長恨傳》。

瓜花

仙子云：天寶六載侍輦驪山，七夕夜，張錦繒、樹瓜花、陳飲食、焚香於庭，拜縷針紝綫。

黄粱未熟

靈生遇吕翁，同止逆旅。主人方蒸黄粱，翁取枕授靈云：「枕此，榮適如願。」及寤，黄粱尤未熟。沈既濟《枕中記》。

青瓷枕

其枕青瓷而竅其兩端。

【一〇】既出水　「既」原作「政」，據《長恨傳》改。

【一一】力微不勝羅綺　「微」原作「役」，據《長恨傳》改。

可憐宵

沈警過張女郎廟，作詩云：「命嘯無人嘯，含嬌何處嬌。徘徊花上月，空度可憐宵。」《感異記》。

象耳鞭

睿宗閱内庫一金色鞭，長四尺，數節，有蟲齧處，狀如盤龍。靶上牙牌題云「象耳鞭」。《酉陽雜俎》。

謫仙奴

權同休友人雇得僕，一日貧困，令市衣辦酒肉，會村老丐道里費，僕曰：「此固不足辦，當營之。」乃斫桑札，噀成牛肉，復汲數瓶水，皆旨酒也。且曰：「某固異人，有少過，謫於下賤。」

金字偈

摩尼珠中有金字偈。

刀止水厄

郤敬伯家長白山，有人寄一函書，言：「吾江使也，令吾通問於濟伯。」果見人引入水中，一翁坐殿，踞水晶床，侍衛皆圓眼甲胄。臨别，贈一刀，曰：「持此當無水厄。」敬伯還，至社林中，衣果無沾濕。

戢波目役【一二】

長鬚國，官有正長【一三】、戢波、目役、島邏，皆號，皆蝦也。

司風長

拜士人爲駙馬。

主夜咒神

夜行及寐，可卻恐怖、惡夢咒曰：「婆珊婆演底。」

【一二】戢波目役　「目」原作「臣」，據《酉陽雜俎》改。
【一三】正長　「正」原作「匠」，據《酉陽雜俎》改。

封五嶽【一四】

清晨封五嶽七遍，謂屈食指等四指，運頭指押之【一五】，名封五嶽。

金姑聲

福州郭東康山，有人五更入郭，遇一人，乃自云：「非人，要負至郭。」因云：「鬼最惡金姑聲。」破竹，將曉化爲羊。

黎花寒食

沈亞之夢作秦穆公主挽詞云：「泣葬一枝紅，生同死不同。金鈿墜芳草，香繡滿春風。舊日聞簫處，高樓月正中。黎花寒食夜，深閉翠微宫。」

朱愁粉瘦

朱愁粉瘦兮，不生羅綺。《異夢録》。

【一四】封五嶽　「封」，原作「村」，據《類説》改。下同。

【一五】運頭指押之　「押」，《類説》作「掠」。

雲書鳳字碑

西施挽詞：「西望吴王闕，雲書鳳字牌。連江珠寶帳，擇土葬金釵。滿地紅心草，三層碧玉階。春風無處所，悽恨不勝懷。」

鄉音屧廊

吴王以梗梓板籍其地，西子行則有聲，因以名之。《蘇州圖經》。

碧桃如椀

金母降謝自然，將桃一枝懸臂上，有三十顆，碧色，大如椀。云：「此猶是小者。」《集仙録》。

神仙壁

天上有白玉堂，壁上高列真仙之名，如人間之壁記，有朱筆注下云：「降世爲帝王，或爲宰輔者。」

消暑灣

明月灣、消暑灣，並在洞庭山，昔吳王翫月避暑之地也。《洞庭記》。

龍竹

羅浮第三峰有大竹，徑七尺圍，節長丈二，謂之龍竹，常有鸞鳳棲宿。東有溪曰「羅陽」，暴漲，有竹葉流出，大如芭蕉。

木客

山間有木客，形骸皆人也，但鳥爪耳。巢於高樹，伐樹，必害人。一名「山肖」。《南康記》。

浴碧夢紅

葛稚川曰：「鄭君屬洪以《關尹子》，洪每味之，清浴碧【一六】，慘夢紅。」葛洪《關尹子後序》。

【一六】清浴碧　「浴」原作「涯」，據《關尹子序》改。

金粟如來

梵語維摩詰，此云淨名，般提之子。母名離垢，妻名金機，男名善思，女名月上，過去成佛，號「金粟如來」。《淨名經義抄》。

粉洞

皮日休《遏雲》詩：「粉洞三千里。」

薛能詩

薛能詩：「西掖今來替左司。」又云：「若共吴王鬭百草，不知誰是次西施。」《中山外集》。

水樂

元子於山中所耽愛者，有水樂。是南礸之懸水【一七】，淙淙然，聞之多美，於耳尤便【一八】。元子。

【一七】是南礸之懸水　「礸」原作「唐」，據《次山集》改。

【一八】於耳尤便　「尤」原作「左」，據《次山集》改。

不了麴蘖

鴻臚卿孔群好飲酒，書親舊：「今年田得七百斛，秋來不了麴蘖事。」《世説》。

酥煎牡丹

蜀時兵部貳卿李昊蘊藉，每將花數枝遺親友，以金鳳箋成韻詩以致之，得者莫不寶愛。又以興平酥同贈，且云：「俟花凋謝，以酥煎食之，無棄穠華也。」其風流貴重如此。《洛陽貴重録》。

龜六

《雜阿含經》云：有龜被野干所包，藏六而不出，野干怒而捨去。佛告諸比丘：「當如龜藏六，自藏六根，魔不得便。」

女樹

海中有銀山生樹，名女樹。天明時皆生嬰兒，日出能行，至食時皆成少年，日中成壯年，日晚老年，日没死，日出復然。

今夕是何年

《周秦行》：牛僧孺詩：「共道人間惆悵事，不知今夕是何年。」

瓦棺筍筆

上元縣瓦棺寺閣南隅有雙籠，閉之忘記歲月。會昌中，詔拆浮圖，因得筍筆百餘頭。藏書秩中有生白藤紙數幅，題爲《南郡煙花録》，僧志徹得之。及焚釋氏群經，僧人惜其香軸，爭取紙尾，拆去，視其軸，皆有魯郡顏公名題，云：「手寫是録，即前之筍筆，可舉而知也。」《大業拾遺後序》。

濟勝具

許掾好游山水而體便，登涉時，人云：「許非徒有濟勝，實有濟勝具。」《世説》。

木天

廬陵威王之蓄內也【一九】，千門相似，萬户如一，齋裹施木天以蔽光景。春花秋月之時，暗如徹燭，內人有不識晦明者。見《金樓子》。

【一九】廬陵威王之蓄內也　「蓄」字原缺，據《金樓子》補。

魚千里

以盆爲沼，以石爲島，魚環遊之，不知幾千萬里而不窮也，夫何故？水無源無聖人之本無首本尾，所以應物曲當【二〇】。

夢吞海棠花

蜀潘炕有嬖妾解愁，姓趙氏。其母夢蕊而生，頗有國色，善爲文。《檮杌》。

舉白浮君

魏文侯徽大夫飲，使公乘仁爲觴政，曰：「飲若不盡，浮之大白。」

九萬箋與謝安

王右軍爲會稽謝公乞箋，庫中有九萬張，悉與之。桓宣武云：「逸少不節。」《語林》。

折綿

阮籍詩：「陽和微弱陰氣竭，海東不流綿絮折，呼吸不通寒冽冽。」又庾肩吾詩：「勁

【二〇】據《關尹子》，此一段當爲：夫何故？水無源無歸。聖人之道，本無首，末無尾，所以應物無窮。

氣方凝海，清威正折綿。」

芭蕉聞雷而長

芭蕉故無心，何以聞雷而長？如白日摘宜苑石榴，宜得石膏糞，造化力也。《涅槃經》。

醉龍

蔡邕飲酒，乃至一石。常醉，在路上卧，人名曰：「醉龍何在此醉卧？」扶而歸也。《語林》。

杜邠公食羊

《中朝故事》：邠公杜悰福壽少倫，四飱一日之費，皆至萬錢。京西李客見人牧羊，遍滿山谷，不知幾千萬。口詰之：「自何而來？」曰：「自鄜夏供相公食耳。」轉首恍然，並無所覩，乃神靈所授也。

莫愁

《莫愁樂》者，本石城樂妓，而有此歌。石城西有女子名莫愁，善歌謡，且在《石城樂》

【二二】石城樂　原無「石」字，據《樂府詩集》補。

有「妾莫愁」聲【二二】，因名此歌也。智匠《古今樂録》。

來禽

王内史書帖中有與蜀郡守求櫻桃、來禽，言味甘來衆禽也。俗作林檎。《尚書故實》。

拜隱侯

盧元明《侯山記》：「漢王奕者隱於此山，景帝每徵不屈，遂就山而封侯，因以爲名。」唐宋之問《侯山詩》：『王奕拜隱侯。』」《河南志》。

贈醉俠

皮日休《夏日詩》：「他年謁帝言何事，請贈劉伶作醉俠。」《松陵集》。

緑檀槍

小杜《郡齋獨酌》詩：「睡壓緑檀槍。」本集。

留客雨

利山有神人，常逍遥於中嶽，與左元放共遊子訓所。睡欲起，聽雨，一日三雨。今唤五月三時雨爲「留客雨」。陸機《要覽》。

錢鬼

復有和長與者，鉅萬藏家，貫朽反磨，鱗差縮，陣腥澀。死而有知，是謂錢鬼。此鬼憑人，氣豪意適，反權敗禄，買曲成直。孫樵文。

一字行

《洛中送韓中丞之湖州口號》云：「當年意氣結群英，幾度朝回一字行。海北天南零落定，雨人相對洛陽城。」劉夢得詩，見本集。

斗酒隻雞

曹操記故太尉喬玄父曰【一二二】：「承從定誓約之言，殂逝之後，路有經由，不以斗酒隻雞過相酤酬，車過三步，腸痛勿怪。雖臨時戲笑之言，非至親之敦好，其肯爲此乎？」《三國

【一二二】喬玄父　「父」《津逮秘書》作「墓」。

志注》。

北窗三友

白樂天以詩、酒、琴爲三友，曰：「昨日北窗下，自問何所爲？所親惟三友，三友者爲誰？琴罷輒飲酒，酒罷輒吟詩。三友遞相引，循環無已時。」《長慶集》。

腹揺鼻息

曉鼓一發，駟車馳奔。予方高枕，偃然就寢。腹揺鼻息，夢到鄉園，槐花撲庭，鳴蜩噪晴。

黍低麥昂

王元景大醉，楊遵彦曰：「何大低昂？」元景曰：「黍熟頭低，麥熟頭昂。黍麥俱有，所以低昂。」《談藪》。

鍾乳金釵

白樂天《酬牛思黯戲贈》云：「鍾乳三千兩，金釵十二行。」注云：「思黯自誇服鍾乳三千兩，甚得力，而歌舞之妓頗多。」本集。

湯餅客

劉夢得《送張興童子赴舉》詩云：「爾生始懸弧，我作坐上賓。舉筯食湯餅，祝詞天麒麟。」

支郎

魏有三高僧，支謙、支諒、支讖。惟謙爲人細長黑瘦，眼多白而睛黄，復多智，時賢諺云：「支郎眼中黄。」出本傳。

智囊

形軀雖小，是智囊。同上。

醒酒

河南長春殿南有婆羅亭，貯青石處，世傳李德裕醒酒石，以水沃之，有自然之秋。今謂之婆羅石，蓋以樹石云。《河南志》。

赤髭

後魏佛陀耶舍記曰：覺明爲人赤髭，善解毗婆沙，時人號曰「赤髭婆舍」。既爲羅什之師，亦稱「大毗婆沙」。《續僧傳》。

楊雜鐵研

洪崖先生欲歸河内，舍人劉守璋贈先生楊雄鐵研，并四皓鹿角枕。本傳。

梨花春

杭州其俗，釀酒趁梨花時熟，號「梨花春」。故白公《杭州春望》詩云：「紅袖織綾誇柿蒂，青旗沽酒趁梨花。」《長慶本集》。

大飲爲上頓

王忱嗜酒，或連日不醒，號「上頓時人」，以大飲爲上頓，起於忱也。宋明帝《文章志》【二三】。

【二三】宋明帝文章志　原作「宋明奇文志」，據《酒譜》改。

織錦遲

盧思道嘗與庾知禮作詩已成，而思道未就，知禮白思道曰：「自許編苕疾，嫌他織錦遲。」《啓顔録》。

風月主人

歐陽彬爲嘉州刺史，喜曰：「青山緑水中，爲二千石，作詩飲酒，爲風月主人，豈不佳哉？」《檮杌》。

竹人致雨

馬均大巧，能削竹作人語。時天下大旱【二四】，人皆將酒與此竹人，語：「天下須臾雨也。」

銅駝

漢有銅駝，在宫之南街四會道頭，其路東西相對，高九尺，漢時名爲「銅駝街」。陸機《洛陽記》。

【二四】天下大旱　「大」，原作「太」，據《津逮秘書》本改。

金馬

俗語曰：「金馬門外聚衆賢，銅駝街上集衆賓。」《河南志》。

歲守心

歲守心，則年豐。注云：歲爲重華，故年豐也。《孝經□□命》。

拜三公賜箭

《魏百官志》：三公拜日，賜鵶首、鵲尾、鶻箭各十二枚。鶻，詩交反。

竹友

古之君子無友則友松竹，居無友則友雲山。《元次山集》。

漢人煮簀

漢人適吴，吴人設筍【二五】。問：「所煮何物」，曰：「竹也。」歸煮其簀，不熟，謂其妻曰：「吴人欺我如此。」陸雲《笑林》。

【二五】吴人設筍　「吴」字原缺，據《筍譜》補。

鬻筍充觴酌

辛居士名宣仲，家貧，春月鬻筍，充觴酌，截竹爲罌，用充盛置。人問其故，宣仲曰：「我惟愛竹好酒，欲合二物，常相並目。」《南府州記》。

太湖石蛀蚛

有達僚差軍將於淛西買太湖石，軍將申狀云：「前件石蛀蚛，不堪買。」《盧氏雜記》。

天上多學官

彭祖云：「天上多學者，新仙者位卑，奉勾非一也。」《抱朴子》。

蓬池膾

李德裕《述夢詩》曰：「荷淨蓬池膾，冰寒郢水醪。」凡學士初上，賜食皆悉是蓬池魚膾，夏至須冰及酒，以酒味濃，和冰而飲，禁中有郢酒坊。《一品集》。

甜榴

白馬寺柰林實重七斤【二六】，葡萄實大於棗。帝至熟時常取之，或賜宫人，宫人持達親戚，以爲奇異者不敢輒食，乃歷數家。又有大榴，京師曰：「白馬甜榴，一實直牛【二七】。」《伽藍記》。

桂馨一山

武帝謂東方朔：「顔淵之道德何勝？」方朔白：「顔淵如桂馨一山，孔子如春風，至則萬物生。」《翰林雜事》。

鬼笑貧

劉伯龍家貧，將營十一之方，忽見一鬼在旁，撫掌大笑，伯龍歎曰：「貧窮固有命。」遂止。

雲錦溪

寶林禪院有雲錦二溪，溪雙荷花，香色異如常者。《河南志》。

【二六】白馬寺柰林實重七斤　「柰」下，原脱「林實」二字，據《洛陽伽藍記》補。

【二七】一實直牛　「實」，原作「名」，據《洛陽伽藍記》改。

綿雨

夏樹名連陰，雨名綿雨【二八】。陸機《要覽》。

翠雨蓋

楚鄂君子脩者，乘青翰之舟，張翠羽之蓋，榜枻，越人悦之【二九】，櫂楫而越歌【三〇】，以感鄂君，歡然舉繡被而聽之。《越人歌序》，《玉臺新詠》。

古柏封大夫

嵩山天封觀有古柏三株，武后封五品大夫，蔭百餘步，俗云「大小將軍」。《河南志》。

書聖

皇象胡照

【二八】夏樹名連陰雨名綿雨　「樹」，原作「澍」；「綿」，原作「錦」，據《太平御覽》改。

【二九】榜枻越人悦之　「榜枻」，原作「槁拽」，據《玉臺新詠》改；「之」字原脱，據《玉臺新詠》補。

【三〇】櫂楫而越歌　「櫂」上，原衍「越人」二字，據《玉臺新詠》删。

橘酒

皮襲美《寄陸魯望》云：「明朝有物充君信，橘酒三瓶寄夜航。」自注云：「橘酒出《沈約集》。《廣韻》音式徑反，木名。《山海經》：『汁甘爲酒。』」

弘遊典墳

劉孝綽《與弟書》云【三二】：「方弘遊典墳，寤歌林澗。覽興衰於千載，觀榮落於四時。」《歲時記要》。

袁家渴

見《柳子厚集》。楚越之間方言，謂水「袁家渴」。反流者爲渴云，音若「衣褐」之「褐」。

寒溪

樊山東有小溪，夏時溪裏常有寒氣，故謂之寒溪。《武昌記》。

【三二】與弟書云　原作「與弟云書」，據《津逮秘書》本乙。

歡樂井

明義井，三伏日，炎暑赫曦，男女往來，其氣短急，望見義井，則喜不可言。未至而憂，既至而樂，號歡樂井。《壽陽記》。

赤心記事

《古今注》：牛亨問：「彤管，何也？」答曰：「彤，赤漆。」史官載事，用赤管，言可赤心記事。

雉尾扇

商高宗有雉雊之徵，章服多用翟，故有雉尾扇。同上。

天子之馬走千里

河伯與天子披圖視典，用觀天子之馬走千里，食猛獸；天子之狗走百里，執虎豹。

温谷

天子西濟於河，爰有温谷，河伯民之所居。

水泉温和

春山之澤，清水中泉，温和無風。

食牛之氣

《尸子》曰：「虎豹之駒雖未成文，已有食牛之氣。」

槐兄橘弟

《淮南子》曰：「槐榆與橘柚合而爲兄弟【三二】，有苗與三危通爲一家【三三】。」

桐葉知閏

《遁甲》：「梧桐不生，則九州異主，爲桐以知日月正閏。生十二葉，遍有六葉，從下數一葉爲一月。閏則十三葉，小者即知閏何月也。不生，則九州異君。」

【三二】槐榆與橘柚合而爲兄弟　原作「槐榆合與橘柚爲兄弟」，據《淮南子》改。

【三三】有苗與三危通爲一家　「通」，原作「同」，據《淮南子》改。

槐市

《三輔黄圖》曰：「明堂辟雍爲博士，今三千，以爲會市，但列槐樹以數百株，諸生朔望會此市，各持其郡所出物及經書相與買賣，雍容揖遜，議論槐下。」又見《淮南子》。

梅梁生枝

夏禹廟中有梅梁，忽一春生枝葉。

梅下種藥

《桂陽先賢傳》：「蘇耽後園梅下種藥，可治百病。」

耕白沙

《氾勝之書》曰：「杏花如何，可耕白沙。」

橘裂人牙

吴王饋魏文帝大橘，帝詔羣臣曰：「萬有橘，作正裂人牙【三四】，時有甜。」《吴曆》。

【三四】據《藝文類聚》，此句當爲：「南方有橘，酢正裂人牙。」

給客橙

魏王《花木志》：「蜀土有給客橙，似橘而非，若柚而香，亦名盧橘。」

水畜

陶朱公《養魚經》曰：「夫治生之法有五，水畜第一。水畜，魚也。」

魚倉

青田溪，冬天水熱如湯，衆魚歸之，名曰「魚倉」。

得魚不如啖茹

里諺曰：「買魚得鯆，不如啖茹。」鯆，魚之不美者也。

馬騰如團麴

伯樂《相馬經》曰：「相馬騰如，團麴千里。三軍逐，但知所獲，不知所宿。」

馬銅器精

《地境圖》：「銅器之精見爲馬。」

周留

《鬱林異物志》：「周留，其實水牛，云周留。」

屏風草

《博物志》曰：「太原以北，生屏風草。」

竹中高士

《永嘉郡記》曰：「臯成張廌隱居頤志，家有苦竹數十頃，在竹中爲屋，堂居爲中。王右軍聞而造之，廌避之竹中，不與相見，一郡號爲『竹中高士』。」

名子青箱

沈約指其子謂陸喬曰【三五】：「此吾愛子也，少聰慧，好讀書，吾甚憐之，因以青箱名

【三五】沈約指其子　「指」，原作「箱」，據《津逮秘書》本改。

之，欲以傳吾之學也。」《宣室志》。

竹名魚腸

梁簡文《修竹賦》：「玉潤桃枝之麗，魚腸金母之名。」

玉笙

武帝之時，西王母來獻白玉琯。漢章帝時，零陵文學奚景於泠道舜祠下得笙白玉管【三六】，知古以玉爲琯。後乃易之竹耳。《風俗通》。

花姑

女道士董靈微，年踰八十，貌若嬰孺，號爲「花姑」。《集官一録》。

人生如寄

支遁字道林，姓門，年二十五，出家。每至講肆，善標宗會，而章句或有所遺，時爲守文者所陋。謝安聞而善之，曰：「此乃古人之相馬也。畧去玄黄而取其駿也。」遁往支山寺，晚欲入剡，謝安爲吴興，與書曰：「思君日積，計辰傾遲，知欲還剡自治，甚以悵然。

【三六】零陵文學奚景於泠道舜祠「文學」，原作「人文」，「奚」，原作「子」，「舜」，原作「武」，皆據《風俗通義》改。

人生如寄，少頃風流得意之事，殆爲都盡【三七】，終日戚。今觸事惆悵，惟遲君來，以晤言消之，一日當千載耳。」《高僧傳》。

染花

韓愈外甥幼而落崖，雲水不歸【三八】。元和中忽歸，衣服弊甚。愈舍於書院，暇日問其所長，曰：「能染花，紅者可碧，或一朵具五色。」遂於後堂前染白牡丹一叢，云：「必作金稜碧色，内有金含稜紅間暈。」自斸其根，買藥塗之，無何潛去。明年，花開如其説，每一萼花中稍書云：「雲横秦嶺家何在，雪擁藍關馬不前。」是歲，上迎佛骨，愈直諫忤旨，貶爲潮州刺史。至商山，泥滑雪深，忽見是生，拜勞問曰：「師在此山，不得遠去。」問其師，即洪厓先生。東園公方使柔金水玉，作九華丹，候火精微，難於暫捨，揮淚别去，入林如飛。

梨花乾

杭州物産食貨有梨花乾，酒之上者。《杭州圖經》。

【三七】殆爲都盡　原作「治郡盡」，據《高僧傳》改。

【三八】雲水不歸　「雲」上，《太平廣記》有「乃慕」二字。

半段槍

哥舒翰捍吐蕃，賊衆三道從山相續下，舒持折槍半段，當前擊之，無不披靡。《譚賓録》。

章草

漢黄門令史游所作。衛恒、李誕並云：「漢初而有草法，不知其誰。」蕭子良云：「章草，漢齊相杜操始變藁法，非也。」王愔云：「漢元帝時史游作《急就章》，解散隸體，粗書之。」

忽忽不暇草

張芝善草書，精妙絶倫。家之衣帛，先書後練。臨池學書，池水盡黑。每書云：「忽忽不暇草。」時人謂之「草聖」。

羅趙

羅鄴、趙恭與伯英同時見稱西州，而矜誇自與，衆頗惑之。伯英與朱寬書，自敘曰：「上比崔、杜不足，下方羅、趙有餘。」同上。

沉着痛快

吴人皇象能草【三九】，世稱沉着痛快。

鵲尾爐

松陵倡和，皮日休《寄華陽閏竹》詩云：「高眠可爲要玄纁【四〇】，鵲尾金爐一世焚。」注云：「陶貞白有金鵲尾香爐。」又《珠林》云：吴興人費崇先少信佛法，每聽經，常以鵲尾爐置膝前。」

章貢臺

贛縣東南山有臺，方廣數丈，有自然霞，如屋形。風雨之後，景氣明淨，頗聞山上有鼓吹聲，即山都木客亦爲其舞唱【四一】。《南康記》。

玉嬰兒

天祐年，人發曹王臯墓，有銀盆貯水，中坐玉嬰兒，高三尺，水無減耗。泓師云：「墓中貯玉，草木温潤；貯金，草木燋枯。」《録異記》。

【三九】吴人皇象能草　「象」，原作「家」，據《太平御覽》改。

【四〇】高眠可爲要玄纁　「玄纁」二字原缺，據《松陵集》補。

【四一】即山都木客亦爲其舞唱　「山都」，《津逮秘書》本作「山魈」。

急灑掃

唐率更令張文成【四二】，梟晨鳴於庭樹，其妻以爲不祥，連唾之。成曰：「吾當改官。」言未畢，賀客已在門矣。《目史纂要》。

辨水

李德裕居廟廊日，有奉使京口，李曰：「金山下揚子江中零水，與取一壺。」其人忘之。至石城方憶，乃汲一缾歸獻之。李飲曰：「此水頗似建業石城下水。」其人謝過，不敢隱。《中朝故事》。

不飲茶

唐右補闕綦毋旻性不飲茶，著《代茶飲序》，其略曰：「釋滯消壅，一日之利暫在；瘠氣耗精，終身之害斯大。獲益則歸功茶力，貽患則不謂茶災。」《唐新記》。

射木人

後漢時苗嘗爲壽春令，謁治中蔣濟，濟醉不見之【四三】。後苗歸而刻木，書曰「酒徒蔣

【四二】唐率更令張文成　「更」，原作「炳」，據《太平廣記》改。

【四三】濟醉不見之　此句，原作「濟不見納醉」，據《太平廣記》改。

濟」，以弓矢射之。蔣聞之，不能制。《獨異志》。

梯摘茄

南中茄子宿根有三二年，枝幹爲樹，熟則梯摘之，樹老子稀，即伐去。

李嶠帳

袁天綱相李嶠，睡息在耳，當貴壽而不富。則天朝拜相，帝幸宅，見卧青絁帳，歎曰：「爲國相如是，乖大國之體。」賜御用繡羅帳，嶠寢其中，達曉不安，怪而生疾，遂奏曰：「臣少相，人云不富華，故寢而安席，欲且任用舊者。」《定命録》。

松雎艾納

松取枝燒其上，下承取汁，名「松雎」。艾納，樹緑衣名「艾納」。合味衆香燒之，其煙回聚，清白可愛。

吴沈詩論

梁吴均爲詩曰：「秋風瀧白水，雁足印黄沙。」沈約語之曰：「語大險。」曰：「亦見

『山櫻我欲然。』」約曰：「我始欲燃，君已印訖。」《談藪》。

張丈殷兄

白樂天《歲日張侍御二十丈又殷判官二十三兄》詩云：「獨有誇張少年處，笑呼張丈與殷兄。」《長慶集》。

獼猴騎土牛

鍾繇調周泰曰：「君釋褐登宰輔，三十六日擁麾蓋，乞兒乘坐小車，一何駃乎？」泰曰：「君名公之子，少有文采，固守吏職，獼猴騎土牛，又何遲也！」《世説》。

裙腰路

白樂天《杭州春望》云：「誰開湖寺西南路，草緑裙腰一道斜。」注云：「孤山寺，路在湖洲中，草緑時，望如裙腰。」

西笑

人問長安樂，則出門西向而笑；　問肉味美，則過屠門而大嚼。《桓譚新論》。

瀟灑侯

陸龜蒙詩：「叢竹當封瀟灑侯。」

梁高重謝朓詩

常曰：「不讀謝詩三日，覺口臭。」《談藪》。

羊群

張文成曰：「選人冗冗，甚於羊群；吏部喧喧，多於蟻聚。」《朝野僉載》。

參酌院

長慶初，穆宗以刑法爲重。每大獄，有司斷罪，又令給事中、中書舍人參酌出入之，號曰「參酌院」。《國史補》。

病坊

唐初，秘書省望雖清雅而實非要處。俗以監爲「宰相病坊」，少監爲「給舍病坊」，丞及著作爲「尚書郎病坊」，祕書及佐郎爲「監察病坊」，言侍從職不任繁劇者，當改入此省。《聞奇録》。

送羊脚狀

天復元年，杜德祥榜放曹松等及第。松學賈司倉詩，此外無它能。時號松啓事爲「送羊脚狀」【四四】。《摭言》。

朱書顯名

杏園宴後，於慈恩塔下題名，同年人推一善書人記之，它時有將相，則朱書之。

騎火棋茶

龍安有騎火棋，最上不在火前、不在火後故也。清明改火，故曰「騎火棋」。《茶詩》。

竹子

南荒生芇竹，長百丈，圍三丈五尺，可以爲大船，其味美。張華注：子筍，煮而食之，可以已創厲。《物類相感志》。

【四四】時號松啓事　「時」，原作「詩」，據《津逮秘書》本改。

如在鏡中遊

山陰南湖，縈帶郊郭，白水翠巖，互相映發【四五】，若鏡畫。故王逸少云：「山陰路上行，如在鏡中遊。」《輿地志》。

紗籠中人

張建封鎮揚州，李藩爲巡官。有僧相張公不爲宰相，甚怏。今見李巡官，僧降階曰：「是紗籠中人【四六】。」張因問紗籠，曰：「宰相，冥司潛以紗籠護之，恐爲異物所擾。」

北蟹

天下之大物有北海蟹焉，舉一螯加於山，身故在水中矣。《玄中記》。

玉女窗

《嵩山記》：「玉女三臺山。昔漢武帝東巡過此山，見學仙女子，帝因往觀之，遂以名山。山與嵩高連亘。」又《圖經》云：「有玉窗，漢武帝於窗中見玉女。」

【四五】互相映發　「映」，原作「應」，據《津逮秘書》本改。

【四六】紗籠中人　「紗」字原缺，據《津逮秘書》本補。

醉如泥

南海有蟲無骨，名曰「泥」。在水中則活，失水則醉如一堆泥然。《秤官小説》。

不去鱟魚額

鱟魚肥，炙甚美。諺云：「寧去累世宅，不去鱟魚額。」《三輔決録》。

花師

洛人宋單父善吟詩，亦能種藝術，凡牡丹變易千種，紅白間色。上皇召至驪山，植花萬本，色樣不同，賜金千餘兩。内人呼之爲「花師」，亦幻世之絶藝也。《龍城録》。

田父

蝦蟇之大者，名曰「田父」。《冷香録》。

花妾

杜牧之《晚晴賦》：「雜花如妾如婢。」

郎君東閣

李義山《九日謁令狐趙公不見以一篇紀於屏風》云：「郎君漸貴施行馬，東閣無因更重窺。」

乞漿得酒

太歲在午，人馬食土。歲在中巳，販妻鬻子。歲在中酉，乞漿得酒。《朝野僉載》。

坐穿木榻

管寧嘗越海【四七】，及歸，常坐一木榻，積五十餘年，未嘗箕股，其榻上當膝處皆穿。《高士傳》。

草鍾乳

韭多補洩，子甚温，俗間呼「草鍾乳」。《真誥》云：務先服韭，煎以入清泠之淵也。

【四七】管寧嘗越海　「嘗」，原作「字」，據《津逮秘書》本改。

飛卿對

李義山謂温飛卿曰：「近對句云『遠比趙公三十六年宰輔』，未有對。」飛卿曰：「何不道『近同郭令二十四考中書』。」宣宗嘗賦詩，上句有「金步摇」，未能對，庭筠乃以「玉條脱」對云。藥名有「白頭翁」，對以「蒼耳子」。他皆類此。《北夢瑣言》。

尊前見在身

牛僧孺《寄劉禹錫》詩：「休論世上浮沉事，且鬭尊前見在身。」《雲溪友議》。

酒兵

酒，猶兵也。兵可千日不用，不可一日不練；酒可千日不飲，不可一飲不醉。《吴都賦》【四八】。

村落如雞飛

《阿含經》云：「人民村邑，相近如雞飛。」

【四八】按：此條當出自《南史·陳暄傳》。

玻璃日

《起世經》曰：「宫殿正方如宅，一面兩分，皆天金成；一面一分，天玻璃成。」

琉璃

月宫殿以天銀天青相間。

月中黑桐

《瑜伽論》：「大海中有魚鱉等，影現於月輪，故其内有黑相現。」

黑風吹海

長水校尉關子陽以謂，天去人尚遠，而黑風吹海。

天四旁近

長水校尉關子陽以謂，天去人尚遠，而天四旁近。

二十四念名一瞬【四九】

《僧祇律》。

白月

《玄奘西域傳》:「月盈至滿,謂之白分; 月虧至晦,謂之黑分【五〇】。」

掛猿下飲

謝靈運《遊名山志》:「觀掛猿下飲,百臂相連。」

赤弁丈人

蜻蜓。出《古今注》。

婢妾魚

鰟,婢妾魚名,䗚峭好貌形。

【四九】二十四念名一瞬　「二十四」,《摩訶僧祇律》作「二十」。

【五〇】謂之黑分　「謂」字原缺,據《津逮秘書》本補。

今兹來兹

今兹美菜，來兹美麥。《吕氏春秋》。

鯨海鶴天

杜牧之贈趙嘏詩：「少陵鯨海動，翰苑鶴天寒。」

不夜城

解道彪《齊記》曰：「不夜城，蓋古有日夜出於境，故萊子立此城，以不夜爲名。」

鯉魚風

涓子，齊人。好餌術，接食其精【五二】。至三百年後，釣河澤，得鯉魚，腹中有符，隱於岩，能風雨。

啗香

《杜陽編》：「元載姬薛瑶英幼而以香啗之，肌香。」

【五二】好餌術接食其精　原作「餌術栟食其精」，據《列仙傳》改。

風女

《摭遺》：女仙詩：「雨絲風女織。」

涼州等四名

天寶中，樂多以邊地爲名，若涼州、甘州、伊州之類是焉。曲變繁，聲入破。後其地盡吐蕃所破，其兆如此。傳載。

右，此書乃浩然翁邵文伯手抄於鶴城所寓之怡雲軒，後於野亭先生處得此本，傳於伊氏奉遠樓讀書處，借録之，念念不忘，遂足之。其樂於筆研，好書成癖也如此。後之似續者保之重之，庶無負先生之志。

後序

陝之文儒，才賢不減他邦盛，而載籍版刻較無什一者。□民俗朴拙，尚耕稼，故工技寡鮮，□□博古者。聞有所鬻，競相購易，然不能忘情於財用之增費，道途之脩阻。監察御史李公兩按吾陝，激揚之餘，檢所攜群編分投良有司版行，華陰之刊□《五色綫集》，吏知當務而不告勞，士咸快覩之慶矣。或以斯集間多仙佛幽異，慮非士宜，惟天朝文明啓運，道學追古，五尺之童，識性談理，有若此類。適足以廣見聞，助文興，顧於正學何損焉。李公名瀚，字叔淵，晉之沁水人。鄉闈發解，第進士，聲實臺端併著之，俾後之士有以考。

弘治丙辰春正月既望斗城高胤光書。

圖書在版編目(CIP)數據

全宋筆記. 第8編. 10 / 上海師範大學古籍整理研究所編.— 鄭州 : 大象出版社, 2017. 6
ISBN 978-7-5347-9272-4

Ⅰ.①全… Ⅱ.①上… Ⅲ.①中國歷史—史料—宋代
Ⅳ. ①K244. 066

中國版本圖書館 CIP 數據核字(2017)第 130191 號

全宋筆記

第八編 十

出版人 王劉純
特約編輯 陳 新
責任編輯 郭一凡
整體設計 張 勝
出版發行 大象出版社
鄭州市開元路16號(450044)
製版 上海杰申電腦排版有限公司
印刷 北京匯林印務有限公司
版次 2017年7月第1版2017年7月第1次印刷
開本 640mm×960mm 1/16 31.5印張
字數 381千字
印數 1—3000冊
定價 75.00元